甘士艳 著

大学英语教学
与中华文化融合研究

河南大学出版社
HENAN UNIVERSITY PRESS
·郑州·

图书在版编目(CIP)数据

大学英语教学与中华文化融合研究 / 甘士艳著.
郑州：河南大学出版社，2024.10. -- ISBN 978-7
-5649-6113-8

Ⅰ．H319.3
中国国家版本馆 CIP 数据核字第 2024CB1275 号

大学英语教学与中华文化融合研究
DAXUE YINGYU JIAOXUE YU ZHONGHUA WENHUA RONGHE YANJIU

责任编辑	马　博　时二凤
责任校对	王　珂　邢金平
封面设计	马　龙

出　　版	河南大学出版社
	地址：郑州市郑东新区商务外环中华大厦 2401 号　邮编：450046
	电话：0371-22860116（南方出版中心）　网址：hupress.henu.edu.cn
	0371-86059701（营销发行中心）
排　　版	河南大学出版社设计排版部
印　　刷	广东虎彩云印刷有限公司
版　　次	2024 年 10 月第 1 版	印　次	2024 年 10 月第 1 次印刷
开　　本	710 mm×1010 mm　1/16	印　张	15.75
字　　数	272 千字	定　价	52.00 元

（本书如有印装质量问题，请与河南大学出版社营销发行中心联系调换。）

前言

随着学者们对语言和文化关系研究的逐渐深入和全面，外语教育学界逐渐认识到在外语教学中导入文化的重要性。语言学习的目的之一在于实现交际。交际是双向而非单向的。因此，跨文化交际应该包括交际双方在文化上的双向交流和文明互鉴，而非文化强势一方在交际过程中占据主导地位，自说自话。因此，在外语教学中不仅应该导入目的语文化，还应该导入母语文化。然而，在国内长期的外语教学实践中却一直存在中国文化缺失和不足的现象，中国外语教育学界广泛称之为"中国文化失语症"。

2013年12月30日，习近平在主持中共中央政治局第十二次集体学习时强调"提高国家文化软实力，要努力提高国际话语权。要加强国际传播能力建设，精心构建对外话语体系……讲好中国故事，传播好中国声音"。2014年，教育部《完善中华优秀传统文化教育指导纲要》的基本原则中指出："坚持中华优秀传统文化教育与培育和践行社会主义核心价值观相结合"，"坚持中华优秀传统文化教育与时代精神教育和革命传统教育相结合"，"坚持弘扬中华优秀传统文化与学习借鉴国外优秀文化成果相结合"。党的十八大、十九大、二十大分别提出"树立高度的文化自觉和文化自信，向着建设社会主义文化强国宏伟目标阔步前进""推进国际传播能力建设，讲好中国故事，展现真实、立体、全面的中国，提高国家文化软实力""坚守中华文化立场，提炼展示中华文明的精神标识和文化精髓，加快构建中国话语和中国叙事体系，讲好中国故事、传播好中国声音，展现可信、可爱、可敬的中国形象"。从文化强国到文化自觉自信，再到文化传播，体现出我国文化领域发展的目标不断深入，也对我国的外语教学提出了新的目标,迫切要求中华文化融入大学英语教学,从中外文化对比和文明互鉴的角度培养学生的跨文化交际能力、提升学生的中华文化英语表达力和传播力。

作为一门面向所有本科生开设的课程,大学英语课程不应当只融入英美等目标语国家的文化,还承担着在教学中融入中华文化、提升学生的中华文化传播能力、增强中华文化的影响力的重要责任。在这个过程中,大学英语从课程设置、教学内容、教材选用、学生培养和教师能力方面均需发力,在致力于增强学生的英语综合应用能力的同时,还要注重提升学生用英语讲好中国故事、传播中华文化的能力。

本书共6章:第一章主要分析了在大学英语课程中开展中华文化教学的现状、中华文化的定义和内涵,以及大学英语教学融入中华文化、助力中华文化传播的意义;第二章介绍了中华文化传播视域下大学英语课程体系的设置,包括大学英语课程设置现状分析、大学通用英语课程设置、大学专门用途英语课程设置和大学英语文化拓展类课程设置;第三章主要介绍了大学英语文化教学的内涵、目标、原则、方法和作用,重点分析了中华文化融入大学英语词汇、听力、口语、阅读、写作和翻译教学的现状、方法和原则;第四章介绍了我国大学英语教材的发展阶段和评估,并以2020年以后出版的四套大学英语教材为例重点分析了我国大学英语教材中的中华文化呈现的原则、内容和方式;第五章从大学生中华文化传播能力提升的困境出发,分析了大学生中华文化英语传播能力的内涵和框架,以及提升大学生中华文化英语传播能力的路径;第六章从大学英语教师专业能力发展的现状出发,分析了中华文化传播视域下大学英语教师专业能力框架与内涵,以及提升大学英语教师专业能力的路径。

在本书撰写的过程中,笔者得到了很多专家学者的支持、鼓励和指导,参考了大量的学术文献,在此一并表示真诚感谢。鉴于笔者的资历、学术水平和能力有限,广大同行和读者如在书中发现不足之处,敬请批评指正!

目 录

第一章　大学英语教学的现状和文化传播意义 …………… 1
　第一节　大学英语教学中的"中国文化失语"现象………… 1
　第二节　大学英语教学对传播中华文化的意义 ………… 17

第二章　中华文化传播视域下大学英语课程设置 ………… 31
　第一节　大学英语课程设置现状 ………………………… 32
　第二节　中华文化传播视域下大学通用英语课程设置 … 35
　第三节　中华文化传播视域下大学专门用途英语课程设置 … 37
　第四节　中华文化传播视域下大学英语文化拓展类课程设置 … 38

第三章　大学英语教学与中华文化的融合 ………………… 42
　第一节　大学英语文化教学 ……………………………… 42
　第二节　大学英语教学中的中华文化融入 ……………… 62

第四章　大学英语教材中的中华文化呈现 ………………… 116
　第一节　大学英语教材发展历程 ………………………… 116
　第二节　大学英语教材的评估 …………………………… 120
　第三节　大学英语教材中的文化呈现 …………………… 126
　第三节　大学英语教材中华文化呈现分析 ……………… 141

第五章　大学生中华文化英语传播能力的提升 …………… 170
　第一节　大学生中华文化英语传播能力提升的困境 …… 171
　第二节　大学生中华文化英语传播能力的内涵和框架 … 173

第三节 大学生提升中华文化英语传播能力的路径 …………… 194

第六章 中华文化传播视域下大学英语教师的专业能力发展 ……… 197

第一节 中华文化传播视域下大学英语教师专业能力的问题 …………………………………………………………… 198

第二节 中华文化传播视域下大学英语教师专业能力框架与内涵 …………………………………………………………… 200

第三节 中华文化传播视域下大学英语教师专业能力提升路径 …………………………………………………………… 215

参考文献 ……………………………………………………… 221

第一章 大学英语教学的现状和文化传播意义

大学英语教学兼具工具性和人文性。开展大学英语教学就不能仅仅将英语当成一项工具,而是要充分考虑到语言与文化的关系。要进行大学英语教学与中华文化传播的融合研究,首先就要了解大学英语教学中开展中华文化教学的现状、中华文化的定义和内涵,以及利用大学英语教学进行中华文化传播的意义。

第一节 大学英语教学中的"中国文化失语"现象

一、文化和中华文化的内涵

(一)文化的内涵

"文化"(culture)一词源于拉丁文 cultura,有耕种、练习之意,之后该词蕴含了培养、教化之意,后来也可以指代文学、科学和美术的修养。从古至今,学者关于"文化"的定义众说纷纭,莫衷一是,皆是因为"文化"的内涵和外延均具有很强的不确定性。正如阿尔弗雷德·克鲁伯(Alfred Kroeber)和克莱德·克拉克洪(Clyde Kluckhohn)所说的那样,"在这个世界上,没有别的东西比文化更难以捉摸。我们不能分析它,因为其成分无穷无尽;我们不能描述它,因为其形态千变万化。当我们要寻找文化时,它仿佛空气,除了不在我们手中以外,它无所不在"①。古今中外的语言学家、历史学家、社会学家和哲学家从不同的层面对其进行解释,但是迄今为止仍没有获得一个公认的、令人满意的定义。

"文化"一词在我国的出现,可追溯至西汉刘向的《说苑·指武》:"凡武之兴为不服也。文化不改,然后加诛。"②这里的"文化"指的是与"武力"相对应的教化。《说文解字》曰:"文,错画也。象交文。"③对"文化"一词的更早理解还可以看作是由"人文化成"一语缩写而成。此语出自《周易·贲卦·象》:"观乎人文,以化成天下。"④意思是把握现实社会中的人伦秩序,以明君臣、父子、夫妇、兄弟、朋友等等级关系,使人们的行为合乎文明礼仪,并由此而推及天下。古人文身、画图都作"文",文字就是从"象形"文字发展起来的。因此,古代的"文"就是"字",是各种语言文字的总称。《说文解字》对"化"的解释为"化,教行也"⑤,意思是对人的行为的教育和影响。由此可见,中国古人认为,"文"与"化"这两个字放在一起则涵盖了语言文字对人产生潜移默化的教育和影响之意。《辞海》对于"文化"一词的解释为:"广义指……人类在社会历史发展过程中所创造的物质财富和精神财富的总和。……狭义指人类的精神生产能力和精神创造成果。"⑥因此,在中文中,"文化"一词既可以作动词,意指伦理道德对人的教化,也可以作名词,意指古今人类创造的文明礼仪。

国外关于"文化"的定义也相当丰富。1871年,英国人类学家爱德华·泰勒(Edward Taylor)在《原始文化》一书中提出:"文化或文明是一个复杂的整体,它包括知识、信仰、艺术、道德、法律、风俗以及作为社会成

---

① 阿尔弗雷德·克鲁伯、克莱德·克拉克洪:《关于文化的概念和定义的检讨》,转引自张仁福主编《大学语文 中西文化知识》,云南大学出版社,1998,"引言"第1页。
② 《说苑今注今译》,卢元骏注译,台湾商务印书馆,1977,第517页。
③ 许慎:《说文解字》,徐铉等校,上海古籍出版社,2007,第440页。
④ 《周易》,李兴、李尚儒编译,三秦出版社,2018,第69页。
⑤ 许慎:《说文解字》,徐铉等校,上海古籍出版社,2007,第399页。
⑥ 《辞海》网页版,https://www.cihai.com.cn/detail? docId=5587347&docLibId=72&q=%E6%96%87%E5%8C%96,访问日期:2024年12月4日。

员的人所具有的其他一切能力和习惯。"①这一概念在今天看来依然是十分经典且全面的。人文学者马修·阿诺德(Matthew Arnold)曾在其著作中将"文化"定义为个人修养和个性的完善②。著名语言学家爱德华·萨丕尔(Edward Sapir)指出了"文化"的三重意义:一是涵盖人们生活中的所有社会继承元素,包括物质的和精神的;二是指一个相当传统的个人修养的理想;三是强调群体而非个人所拥有的精神财富。③ 萨丕尔当然是从人类学的角度来理解和阐述"文化"的定义。其中既包括广义含义,也包括狭义含义。美国当代人类学家克利福德·格尔兹(Clifford Geertz)曾对克拉克洪在《人类之镜》中对"文化"的定义进行梳理:

> 在大约27页的关于文化概念的章节中,克拉克洪设法把文化逐次定义为:(1)"一个民族的全部生活方式";(2)"个人从他的群体获得的社会遗产";(3)"思维、感觉和信仰方式";(4)"来源于行为的抽象";(5)"人类学家关于一个人类群体的真正行为方式的理论";(6)"集中的知识库";(7)"对多发问题的一套标准化适应方式";(8)"习得行为";(9)"调节和规范行为的机制";(10)"适应外部环境和其他人的一套技能";(11)"历史的沉淀"。④

最终,格尔兹在对前人的研究成果做出总结后提出:"人是悬挂在由他们自己编织的意义之网上的动物,我把文化看作这些网。"⑤从这个定义就可以看出,文化的内涵丰富宽广,一切与人相关的元素都可以放进这个网里,成为文化的一部分。

2001年,联合国教科文组织发表的《世界文化多样性宣言》提出:"应

---

① 泰勒:《原始文化》,蔡江浓编译,浙江人民出版社,1988,第1页。
② 马修·阿诺德:《文化与无政府状态:政治与社会批评》,韩敏中译,生活·读书·新知三联书店,2008,第2版,第11页。
③ 爱德华·萨丕尔:《萨丕尔论语言、文化与人格》,高一虹等译,商务印书馆,2011,第231—233页。
④ 克利福德·格尔兹:《文化的解释》,纳日碧力戈、郭于华、李彬等译,上海人民出版社,1999,第4页。
⑤ 克利福德·格尔兹:《文化的解释》,纳日碧力戈、郭于华、李彬等译,上海人民出版社,1999,第5页。

把文化视为某个社会或某个社会群体特有的精神与物质,智力与情感方面的不同特点之总和。"这一定义表明了,文化既是一种行为,也是对社会生活和社会群体的精神、价值、理念等方方面面的抽象反映。

总的来说,"文化"创自于人且影响于人。文化是人创造的,同时又能熏陶人、影响人和塑造人。"文化是人类在不断认识自我、认识自然、改造自我、改造自然的过程中所创造的并获得人们共同认可和使用的一种符号。"①文化与人类的产生和发展,以及人类的政治、社会、历史、文学等各方面密切相关,不仅内涵丰富,而且对于人类社会具有重要的功能和价值。

(二)中华文化的内涵

1.中华文化的定义

文化是民族的血脉,是一个民族代代相传的根基。因此,中华文化,顾名思义,指的就是在中国大地上由中华民族共同创造的一切文化创造活动和文化成果,是中华民族在历史发展进程中创造的物质财富和精神财富的总和。中华文化不仅是中华民族五千多年文明和智慧的结晶,而且是中华民族的精神命脉,以其丰富和博大生生不息地滋养着中华民族和中国人民不断前进。中华文化积淀着中华民族最深沉的精神追求,是中华民族生生不息、发展壮大的丰厚滋养和突出优势,是中华民族最深厚的文化软实力,是中国特色社会主义发展的沃土。根据肖龙福等人的定义,广义上的中华文化可以定义为"中华民族的思维方式、风俗习惯、信仰、理念等"②,从狭义上而言,中华文化则包括"中华民族的文学艺术、语言文字、历史、地理、教育、科技、戏剧、音乐、电影、政治家、英雄人物、作

---

① 苏芹:《当代大学英语教育背景下中国 EFL 学习者文化自信培育研究》,九州出版社,2021,第 21 页。
② 肖龙福、肖笛、李岚等:《我国高校英语教育中的"中国文化失语"现状研究》,《外语教学理论与实践》2010 年第 1 期,第 40 页。

家、艺术家等"①。两个定义,一个反映了中华民族的行为方式,另一个则体现了中华民族的智慧结晶,构成了中华文化的整体,缺一不可。"中国"和"华夏"合称为"中华"。中华文化就是中华民族的文化,是中华民族在数千年的发展历程中形成、创造、发展并保留在中华民族中间的具有稳定形态的文化。

党的十八大以来,习近平多次强调中华传统文化的历史影响和重要意义,赋予其新的时代内涵。2016年5月17日,习近平在哲学社会科学工作座谈会上的讲话中指出,"中华文明延续着我们国家和民族的精神血脉",将中华文明的传承置于新的历史高度。2017年10月18日,习近平在党的十九大报告中指出:"中国特色社会主义文化,源自于中华民族五千多年文明历史所孕育的中华优秀传统文化,熔铸于党领导人民在革命、建设、改革中创造的革命文化和社会主义先进文化,植根于中国特色社会主义伟大实践。"这一定义明确将中华文化确定为中华优秀传统文化、革命文化和社会主义先进文化的总和,使中华文化贯通古今。

中华优秀传统文化是指在五四运动以前的几千年,中国在特定的自然环境、经济结构、政治体系、社会制度、意识形态的作用下形成、积累和传承下来,并且至今仍在影响着现代社会的优秀文化。中华优秀传统文化积淀和熔铸了自强不息的进取精神,忧家忧民的爱国精神,修身为本的重德精神,和而不同的宽容精神,生态平衡、天人协调的精神等优秀民族精神②。革命文化"是中国共产党领导中国人民在伟大斗争中构建的文化,它以马克思主义为指导,以'革命'为精神内核和价值取向,继承中华优秀传统文化,借鉴世界优秀文明成果,是具有鲜明中国特色的先进文化"③。社会主义先进文化指以马克思主义为指导,以培养有理想、有道

---

① 肖龙福、肖笛、李岚等:《我国高校英语教育中的"中国文化失语"现状研究》,《外语教学理论与实践》2010年第1期,第40页。
② 李荣启:《弘扬中华传统文化与建设社会主义核心价值观》,《中国文化研究》2014年第3期,第40—44页。
③ 朱喜坤:《革命文化是文化自信的重要源头》,《光明日报》2019年1月9日第11版。

德、有文化、有纪律的公民为目标,面向现代化、面向世界、面向未来的,民族的科学的大众的社会主义文化。

这三种文化既一脉相承,延续发展,又相互作用,辩证统一。其中,中华优秀传统文化是中华民族的智慧结晶,曾经历过漫漫历史长河的淘洗,昭示着中华民族的璀璨过去和光辉历史。革命文化是近代以来特别是五四新文化运动以来,在党和人民的伟大斗争中培育和创造的思想理论、价值追求、精神品格,寄托着各族人民对美好生活的向往。社会主义先进文化是在党领导人民推进中国特色社会主义伟大实践中,在马克思主义指导下形成的面向现代化、面向世界、面向未来的,民族的科学的大众的社会主义文化,代表着时代进步潮流和发展要求。①

在党的二十大报告中,习近平再一次明确指出,要"以社会主义核心价值观为引领,发展社会主义先进文化,弘扬革命文化,传承中华优秀传统文化,满足人民日益增长的精神文化需求,巩固全党全国各族人民团结奋斗的共同思想基础,不断提升国家文化软实力和中华文化影响力"。这一定义不仅再一次明确中华文化所包含的中华优秀传统文化、中国革命文化和社会主义先进文化这三重内容,更是明确了社会主义核心价值观作为中华文化的核心理念这一重要定位,同时指出了对于中华文化的建设方向,即"不断提升国家文化软实力和中华文化影响力"。

2. 中华文化的特性

2023年6月2日,习近平在文化传承发展座谈会上指出,"中华优秀传统文化有很多重要元素,共同塑造出中华文明的突出特性",并从连续性、创新性、统一性、包容性、和平性这五个方面对中华文化的突出特性进行概括和阐释。

中华文化具有连续性。中华文化的连续性是中华文化最显而易见、最基本,也是最突出的特征。如果不从源远流长的历史连续性来认识中国,就不可能理解古代中国,也不可能理解近现代中国,更不可能理解未

---

① 汤玲:《中华优秀传统文化、革命文化和社会主义先进文化的关系》,《红旗文摘》2019年第19期,第31页。

来中国。与世界历史的其他文明相比，中华文明是唯一一个延续至今并依然光辉灿烂的人类文明。正是一代又一代的中国人民接续努力、承前启后，才缔造了拥有丰富内涵和丰厚积淀的中华文明和文化。中华文化的连续性这一特征也更加激励着当代中国高等教育积极承担培养社会主义事业建设者和接班人的使命和责任，将中华文化延续下去、传播出去，展现其无穷的生命力，发挥其更大的影响力。

中华文化具有创新性。中华民族历来崇尚创新创造。从古代的四大发明到现代的各行各业的发展，均体现出中国人民勇于进取、不断改革的创新精神。从中国古代先贤们所提倡的"苟日新，日日新，又日新"到习近平在当代提出的"在继承创新中不断发展，在应时处变中不断升华"，均体现出中华民族和中国人民不断创新的奋斗精神。中华文明具有突出的创新性，从根本上决定了中华民族守正不守旧、尊古不复古的进取精神，决定了中华民族不惧新挑战、勇于接受新事物的无畏品格。正是基于中华文化的创新特性，在对中华文化的继承、发扬和传播的手段和路径上也应积极有为、不断进取、勇于创新，推动中华文明走向新的辉煌，实现中华民族伟大复兴。

中华文化具有统一性。中国是一个拥有56个民族、14亿多人口的高度团结且统一的国家。从中国历史发展的进程来看，自秦朝统一六国，开启了中国统一的多民族国家发展历程后，汉族、蒙古族、满族等任何一个民族入主中原，都承担了强化政治统一和文化融合的历史使命，都积极维护中华文化的统一；各个民族也在持续的民族融合中不断增强对于中华文化的文化认同，形成了追求团结统一的民族精神。2023年6月2日，习近平在文化传承发展座谈会上的讲话中指出，"中华文明的统一性，从根本上决定了中华民族各民族文化融为一体"。当今的中国，各族人民更是同心同德、同向同行，努力铸牢中华民族共同体意识，在打造民族共同体的同时也造就了政治共同体和文化共同体，从而为构建人类命运共同体贡献中国智慧和中国力量。

中华文化具有包容性。海纳百川，有容乃大。中华文化的不断繁荣和持续，离不开不同文化之间的求同存异和兼收并蓄，既能与其他民族文化和睦相处，又能在文化交流中吸收借鉴，还能通过与其他民族的和谐共处、积极交流增强对自身文化的认同和对其他民族文化的认识和理解。2023年6月2日，习近平在文化传承发展座谈会上的讲话中指出，"中华文明的包容性，从根本上决定了中华民族交往交流交融的历史取向，决定了中国各宗教信仰多元并存的和谐格局，决定了中华文化对世界文明兼收并蓄的开放胸怀"。正是中华文化的包容性，才决定了中华文化不仅可以与汉语相融合，还可以同其他国家的语言文字相结合，与不同民族的文化精神相兼容，从而使中华民族既能吸收世界先进文明和优秀文化，又能将灿烂的中华文明传播扩散。从这个角度来说，中华文化的包容性为外语教学中母语文化和外来文化的共存互鉴打下了坚实的基础。

中华文化具有和平性。中华民族是崇尚和平的民族。自古以来，中华文化就强调"天人合一""和而不同""和谐共生"。"和"是中华文化的主旋律和核心理念。从张骞出使西域到郑和七下西洋，从"天下大同"到"一带一路"倡议，中国虽然曾经长期是世界上最强大的国家之一，却从未殖民和侵略他国。中华民族始终为维护世界和平、构建人类命运共同体积极做贡献。历史和实践都表明，中华文明的和平特性是中华文化的最根本属性，正是这一属性定义了中国对世界文明的使命和责任。一直以来，中国所追求的都是中外文明交流互鉴而不是搞文化歧视和文化霸权。同时，中国致力于为世界和平、全球发展和安全治理贡献和平力量、提供中国智慧，而不是把自身的价值理念和政治体制强加于他人。

二、语言教学与文化的关系

（一）语言与文化

从文化的定义即可看出，语言与文化密不可分。语言和文化之间有着深厚的渊源和联系。"语言是人类文化的载体和重要组成部分。每种语言都能表达出使用者所在民族的世界观、思维特性、社会特性等，都是人类珍贵的无形遗产"。①

  对于语言和文化的关系,包括哲学家、人类学家、历史学家、语言学家等在内的各类学者均从各自的研究角度发表过独到的见解。其中,语言学家,尤其是社会语言学家对于语言和文化之间关系的论述,虽然起步较晚,但是观点却非常广泛丰富。19世纪德国语言学家洪堡特(Humboldt)曾提出,一个民族的语言就代表着这个民族的精神。从这个角度来说,语言和文化是一体的。美国语言学家爱德华·萨丕尔也曾明确提出语言不能脱离文化而存在。英国语言学家帕默尔(Palmer)提出语言和文化的历史相向而行,可以相互启发。这些论述同样表明了语言和文化之间相辅相成的关系。英国社会语言学家赫德森(Hudson)认为语言的大部分内容包括在文化之中,语言和文化是一种交叉关系。中国学者陈建民曾经说过:"语言和文化是一张皮,不是毫无联系的两张皮。对这张皮我们可以从这一面看看,也可以翻过来从那一面看看,即进行语言与文化关系的双向交叉研究。"②很明显,这种把语言和文化看作是一张皮的两个面的形象观点也同样体现了语言和文化是相互影响的。有关语言和文化关系的论述可以概括为三类,分别是"语言决定论""文化决定论"和"语言文化(双向)影响制约论"。

  "语言决定论"。1929年,萨丕尔阐述了有关语言和文化关系的观点。他提出,社会处于语言的控制之下,使用任意两种不同语言的人其实生活在截然不同的世界中,从而强调了语言对于文化的决定性影响。美国语言学家本杰明·李·沃尔夫(Benjamin Lee Whorf)在萨丕尔观点的基础上,又进一步提出"语言决定论"(linguistic determinism)和"语言相对论"(linguistic relativism)。他认为,任何一门语言系统都不仅仅是表达观点的复制性工具,而是本身就在形成观点并引导着个人的思维活动。

  "文化决定论"。与"语言决定论"这种极端的观点相反的是,有些学

---

① 《人工智能助力方言保护》,人民网,http://edu.people.com.cn/n1/2018/0728/c367001-30175742.html,访问日期:2024年10月23日。
② 陈建民:《文化语言学的理论建设》,《语文建设》1999年第2期,第45页。

者认为是文化影响了语言使用的方式。美国人类学家弗朗兹·博厄斯(Franz Boas)就是这种观点的代表性学者。在其著作《美洲印第安语手册》(*Handbook of American Indian Language*)中,他提出:"一个民族思想的简洁、明了在很大程度上依赖于该民族的语言。"①在谈到语言与思维的关系时,他更强调思维对语言的作用。他说:"我们应该记住,目前欧洲语言在很大程度上是由哲学家的抽象概念形成的。"②博厄斯的观点突出了文化的重要性及其对于语言的影响。

"语言文化(双向)影响制约论"。无论是"语言决定论"还是"文化决定论",都是相对来说比较极端的观点。多数学者,尤其是我国的学者,多认为语言和文化相互影响、相互制约,认为语言和文化之间是反映关系、工具关系和互动关系。比如,罗常培认为,语言是社会组织的产物,是跟随社会发展的进程而演变的;语言不是孤立的,而是和多方面联系的;语言的材料可以帮助人们考订文化因素的年代;文化变迁有时也会影响语音和语形。邢福义认为,语言与文化之间的关系是双向的影响制约关系,语言对文化有制约,文化对语言也有影响和制约。束定芳直观地指出语言和文化之间的三种关系:语言是文化的一部分,语言是文化的载体,语言不脱离文化而存在。

无论从什么角度论述语言和文化之间的关系,都不得不承认一个事实,那就是语言和文化是一个整体,存在着不可分割的关系。一方面,语言反映着文化、影响着文化,是文化的一面镜子。一个民族的语言是这个民族生活方式、思维方式和社会制度等文化元素的直接反映。另一方面,文化影响着语言。文化环境对于生活在这个环境中的人的语言有着重要影响,影响着人的语音、词汇、语法等。同时,语言本身也是人类文化的重要组成部分。总而言之,语言和文化始终相互影响、相互作用,任何一方

---

① 转引自贺显斌:《语言与文化关系的多视角研究》,《西安外国语学院学报》2002年第3期,第23页。

② 转引自贺显斌:《语言与文化关系的多视角研究》,《西安外国语学院学报》2002年第3期,第23页。

也都无法完全脱离另一方而存在。

(二)大学英语教学与文化

随着学者们对于语言和文化关系研究的逐渐深入和全面,外语教育学界逐渐认识到在外语教学中导入文化的重要性。在外语教学中需要导入文化元素,早已成为外语教育界的共识。"外语教学培养的跨文化交际能力应是一种双文化交际能力,既包括对外来文化的理解和包容,又包括能用外语准确而恰当地输出中华文化,应向世界传播中华优秀文化和价值观,促进文化交流共生,推动世界文明的蓬勃发展。将中华文化融入高校外语教学,直接关系国家在国际交流中的话语权和国家意识形态建设,具有积极且深远的意义。"[①]《国务院办公厅关于全面加强新时代语言文字工作的意见》提出要"培养更多学贯中西、融通中外的语言文化学者。加强中国当代学术和文化的外译工作,提高用外语传播中华文化的能力"。

束定芳曾经就外语教育中导入文化元素的重要性和意义进行了以下阐释:一是文化知识和文化适应能力是交际能力的重要组成部分,二是语言交际能力是获得进一步的文化知识的必要前提和手段。首先,一个人使用语言完成交际,并不只是将词汇按照一定的语法规则组合起来便可以完成的。交际能力要求个人表达合乎语法规则,还要求交际的内容具有适当性、得体性和实际操作性。完整交际的完成必须基于对于所交际对象的文化背景的了解,包括习俗、礼仪、制度等方方面面,这就对语言使用者的社会文化能力提出了考验。其次,对于一门新的语言的学习,其实终极目的是了解这门语言所承载的文化。所以,在语言学习的过程中适量引入文化元素,也能激发学生的交际兴趣,让学生的交际言之有物。

学者们还明确指出了外语教学中应该导入的文化内容。赵贤洲将导入语言教学中的文化分为"知识文化"和"交际文化"。"知识文化"被定义

---

① 程佳雪:《高校外语教育新使命:培养学生中华文化传播能力》,光明网,https://reader.gmw.cn/2023-05/30/content_36597757.htm,访问日期:2024年7月4日。

为"非语言标志的、对两种不同文化背景的人进行交际时不直接产生严重影响的文化知识"①,而"交际文化"则指的是"两种文化的人进行交际时直接发生影响的言语中所蕴含的文化信息,即词、句、段中有语言轨迹的文化知识"②。这种文化主要以非物质为表现形式。

  陈光磊则从语言结构、语义呈现和语用性能这三个方面考察与语言交际相关的文化内容,提出了语构文化、语义文化和语用文化三重交际文化分类。其中语义文化囊括了赵贤洲为"交际文化"所分划的12个项目中的7个,语用文化则涵盖了赵贤洲在"交际文化"分项中列出的3项内容。

  以上对于外语教学的文化的分类虽然看起来细致全面、层次分明,但是因为其分类标准不一,所以很容易导致对其内容的列举不全或列举过多。因此,束定芳从实际教学的角度出发,将外语教学中导入的文化简单分为词语文化和话语文化两大类。他还将词语文化中最重要的内容概括为5类:(1)一个民族文化中特有的事物与概念在词汇及语义上的呈现;(2)不同语言中指称意义或语面意义相同的词语在文化上可能有不同的内涵意义(如英语中worker、farmer与汉语中"工人""农民"之间文化含义上的不同);(3)词语在文化含义上的不等值性(如英语中的weekend与汉语中的"周末"之不等值);(4)不同文化对相同的现象所作的观念划分的差别在词语及语义上的显示(如亲属称谓等);(5)体现一定文化内容的定型的习用语,如俗语、成语等。话语文化则被分为3个方面:一是话题的选择,即不同话题在不同的文化中拥有不同的社会含义;二是语码的选择,即谈论某个话题所选用的语言风格受文化因素的影响;三是话语的组织,即话轮、连贯、叙述方式、顺序等各文化都有一定的模式。束定芳对于语言交际中的文化导入的分类更符合外语教学的实际,简明扼要且方

---

① 赵贤洲:《文化差异与文化导入论略》,《语言教学与研究》1989年第1期,第81页。
② 赵贤洲:《文化差异与文化导入论略》,《语言教学与研究》1989年第1期,第81页。

便可行,对于教师的教和学生的学来说都具有一定的实际可操作性。

三、大学英语教学中的"中国文化失语"现状

语言学习的目的之一在于实现交际。交际是双向而非单向的。因此,跨文化交际不应局限于对于交流对象文化的理解,还应该包括与交际对象的"文化共享"和对交际对象的"文化影响"①。

因此,在外语教学中不仅应该导入目的语文化,还应该导入母语文化。例如,美国语言学家克拉姆希(Kramsch)就认为,对目的语文化的学习与理解需要和母语文化的背景知识相结合,并且要将目的语文化和母语文化加以对比。也就是说,语言教学中的文化教学既要包含目的语文化教学,还要包括母语文化教学。然而,在国内长期的外语教学实践中,却一直存在着中国文化缺失和不足的现象,中国外语教育学界广泛称之为"中国文化失语症"。

"失语症"英文为aphasia,是一个医学术语,指的是因疾病或受伤引起大脑损伤,从而导致思考能力、表达能力、口语及书面语理解和表达能力的缺失。20世纪90年代,曹顺庆就提到中国文艺理论界出现了中国文论"失语症",主要表现为:在与西方同行交流时提不出自己独特的理论观点,发不出自己独到的话语声音,其言说的方式、内容和用以言说的术语都是西方的。"中国文化失语"一词最初是在2000年由南京大学教授从丛提出来的。她在《"中国文化失语":我国英语教学的缺陷》一文中指出,一方面,一些青年学者在与西方人士交流时,始终无法显示出来自文化大国的学者所应该具有的深厚文化素养和独立文化人格;另一方面,授课教师在从事博士生外语教学的过程中发现,有些博士生有较高的基础英语水平,也有较高的中国文化素养,却无法用英语表达中国文化,呈现出"中国文化失语症"②,即"作为交际主体的中国英语学习者,在跨文

---

① 从丛:《"中国文化失语":我国英语教学的缺陷》,《光明日报》2000年10月19日。
② 从丛:《"中国文化失语":我国英语教学的缺陷》,《光明日报》2000年10月19日。

交际中不能用英语合理、有效、对等地表达自己的本土文化、弘扬自己的民族文化,由此可能造成民族身份认同感弱化"[1]。宋伊雯等人则将"中国文化失语"的内涵范围进一步扩大为"不能用除母语外的其他语言表达中国文化的状况"[2],开始关注中国高校师生无法用除英语之外的其他外语表达中国文化的状况。朱敏等人将"中国文化失语"定义为"学习者在跨文化交际中由于某些内在和外部原因而产生的母语文化表达能力明显弱于目的语文化表达能力的现象"[3],这一定义更加突出了"中国文化失语"的原因的多样性。"中国文化失语症"这一概念提出之后,众多从事高校外语教育的学者都不断撰文对"中国文化失语"的现象进行理论思考分析和实证调查研究。

其一,是理论层面的思考和分析。刘长江提出,外语教育中的文化教育不能简单地理解为目的语文化的导入,还应该包括本族语文化的教育。张兰通过列举日常跨文化交际中经常出现的"中国文化失语"的具体案例,从历史、教材和经济的角度对这种现象背后的原因进行分析。李涤非认为,在大学英语的文化教学中存在"文化失衡"的现象,主要表现为:一是目标语文化即英美文化往往占据主导地位,而母语文化即中国文化常常被置于无足轻重的地位;二是学习者大量的跨文化交际失败并非完全是由于他们不了解英美文化而造成的,而是由于他们对中国文化的目标语(英语)表达失当造成的。[4] 崔刚也提出,在外语教学的过程中,在重视介绍西方文化的同时,也要重视中国文化的渗透,使学生学会使用英语介绍中国的文化与国情。

其二,伴随着理论研究的不断增加,有关"中国文化失语"现象的实证

---

[1] 薛芬、贺双燕:《语言态度影响中国文化失语症的实证研究》,《外国语文研究》2017年第3期,第19页。

[2] 宋伊雯、肖龙福:《大学英语教学"中国文化失语"现状调查》,《中国外语》2009年第6期,第88页。

[3] 朱敏、解华、高晓茜:《大学英语教学中的中国文化失语成因研究》,《天津外国语大学学报》2016年第5期,第29页。

[4] 李涤非:《中国文化、中国英语与文化教学》,《广州大学学报(社会科学版)》2006年第8期,第82—83页。

研究也开始不断涌现。张为民、朱红梅以答卷和访谈两种方式对清华大学126名非英语专业本科生使用英语转述中国特色文化话题的能力进行调查,并且对受试者所用英语教材和教学大纲进行了检看。结果显示,大多数受试者不能很好地用英语表述中国特色文化,中国文化在大学英语教学中受到了明显的忽视。

宋伊雯等人曾参照教育部高等教育司推荐的《中国文化概况》所涉及的文化知识内容,着重调查本科院校不同专业的学生以及英语教师群体对中国文化知识的掌握情况、用英语表达中国文化的能力以及他们对于"中国文化失语"现象的态度和改进期望。分析后发现:现阶段本科院校大学生对中国文化知识的掌握较好,但欠缺使用英语表达的能力;而大学英语教师在一部分中国文化知识的翻译上也略显不足,大学英语教学中对中国文化知识涉猎不足是导致"中国文化失语"现象产生的主要原因。

罗苏秦、李璇提出英语学习者之所以存在"中国文化失语症"的现象,主要是因为英语教育工作者对中国文化的忽视,同时指出"中国文化失语症"的三大危害:阻碍跨文化交际的顺利进行,使中国文化失去许多向外传播的机会,对英语学习者的英语学习产生负面影响。为了调查分析中国高校英语教师和学生对中国文化知识的掌握情况及其英语表达状况、中国文化课程设置与课堂教学状况、中国文化教学的目标要求及高校英语教师和学生对中国文化教学的态度,肖龙福等人通过测试、访谈、问卷等方式对山东省两所高校英语专业和非英语专业的171名四年级本科生、26名英语教师的中国文化知识和英语表达情况进行研究,最终得出以下结论:(1)受试者的中国文化知识失语现象明显,非英语专业受试的情况尤其明显,中国文化知识英语表达失语情况更是普遍存在;(2)中国高校师生在其英语教育教学过程中基本上没有系统研习中国文化以及实际操练、运用英语表述中国文化的机会;(3)无论是英语专业还是大学英语课程的官方标准,都缺乏对中国文化教学的实施及评估的具体、系统的指导和约束;(4)绝大多数受试师生对中国高校英语教育中融入/进行中国文化教学均持支持态度,说明受试高校英语师生的中国文化知识及其英语表达失语现象与受试的自身态度、愿望没有太多关系。最终,该研究从官方标准、教学手段、教材编写、教学评价和长期重视等五个方面对中国高校英语教学中的"中国文化失语"现象提出建议措施。

吴敏参考了拜拉姆(Byram)提出的影响跨文化交际能力的态度、知识和技能这三大因素制定问卷,考察学生在跨文化交际中对我国文化输出是否具有开放、平等和客观的态度,判断学生们是否有深入地理解中国文化知识和相应的英语语言水平,了解学生在实际对外交际中解决问题的能力,对随机选取的南京工业大学非英语专业学生进行了相关的问卷调查,通过问卷分析得出结论——这些学生在中国文化英语表达方面存在态度有局限、知识缺失、技能薄弱等问题,并提出,导致中国学生"中国文化失语症"的原因不仅在于英语语言能力的不足,更在于中国文化的缺乏。

朱敏等人以济宁医学院非英语专业130名本科生和11名大学英语教师为测试和访谈对象,对师生关于中国本土文化英语的表达能力进行问卷调查发现,本土文化缺失是目前大学英语教学中普遍存在的问题。薛芬、贺双燕以"中国英语"作为文化输出工具,通过对教师和学生进行测试,考察了英语使用者对中国英语的感知及其态度倾向的原因,结果发现,整体上英语使用者对中国英语的理解度远大于接受度,对词汇层面的中国英语变体更为接受,而相对不接受句法和语用语篇层面的变体形式;并且认为,拒绝中国英语变体的主要原因在于内化的本族语标准观念和对中国英语变体(将其等同于中式英语)的偏见等。

赵应吉等针对重庆市7所高校210名非英语专业二年级、三年级本科生开展"中国文化英语表达测试"、针对我国高校3781名在校大学生开展"中国文化英语教学现状"问卷调查,考察我国高校非英语专业学生的中国文化英语表达情况和我国高校的中国文化英语教学现状。研究结果显示:(1)我国高校大学生中国文化英语表达能力亟待提高,因为大量学生对于中华文化特色词汇的英文表达知之甚少;(2)中国文化英语表达学习应融入大学英语教学中。

根据学者的研究,"中国文化失语症"的现象不仅体现在教学中,还体现在大学英语教材中。韩艳萍以普通高等教育"十五"国家级规划教材《泛读教程》为例进行研究,发现该套教材中有关中国文化的信息极少。张琨、孙胜海对使用了《新视野大学英语》(第二版1—4册)的100余名来自非英语专业的本科二年级学生用英语表达中国文化的能力进行问卷调查和访谈。结果显示:(1)学生用英语表达中国文化相关词汇的能力还显不足,在通过教材接触相关材料后,他们可以更好地表达、阐释中国文化;(2)大多数学生认为有必要增加教材中的中国文化英语表达素材,希望英语教材中有关中国文化的内容更加详细、更加具有系统性。

总体看来,在过去几十年里,中国高校外语教育中的中国文化失语现象已经成为学界的共识,亟须从课程设置、教学内容、教材使用、学生培养和教师发展等角度寻找解决问题的对策。虽然上述对于"中国文化失语"现象的研究已经非常完善,但是对于中国文化失语的定义还不是十分统一,对于这一问题的解决对策还需要更为细化的研究。

第二节　大学英语教学对传播中华文化的意义

文化传播指的是文化从一社会到另一社会、从一区域到另一区域以及从一群体到另一群体的文化互动现象。从文化传播的方向上来讲,可以分成两种类型:一种是纵向传播,表现为同一文化内知识、观念、价值规范等的传承,是一种文化内传播,与文化传承相似;另一种是横向传播,表现为不同文化的交流和沟通,是一种跨文化传播,与文化传输类同。大学英语教学中的中华文化传播则涵盖了文化传播的两个方向。从纵向上说,中华文化在大学英语教学中的融入是文化传承的体现;从横向上说,通过用英语讲中国故事的形式进行的大学英语教学则是文化沟通的体现。

近年来,随着"一带一路"倡议的逐步落实,我国与"一带一路"沿线国家的经贸往来和文化交流日益增多,我们逐渐意识到通过语言传播中华文化的重要性。而新型冠状病毒感染在全球肆虐导致外媒对中国国家形象的肆意抹黑,也使得我们愈发体会到,面对新的全球化格局,中国无法独善其身只关注国内事务,而是亟待加强对异域文化的了解和对外话语体系的合理建构,提升用英语讲好中国故事、传播中华文化的能力。在大学英语教学中传播中华文化不仅对于构建客观真实的中国国家形象具有很强的必要性,更是实现立德树人的根本任务、增强大学生文化自信、助力大学生成长成才的重要途径。

一、实现立德树人的根本任务

立德树人既是教育的根本任务,也是高等教育的重要使命,因此,我国教育部门亟须采取相应的政策落实立德树人这一具有极大重要性和紧迫性的根本任务。教育部于 2014 年印发的《关于全面深化课程改革　落实立德树人根本任务的意见》中强调,"立德树人是发展中国特色社会主义教育事业的核心所在,是培养德智体美全面发展的社会主义建设者和接班人的本质要求"。培养什么人、怎样培养人、为谁培养人是教育的根本问题。落实立德树人根本任务,必须将价值塑造、知识传授和能力培养三者融为一体,从而帮助学生塑造正确的世界观、人生观和价值观。中华文化的三个重要组成部分,即中华优秀传统文化、中国革命文化和社会主义先进文化,包含了丰富的德育元素,可以有效实现课程的价值目标,在经过巧妙的教学设计的基础上,可以有效地服务于学生正确的世界观、人生观和价值观的培养,服务于合格的社会主义建设者和接班人的培养。

2016 年,习近平在全国高校思想政治工作会议上强调:"要用好课堂教学这个主渠道……各门课都要守好一段渠、种好责任田,使各类课程与思想政治理论课同向同行,形成协同效应。"2018 年,全国教育大会和新时代全国高等学校本科教育工作会议都提出了"以本为本""四个回归";教育部《关于加快建设高水平本科教育　全面提高人才培养能力的意见》

(即"新时代高教 40 条")强调"强化课程思政和专业思政",即强化教师的立德树人意识,提升课程的隐性育人功能。2019 年,习近平在学校思想政治理论课教师座谈会上进一步强调,"要……挖掘其他课程和教学方式中蕴含的思想政治教育资源,实现全员全程全方位育人"。2020 年,教育部出台了《高等学校课程思政建设指导纲要》,明确提出要全面推进课程思政建设,并明确指出课程思政建设目标和内容重点,要求结合专业特点分类推进课程思政建设。其中,在有关课程思政内容建设的指导意见中,明确指出了课程思政建设对于在教学内容中融入中华文化的需求:"课程思政建设内容要紧紧围绕坚定学生理想信念,以爱党、爱国、爱社会主义、爱人民、爱集体为主线,围绕政治认同、家国情怀、文化素养、宪法法治意识、道德修养等重点优化课程思政内容供给,系统进行中国特色社会主义和中国梦教育、社会主义核心价值观教育、法治教育、劳动教育、心理健康教育、中华优秀传统文化教育。"《高等学校课程思政建设指导纲要》明确中华优秀传统文化教育的重要地位,强调在授课内容中融入中华文化,提升学生的文化素养,同样体现了在高校课程中传播中华文化的意义和必要性。

  大学外语教育是我国高等教育的重要组成部分,对于促进大学生能力、素质与素养的协调发展具有重要意义。大学英语作为大学外语教育最主要的内容,是大多数非英语专业学生在本科教育阶段必修的公共基础课程和核心通识课程,在人才培养方面具有不可替代的重要作用。大学英语课程"培养学生跨文化交际能力,讲好中国故事、传播中华文明的能力,参与全球治理、构建人类命运共同体的能力以及家国情怀、国际视野等,是课程思政的重要载体"[1]。作为各个高校开设时间最长、开设范围最广的公共基础课和核心通识课,大学英语课程务必要响应国家要求,为完成立德树人的根本任务,积极开展课程思政建设。《高等学校课程思政建设指导纲要》要求高校要科学设计课程思政教学体系,要求包括大学

---

[1] 向明友:《基于〈大学外语课程思政教学指南〉的大学英语课程思政教学设计》,《外语界》2022 年第 3 期,第 23 页。

英语课程在内的公共基础课程"注重在潜移默化中坚定学生理想信念、厚植爱国主义情怀、加强品德修养、增长知识见识、培养奋斗精神,提升学生综合素质"。因此,大学英语教师理应将大学英语课程的内容和属性与学生的专业学科知识相结合,引导学生深刻领悟社会主义核心价值观的核心要义,培养学生对于中华优秀传统文化、中国革命文化和社会主义先进文化的文化自觉,自觉弘扬中华文化,逐步增强学生的民族文化认同感和中华文化自信。

教育部高等学校大学外语教学指导委员会发布的《大学英语教学指南》(2020版)明确指出,大学英语课程不仅要帮助学生"增进对不同文化的理解,加强对中外文化异同的认识,培养跨文化交际能力",还要"培养学生对中国文化的理解和阐释能力,服务中国文化对外传播","社会主义核心价值观应有机融入大学英语教学内容"。大学英语教学应主动融入学校课程思政教学体系,使之在高等学校落实立德树人根本任务中发挥重要作用,最终实现"培养人文精神,提升综合素质,促进全面发展"的目标。

目前学界有关将中华文化融入大学英语课程思政的研究较为丰富。在对于大学英语"立德树人"的基本内涵进行阐释时,刘正光等就将中华文化的内涵融入其中,认为其涵盖了"中国优秀传统文化、世界优秀文化、时代精神与人类命运共同体思想"这3个方面的内容。他提出外语课程思政教学中的中国优秀传统文化涵盖了3个方面:一是先秦思想与哲学家们追求的"立德、立功、立言"的"三不朽"人生理想,它是中华民族关于人生价值的基本理念和核心观念;二是管仲的"树人"教育思想,既包含教化百姓的礼义廉耻的道德教育、道德培养,又包含服务社会经济发展的能力与素养;三是老子与儒家的"仁义礼智信""五德"思想等。而"时代精神"也被认为包含的是"时代精神内涵丰富,如社会主义核心价值观、人类命运共同体思想、与时俱进的创新精神"等中华文化的精神内涵。[①] 外语

---

① 刘正光、岳曼曼:《转变理念、重构内容,落实外语课程思政》,《外国语》2020年第5期,第22页。

教育离不开对外来文化的引入和了解。然而,对于外来文化的正确认识和评价则离不开对于中华文化的充分认识和正确理解。杨金才提出,外语教育本身具有鲜明的特殊性,需要直接面对国外意识形态和西方主流话语,因此,外语教学需要有一个思想意识的过滤过程,有必要进行语言意识形态的甄别与文化价值取向的鉴别,这就需要通过课程思政来帮助学生确立自我价值观,并使其正确树立中国立场,认识和评价外来文化思想。同时,他还明确了将中华文化融入大学外语课程思政的路径:有机融入包括中国文化传统、价值体系和影响中国文化的因素等方面的中华文化元素,使之成为教学内容的有机组成部分,引导学生充分认识和了解中国文化,有针对性地训练学生用外语去描述和交流与中国文化的发展历史、核心价值观、思维方式与行动方式等相关的内容,从认知与表达这两个方面入手消除学生的"中国文化失语症"。赵雯、刘建达在研制《大学外语课程思政教学指南》的内容重点时,曾针对有关文化素养的课程思政内容进行调研。调研内容包括中华优秀传统文化、社会主义先进文化、世界文明、"一带一路"文化、跨文化比较等方面。结果表明,"90%以上的教师认为有关文化素养的课程思政内容应包括中华优秀传统文化,80%以上的教师认为也应包含跨文化比较方面的内容,超过60%的教师认为还应包含社会主义先进文化、世界文明、'一带一路'文化等方面内容"[①]。

其他学者还不断撰文指出将中华文化融入大学英语课程思政的重要意义及其路径。曹慧玲认为"中国优秀文化蕴含着丰富的精神内涵,将中国优秀文化融入大学英语'课程思政',是实现立德树人根本任务的有效途径"[②]。向明友认为大学英语课程体系中的重要组成部分,即通用英语课程,"可充分发挥人文属性,在教学内容采撷时有意识地精选和植入世界优秀文化、中华文明、社会主义核心价值观、科学真理等思政元素,实现

---

① 赵雯、刘建达:《〈大学外语课程思政教学指南〉内容重点研制与阐释》,《外语界》2022年第3期,第14页。
② 曹慧玲:《基于中国优秀文化的大学英语"课程思政"建设研究》,《高教学刊》2021年第25期,第177页。

挖掘与植入协同"①。王薇指出,在大学英语课程中融入中华优秀传统文化,更有利于课程目标的实现,因此从教材体系的优化、教学方法的更新调整以及教学实践活动的有序开展三方面出发才能更好地将中华文化与大学英语课程思政相融合。

大学英语具有工具性、人文性和科学性。对于大学英语的学习,学习的不仅仅是英语综合应用能力,更是语言背后的文化,其中直接接触的便是英语所承载的西方文化和世界文明。对于大学英语的课程思政既能帮助大学生通过中华文化的学习、吸收和传播真正实现跨文化交流中文化的双向传播和双向交流,而不是某一方的文化独大或文化不均,同时又能帮助中国大学生凭借丰富的中华文化认识实现对西方文化价值的客观判断和正确评估,为"立德树人",培养合格的社会主义建设者、接班人和高素质人才做出应有的贡献。

二、增强大学生文化自信

"求木之长者,必固其根本;欲流之远者,必浚其泉源。"文化自信,是一个国家、一个民族、一个政党对自身文化价值的充分肯定,对自身文化生命力的坚定信念。文化自信"是在文化认同和情感归属的基础上,文化主体对自身文化价值和生命力的肯定和信任"②。文化自信是一个民族文化继承和发展的基石,是一个民族屹立于世界民族之林的根基,更是一个民族和国家不断强大的源泉所在。增强国人的文化自信,高等教育应该发挥引领作用,首先在各类课程中融入中华优秀文化。大学英语课程作为一门与西方文化紧密相关的课程,更应该通过增强学生的英语综合应用能力、鼓励学生用英语讲述中国故事、增强学生的中华文化传播力来

---

① 向明友:《基于〈大学外语课程思政教学指南〉的大学英语课程思政教学设计》,《外语界》2022 年第 3 期,第 25 页。
② 石文卓:《文化自信:基本内涵、依据来源与提升路径》,《思想教育研究》2017 年第 5 期,第 44 页。

进一步增强大学生的文化自信。

党的十八大以来,习近平就在各种讲话中反复提及"文化自信"。2014年10月15日,习近平在文艺工作座谈会上提出,"增强文化自觉和文化自信,是坚定道路自信、理论自信、制度自信的题中应有之义",从而将"文化自信"作为"四个自信"的重要组成部分,使之成为中华民族文化自强的基础。2016年5月17日,习近平在哲学社会科学工作座谈会上的讲话中提出,"要坚定中国特色社会主义道路自信、理论自信、制度自信,说到底是要坚定文化自信",进一步明确了文化自信在"四个自信"中的基础地位。2016年11月30日,习近平在中国文联十大、中国作协九大开幕式上的讲话中指出:"文化自信,是更基础、更广泛、更深厚的自信,是更基本、更深沉、更持久的力量。坚定文化自信,是事关国运兴衰、事关文化安全、事关民族精神独立性的大问题。"这一论断充分反映了"文化自信"对于中华优秀文化发展、文化安全和文化独立性的极为重要的意义。2019年8月19日,习近平在敦煌研究院座谈时的讲话中提出,"中华文明5000多年绵延不断、经久不衰,在长期演进过程中,形成了中国人看待世界、看待社会、看待人生的独特价值体系、文化内涵和精神品质,这是我们区别于其他国家和民族的根本特征,也铸就了中华民族博采众长的文化自信",从而对"文化自信"的内涵进行了初步较为明确的阐释。党的十九大报告中明确提出的"没有高度的文化自信,没有文化的繁荣兴盛,就没有中华民族伟大复兴",指明了"文化自信"对于实现中华民族伟大复兴这一目标的重要性,并进一步提出"要坚持中国特色社会主义文化发展道路,激发全民族文化创新创造活力,建设社会主义文化强国"的未来目标,表明了对于增强中华文化软实力的重视。党的二十大报告中将"推进文化自信自强,铸就社会主义文化新辉煌"作为第八部分的标题,明确指出"文化自信"对于"全面建设社会主义现代化国家"的重要价值,同时还明确指出,增强文化自信,就必须"增强中华文明传播力影响力。坚守中华文化立场……讲好中国故事、传播好中国声音,展现可信、可爱、可敬的中国形象……推动中华文化更好走向世界"。

2021年,《中华人民共和国国民经济和社会发展第十四个五年规划和2035年远景目标纲要》在第四十三章"建设高质量教育体系"中明确提出要"坚持立德树人,增强学生文明素养、社会责任意识、实践本领,培养德智体美劳全面发展的社会主义建设者和接班人"。"文化自信"是"文明素养"的重要组成部分。高校的人才培养目标和大学英语课程目标均需要服务于高等教育的目标要求,不断通过改革和创新来"增强学生文明素养",提升学生的文化自信。中国的大学当"牢记其民族的使命、文化的重任,自觉地认识、领悟和把握自身传承和发展中华民族优秀文化的历史责任。这一目标的实现,有赖于自觉地将文化建设融入人才培养的全过程"①。因此,大学英语兼具工具性和人文性,其课程目标不应该只限于掌握英语语言这门工具,而是既要理解英语语言文化,又要学习中华优秀文化,是为了帮助学生兼具国际视野和家国情怀,"在国际大视野中更清楚地了解中国文化的地位、中国道路的方向、中国理论的缘起和中国制度的特色,使培养出来的青年人才以后能弘扬时代精神,致力中国发展"②,从而使中国的高等教育人才在跨文化交际中能够真正融通中外,在国际视野中保持一颗中国心。大学英语课程具有深厚的人文性,这决定了大学英语课程理应成为培养学生文化自信的重要阵地。而实现培养学生的文化自信这一目标,就势必要在大学英语教学中加快中华文化融入的步伐,提升大学生传播中华文化的能力。

自"文化自信"这一论述面世以来,众多学者已经纷纷撰文针对如何培养当代大学生的文化自信提出了自己的建议。胡蝶认为,文化自信视域下,高校外语教学存在课程设置局限、教师文化素养不足、学生自觉性较弱等问题,需要高校外语学习者进一步增强文化传承意识,将中国文化以新的方法、新的形式、新的手段传播至全世界。俞小敏通过开展问卷调

---

① 张志娟、秦东方:《大学生文化自觉与文化自信培育途径研究》,《思想政治教育研究》2013年第6期,第129页。
② 叶俊、盘华:《"四个自信"视域下大学英语课程思政功能的实现路径》,《学校党建与思想教育》2020年第20期,第45页。

查、文献分析、逻辑归纳等多种调查方法,分析出了新时代大学生文化自信培育存在的主要问题,建议利用大数据时代网络思政平台便捷性、快速性、综合性等特点来进一步加强大学生思政学习的时效性、精准性、全面性,还建议强化大学生文化自信的实践养成。罗珊通过网络问卷调查发现,部分高校大学生存在重视个人利益、忽视集体荣誉,追求实用主义、轻视自我修养等错误的价值观取向,还有些学生对于传统文化的重要性认识不足,急需树立正确的价值观、深入理解中华优秀传统文化的精神内涵,需要学校将优秀传统文化纳入高校的教育体系。孙良仪提议通过拓展学习中华优秀传统文化的途径、打造中华优秀传统文化的骨干队伍、构建中华优秀传统文化坚定大学生文化自信保障机制等方式,用中华优秀传统文化坚定大学生文化自信。焦玉冰认为新时代背景下要传承、弘扬和创新中国特色社会主义文化,就要通过社会、高校、大学生个人三方共同努力,培育大学生坚定文化自信。

高校外语教师也及时认识到在大学英语教学中弘扬中华文化自信、促进中华文化传播的重要意义,对于如何通过大学英语课程提升学生的文化自信建言献策。陈放从外语教育史的视角清晰构建"古为今用""洋为中用"的文化观,列举了当代外语教育实践中两种有利于培养中国学生文化自信的做法:一是在大学英语四六级中导入中国文化的内容,二是通过孔子学院的发展壮大推动中国文化输出。历晓寒从学习者和教学者两个方面提出通过大学英语课程提升学生文化自信的途径,即:大学英语的学习者要全面提升个人文化水平,树立终身学习的理念;大学英语的教学者不仅要提高文化修养,还要有足够的文化自信、跨文化意识和跨文化交际体验。吕海珍建议在大学英语中设置用英语讲中国文化的课程,同时采取有中国特色的大学英语教学策略,使学生系统全面地学习体会中华文明的博大精深,用英语传播引以自豪的中华优秀传统文化,树立文化自信,增强学生的历史责任感、义务感和使命感,从而为中华民族文化复兴而奋斗。曾易珍提出通过加强英语课堂教学的中国文化教育渗透,积极开展汉语语言文化及英语语言文化学习竞赛,强化英语教师队伍的中国文化教育培训，丰富英语课堂教学的中国文化元素，优化文化自信背景下英语课程教学考核评价机制，创新英语课程教学新形式、新方法与新概念等方式提升我国大学生文化自豪感及文化传承使命感，增强当代大学生的文化自信。王莲莲提出了3个策略：一是深入挖掘、提炼教材中的中国文化内容，并根据内容设计融入途径和呈现方式；二是升级教学模式，实施基于"产出导向法"的线上线下混合式智慧教学模式，提升文化传承意识与能力；三是重塑课程评价体系，建立以文化价值观为导向的多维立体化评价体系。

从中华文化的内涵来看，弘扬中华文化就意味着对于中华优秀传统文化、中国革命文化和社会主义先进文化的文化自觉、文化认同和自觉弘扬。因此，对于当代青年文化自信的培养本身就离不开对于大学生的中华文化传播能力的提升。大学英语课程是一门高等教育公共基础课和必修课，理当承担培育学生的文化自信的重任，这就同样需要各大高校从文化课程设置、教师文化素养、学生文化素质、校园文化体验等多个途径进一步建设好大学英语课程，进一步提升大学生用英语阐释家国意识、表达家国情怀、讲好中国故事、传播好中国文化的能力。

三、助力大学生成长成才

中华优秀文化是中华民族宝贵的精神财富。通过大学英语课程提升大学生的中华文化理解力、表达力和传播力，有助于新时代大学生提升文化素养、坚定理想信念、树立正确的价值观，帮助他们尽快成长为合格的社会主义接班人和建设者。

(一)有助于大学生的英语学习

在大学英语教学中开展中国文化教学有助于提升大学生对于大学英语学习的目的和意义的认识。随着当今世界政治、经济、文化等各方面全球化的发展，世界文化和各国的本土文化相互交融、不断渗透，人们也开始用心思考外国文化和本土文化之间的关系。"英语的国际化打破了以英国英语为中心的一体化格局,在全球范围内形成了各具文化特色,带有地缘政治、经济和民族特色的多种英语变体(varieties of English),如南非英语、印度英语、新加坡英语等。"[1]这些英语变体的产生充分体现出世界文化的多样性,有助于促进平等的跨文化沟通和交流。在我国,英语也产生了"中国英语"这一变体,迫切要求英语语言和中国文化的融合,进一步提升学生大学英语学习质量。

许多研究者在探索母语对于外语学习的影响时,通常会侧重于研究母语和母语文化对于外语学习的干扰,即负迁移作用。然而大量学者的研究表明,这种负迁移作用不仅被夸大了,而且很有可能根本就不存在。有些研究甚至提出,母语或者母语文化对于外语学习会发生正迁移作用,即深厚的母语文化功底会对外语学习起到帮助和促进作用。克拉姆希曾经指出,对外国文化的理解必须把这种文化放在与母语文化的对比中进行,语言教学中的文化的融入包含着对于目标语和母语的再认识。我国外语教育学者高一虹也指出:"在目的语学习的过程中,目的语与母语水平的提高相得益彰,目的语文化与母语文化的鉴赏能力相互促进,学习者自身的潜能得以充分发挥。"[2]我国学者所进行的大量有关二语习得的理论和实践研究结果表明,"母语文化是外语文化教学中的重要组成部分。目的语文化教学要求以母语文化教学作为比较的基础,外语教学同时肩负着本国文化的输出和培养人的素质的责任,母语以及母语文化的正迁移作用不容忽视"[3]。唐智霞认为,利用母语和母语文化知识来促进英语学习中有共性的东西的理解和学习,或者通过两种语言中某些相似或者相异的事物进行比较,会更有利于英语学习。从第二语言习得的角度而言,以母语文化或学习者本民族文化为背景的目的语语料能够使学习者

---

[1] 刘君栓、李占辉:《全球本土化语境下的英语教育探究》,《吉首大学学报(社会科学版)》2011年第5期,第153—154页。

[2] 高一虹:《生产性双语现象考察》,《外语教学与研究》1994年第1期,第59页。

[3] 刘正光、何素秀:《外语文化教学中不能忽略母语文化教学》,《西安外国语学院学报》2000年第2期,第61页。

在心理上产生一种亲切感,降低外语学习中的焦虑感。

学生在学习中国文化英语表达的过程中,通过两种语言的对比、两种文化的共现和两种文明的互鉴,进一步深刻把握母语文化和目的语文化的内涵,通过语言的学习对不同国别、不同地域的文化进行比较、分析和总结,进一步提升跨文化思辨能力,为未来的职业发展、跨文化交际、参与中外文化交流和用英语讲好中国故事奠定坚实的语言和文化基础,进而为助推"一带一路"倡议、提升中华文化软实力、促进中华文化国际传播、构建人类命运共同体贡献自己的力量。

(二)有助于大学生提升人文素养

"国家的希望在青年,民族的未来在青年。"大学生作为当代青年中的佼佼者,承载着国家的希望和民族的未来,既面临着难得的建功立业的人生际遇,也面临着"天将降大任于斯人"的时代使命,其人文素养水平直接影响着国家的综合实力和未来发展。"青年兴则国家兴,青年强则国家强。"当代大学生人文素养培育不仅关系到青年个人的健康成长,更是直接关系到社会主义事业的建设者和接班人的培养。在大学英语课程中注重培养学生对于中华文化的传播力可以对提升大学生的人文素养发挥直接性的作用。

(1)帮助当代大学生塑造健全人格。通过在大学英语教学中弘扬中华优秀文化中所蕴含的自立自强、自尊自爱、勤劳勇敢、诚实善良、文明有礼等个人品格,可以引导当代大学生向善向美,不断提升自身品格和个人修养,做一个对家庭有爱、对社会有责、对祖国有担当的时代新人。

(2)帮助当代大学生在中外文化的对比中提升文化认同。大学英语教学中不可避免会涉及个人主义、基督精神、圣诞节等西方文化。通过引导大学生在语言学习的过程中开展广泛的中西文化对比分析,可以帮助当代大学生在文化交往中做出理性的判断和选择,既尊重多元文化,在世界优秀文化中汲取养分,又提升民族文化的自豪感和自信心。

(三)有助于大学生坚定理想信念

国务院新闻办公室于2022年发表的《新时代的中国青年》白皮书指出,"新时代中国青年把树立正确的理想、坚定的信念作为立身之本,努力成长为党、国家和人民所期盼的有志青年"。当今世界正处于百年未有之大变局,国际国内形势复杂,主流意识形态和非主流意识形态交织。当代大学生面临着特殊的成长环境,再加上新媒体等多元文化传播方式的影响,其理想信念极易受到外部环境的影响。这就需要当代大学生从中华优秀文化中汲取营养精华,坚定中国特色社会主义的远大理想、实现共产主义的共同理想和实现个人奋斗目标的个人理想。

(1)中华优秀传统文化中蕴含着丰富的理想信念教育资源,奠定了大学生理想信念教育的基础。无论是"天下兴亡,匹夫有责"的担当精神、"老吾老以及人之老,幼吾幼以及人之幼"的使命精神,还是"天人合一,道法自然"的和谐精神、"吾日三省吾身"的修身精神,均能为大学生树立远大的人生理想提供精神源泉。

(2)红色革命文化中蕴藏着帮助当代大学生坚定理想信念的精神密码。习近平指出,"红色血脉是中国共产党政治本色的集中体现,是新时代中国共产党人的精神力量源泉"。红色革命文化承载着广大共产党人的理想信念,蕴含着"敢教日月换新天"的强大魄力,诠释着"革命理想大于天"的坚定精神,包含着"舍小家为大家"的献身精神,是展现中国共产党人理想信念的生动榜样,是诠释中国共产党人理想信念的鲜活教材,与大学生理想信念教育具有高度的契合性和内在的一致性。两者的互动,不仅能够加强大学生理想信念教育,而且使得红色文化不断扩大自身的横向传播,实现代际传承。

(3)中国特色社会主义先进文化为当代大学生坚定理想信念指明了前进的方向。社会主义先进文化在新民主主义文化基础上建立,植根于中华优秀传统文化,立足于中国实际,吸收国外文化有益成果,通过不断的改革创新,形成了具有自己民族特性的先进文化。社会主义先进文化背后所承载的改革和创新精神既推动了我国的文化自觉、文化自信和文化自强,也为当代大学生服务于文化强国建设指明了前进的方向。

(四)有助于大学生树立正确的价值观

"青年的价值取向决定了未来整个社会的价值取向。"从中华优秀传统文化所弘扬的"天行健,君子以自强不息""君子喻于义,小人喻于利""言必信,行必果""仁者爱人,有礼者敬人"等名言警句到倡导"富强、民主、文明、和谐、自由、平等、公正、法治、爱国、敬业、诚信、友善"的社会主义核心价值观,都要求当代大学生主动"扣好人生第一粒扣子",树立正确的价值取向。

在中小学教育的引导下,当代绝大部分大学生的价值取向都是比较积极向上的。他们具备良好的精神风貌、强烈的家国情怀和崇高的价值追求。然而,由于网络的负面影响、非主流价值文化冲击和个别大学生自身行动自觉不足等,部分大学生价值观培育中依然面临着一些障碍和隐忧,亟须包括大学英语教学在内的高等教育体系发挥有效的价值引领作用。

作为一项艰巨的事业,中国特色社会主义事业特别需要当代大学生作为主力军与生力军参与其中。在建设中国特色社会主义的过程中,当代大学生的价值追求与政治忠诚关乎事业的前景。因此,包括大学英语在内的外语教学亟须引导当代大学生学习英雄故事、榜样精神、警示案例。在大学英语教学中融入、弘扬和传播社会主义核心价值观,可以有效提高当代大学生的政治忠诚,增强大学生对中国特色社会主义的道路自信、理论自信、制度自信、文化自信,进而形成对党、国家以及社会主义的高度认同,对中华文化的高度认同。

第二章　中华文化传播视域下大学英语课程设置

语言是文明的纽带,是文化的桥梁。在全球化发展的大背景下,世界各个国家都在通过发展外语教育推动文明交流和文化传播。例如,为了提高美国学生的外语能力以适应经济全球化的需要,美国教育界和外语界在广泛调查研究的基础上,制定了《21世纪外语学习标准》。该标准可以用5C目标进行概括,即交际(communication)、文化(cultures)、连接(connections)、比较(comparisons)和社区(communities)目标。这一目标的具体内容可以理解为运用外语开展跨文化交际,同时体验多元文化,实现多学科互联互通和多元比较,从而服务国内外多元社区。在这种目标的指引下,美国的外语课堂不仅帮助学生掌握语言和文化知识,还助力学生提升跨文化交际能力、拓展跨学科知识、提升批判性思维能力,让学生学会使用现代科技。同时,大学外语课程受到挑战,跨学科语言课程、语言过渡课程和双学位语言课程受到学生的青睐。为了构建一体化的经济政治实体、适应经济全球化的发展,欧盟实施了语言多元化政策,承认语言多元并存,认为学习外语有益于个人发展和社会交往。为了促进国际交流合作、保护和传承欧洲共同的文化遗产,欧洲理事会在创建之初就明确要求各成员国鼓励自己的人民学习欧洲其他成员国的语言、历史和文化,并先后推动构建《欧洲语言学习基本标准》(1975年)和《欧洲语言教学与评估共参框架》(2001年)。西班牙通过一项政府法案(LOGSE),把外语确立为核心课。除欧美之外,全世界其他国家也纷纷出台与国家发展战略相适应的语言教育政策,如:澳大利亚制定《国家语言政策》,为全国的外语教学提供了宏观的指导框架;以色列政府推出"3+1"外语政策,以强调外语的重要地位。

第一节 大学英语课程设置现状

　　自1862年京师同文馆成立以来,我国的外语教育政策也在随着时代的发展以及国家政策的变化呈现着动态的变化过程。经过100多年的发展,我国的外语教育也得到了巨大的发展,大学外语课程也成为一门关乎大学生学业和前途的公共基础课和核心通识课。进入21世纪,尤其是党的十八大以来,随着我国"一带一路"倡议的提出,我国的大学外语进入了新时代,面临着新的发展使命。新时代和新使命给外语教育提出了新要求,要求我国的外语教育也必须同其他文科一样加快创新发展,坚持走中国特色文科教育发展之路,即新文科建设之路。建设新文科,就是要构建具有世界水平、中国特色的文科人才培养体系,培养具有自信心、自豪感、自主性的时代新人,提升中华文化的影响力、感召力、塑造力,要培养知中国、爱中国、堪当民族复兴重任的新时代文科人才,培育新时代社会科学家,构建哲学社会科学中国学派,创造光耀时代、光耀世界的中华文化。所以,新文科承担着培养时代新人的根本任务,肩负着提升国家形象的时代使命,必须坚持守正创新和价值引领。新文科建设,要扎根中国大地,突出中国特色,形成中国方案;要开放合作,注重国际视野,培养涉外人才;要与现代信息技术深度融合,促进学习革命;要打破学科专业壁垒,促进学科专业交叉融合再出新。大学外语作为外语教育的重要组成部分,也必须应新文科的新要求,积极与新一轮科技革命和产业变革交叉融合、与其他学科交叉融合,形成新的发展模式,在新文科的导向下积极开展课程体系设置的改革。

　　教育部高等学校大学外语教学指导委员会出版的《大学英语教学指南》(2020版)中明确提出,大学英语教学"应自觉融入社会主义核心价值观和中华优秀传统文化,引导学生……吸收人类文明优秀成果"。因此,高校在大学英语课程体系设置的过程中就应该主动考虑各类外语课程中对于中华文化的吸收和融入。当前,有关大学外语课程体系设置的研究主要分为三类。

一是有关大学外语课程设置的理论研究。这类研究主要围绕EGP(通用英语)和ESP(专门用途英语)的关系展开。按照文秋芳教授的分类,这一方面的研究主要分为以蔡基刚为代表的"替代派"和以殷和素、王守仁和文秋芳等为代表的"互补派"。"替代派"呼吁大多数学生将大学英语教学的重点向ESP转移,尤其是向EAP(学术英语)转移;而"互补派"则认为EGP和ESP并非相互对立,而是可以互为补充,"主张每所高校向学生提供包含通用英语与专用英语两个板块的大学英语教学体系,供学生自由选择"①。祝珣强调外语课程设置过程中要开展需求分析。胡杰辉从行为和内容两个目标维度对大学英语课程进行详细解读,在需求分析的基础上构建了通用、通识和专门用途英语"三位一体"的模块化、菜单式大学英语课程体系,并提出了基于目标的课程评价原则。向明友、王守仁、王文宇等建议根据学校特色建设校本课程。

二是有关大学英语课程设置的校本实践。这类研究主要分为211/985类院校(现称"双一流"建设院校)和应用本科院校的课程设置。如:张为民等在清华大学构建了本、硕、博一体化的英语教育体系。梁晓波针对国防科技大学(军队院校)提出了1+X课程体系。王文宇介绍了南京大学构建的具有校本特色的个性化大学英语课程体系。潘海英对吉林大学进行了课程设置研究。卢凤香介绍了首都医科大学的大学英语课程群。肖莉以湖北美术学院为例进行了课程体系改革实践。霍兴花分析了青岛农业大学构建的EGP+EGE+ESP"三位一体"的大学英语课程体系。毛丽珍介绍了沈阳农业大学形成的一年级必修课+二年级选修课+第二课堂+外文播音新型"四位一体"教学模式。王海啸选取国内9所高校(其中包括3所985高校、3所211高校、3所普通高校)近期修订完成

---

① 文秋芳:《大学英语教学中通用英语与专用英语之争:问题与对策》,《外语与外语教学》2014年第1期,第1页。

并正在实施的大学英语教学方案,从教学目标、教学体系和课程体系等方面分析这些教学方案如何体现学校、院系和学生等特色。徐玉萍从社会和学生需求角度出发,以山东警察学院为例构建了包含通用英语、警务英语、学科英语、跨文化交际课程在内的公安院校大学英语多元课程体系,具有一定的可借鉴性,但是具体的课程目标和教学模式还需要结合区域的发展定位、实际需求和涉外警务人才的培养定位进行进一步的调整。

三是有关大学外语课程体系中基础外语、专门用途英语或者拓展/后续课程设置的专项研究。如郑玉琪提出在基础英语阶段后开设后续课程和双语/外语教学课程,以确保整个大学阶段英语学习不断线,强化学生应用能力的培养和文化素养的提高。符雪青基于学生需求进行调查分析,认为可以按照应用专业型、实用技能型、跨文化知识型、文化欣赏型、综合考试型这5个模块开设大学英语后续课程。贾国栋从国家发展、高校发展和学生个人发展3个方面简要阐述了大学中设置英语公众演讲课程的必要性和可行性。王李霞认为,大学英语后续课程设置的目标可以定位为切实提高学生的综合语言素质和跨文化学术英语交流能力,强调大学英语后续课程的内容应该重在学术英语。季佩英认为,各高校应以需求分析为基础,根据学校人才培养目标、师资力量和学生需求,尊重语言学习规律,开设体现学校特色的专门用途英语课程,以供学生选择。孙淑梅认为:大学英语后续课程教材应适当增加本土内容,如中华传统美德故事、中国名胜古迹、民族节日介绍等。这样不但可以弘扬传统文化,还能增加课程内容的广泛性。张丽认为,鉴于当前我国很多高校通用英语教学课时在不断减少、对后续英语课程建设关注度越来越高的情况,在保证通识课2—3个教学学期的基础上,在第二学年或第四学期,以校选课、计入学分的形式开设拓展课程,分模块教学,可以满足不同层次的需要。

根据以上有关大学外语课程设置的理论研究和校本实践案例可以发现以下趋势:一是绝大部分院校都根据人才实际需求、本校办学特色和人才培养目标选择构建 EGP+ESP 的大学英语课程体系;二是为了更全面地提升学生的思辨能力、跨文化交际能力和中华文化传播能力,保持学生本科英语学习的持续性,部分院校开始选择为学生开设通识英语类、英语文化类和英语演讲类等大学英语后续/拓展课程;三是部分院校会从本校学生实际外语水平出发开展分层教学。根据《大学英语教学指南》(2020版),各高校应根据学校类型、层次、生源、办学定位、人才培养目标等,遵循语言教学和学习规律,合理安排相应的教学内容和课时,形成反映本校特色、动态开放、科学合理的大学英语课程体系。课程设置要注意处理好通用英语与专门用途英语、跨文化交际教学的关系,处理好必修课程与选修课程的关系。课程设置还要充分考虑语言学习的渐进性和持续性,在大学本科学习的不同阶段开设相应的英语课程。因此,按照指南要求,大学英语课程设置可以大体上分为通用英语、专门用途英语和跨文化交际类英语课程。

第二节　中华文化传播视域下大学通用英语课程设置

大学通用英语课程也称大学英语基础课程。传统的大学通用英语课程在教学内容上依然以听、说、读、写为主,与高中英语区别不大,甚至成了高中英语的延续,而学生又失去了高考的应试压力,学习内驱力严重不足,学习动力主要来自期末考试和四六级考试,学习的激情也随着考试的结束而告终结。教学内容比较分散,缺乏实用性,脱离学生的语言实际使用需求,无法抓住学生的学习兴趣。学生希望教师在通用大学英语的教学中不要拘泥于课本内容和语言知识的讲解,而是能够结合语言知识的学习开展文化的拓展学习。贾国栋认为:大学英语课程是我国实施文化"走出去"战略的基础课程之一,而随着时代的变化与发展,大学英语课程除了以培养学生获得跨文化沟通能力作为目标,还应该承载一定的传播中华文化的任务。只有学生对中西文化都有所掌握,语言跨文化沟通才会更有效。

根据《大学英语教学指南》(2020版),"通用英语课程是大学英语课程的基本组成部分","大学英语课程可培养学生对中国文化的理解和阐释能力,服务中国文化对外传播……社会主义核心价值观应有机融入大学英语教学内容"。因此,通用英语课程的目的绝对不能仅仅局限于培养学生英语听、说、读、写、译的语言技能和教授英语词汇、语法、篇章及语用等知识,亦不能只要求学生学习英语国家的文化,还需要通过在中华优秀文化中汲取力量和营养,才能帮助学生更全面地增加在社会、文化、科学等领域的知识储备,提升综合文化素养,提升批判性思维能力,树立正确的世界观、人生观、价值观。

高校通用英语课程是本科教育的重要组成部分,也是开展中华文化教学、传播中华文化的重要阵地。从立德树人的角度看,一方面,大学通用英语课程是学生接触异国文化和其他意识形态的主要途径之一。通过对于异国文化的批判式学习和对于中西文化的思辨式对比分析,当代大学生能够针对外语语言和文化背后蕴藏的意识形态和文化价值取向进行更加客观、辩证的分析,提高文化鉴赏力、信息甄别力和政治鉴别力。另一方面,中华文化中蕴含着大量与大学生思想道德相关的教育元素,可以充分发挥立德树人的作用。从课程思政的角度来看,开展中华文化教育、传播中华优秀文化、提升文化修养也是课程思政对于大学通用英语的要求。从文化自信的角度来看,在大学通用英语中有机融入中华优秀文化,可以帮助当代大学生更好地了解本民族、本地区的文化,提升对本民族、本地区文化的理解力、表达力和传播力,从而更具有文化自信。

中华文化融入大学通用英语可以从课程目标、教学大纲、教学内容等角度去考量。在课程目标上,大学通用英语的教学目标不用局限于目的语的语言文化教学,而是应该结合《大学英语教学指南》(2020版)的要求和学校的办学特色,将"提升学生的综合文化素养和中华文化英语传播力、增强学生的中华文化自信"作为课程目标的必要组成部分。在课程大纲的编写上,应主动添加与中华文化相关的教学板块和内容。在教学内容上,不能盲目使用外国教材或者直接照搬照抄外国教材的编写理念,而是应该以社会主义核心价值观为导向,形成以传播中国文化、讲好中国故事为导向的理念,选用或编写蕴含着丰富的中华文化元素和中国特色的通用大学英语教材,在教学内容中有机融入中华优秀传统文化、革命文化和社会主义先进文化。

第三节　中华文化传播视域下大学专门用途英语课程设置

专门用途英语指与特定职业或学科相关的英语,是根据学习者的特定目的和特定需要而开设的英语课程,如法律英语、旅游英语、商务英语等。专门用途英语教学具有四个方面的区别性特征:(1)需求上满足特定的学习者;(2)内容上与特定专业(职业)相关;(3)词汇、句法和语篇侧重于和特定专业(职业)相关的活动中的语言运用;(4)与普通英语形成对照。专门用途英语学习强调在提高学生英语水平的同时,帮助学生掌握一部分专业英语技能,特别突出语言的工具性,可以分为学术英语和职业英语。关于专门用途英语的开设方式和教学大纲,目前并没有官方的指导和文件说明。有些学者提出,各高校应根据自己的师资力量、办学特点和办学需求制订专门用途英语课程开设计划。还有学者提出,大学英语的学习应该充分尊重学生的个性化需求和个人发展意愿,将学生达到了EGP的基本要求之后的后续课程全部设置为多样化的专门用途英语课程,并建议打造专门用途英语的"三驾马车",即为准备走学术道路的学生开设的学术型专门用途英语、为打算出国留学深造的学生开设的留学型学术英语和为毕业后直接走向职场的学生开设的职场英语。

根据《大学英语教学指南》(2020版),"专门用途英语课程以英语使用领域为指向,以增强学生使用英语进行专业和学术交流、从事工作的能力……具体包括学术英语(通用学术英语、专门学术英语)和职业英语两类课程"。专门用途英语课程在教学内容上应该将旅游、法律、会计等特定的学科内容与外语语言教学的目标相结合,在教学活动的设计上应该着重解决学生在本专业、本学科的知识学习过程中所遇到的语言问题,在教学重点上应该是培养与学生专业和未来职业相关的英语能力。因此,相对于大学通用英语来说,专门用途英语课程更加凸显外语学习的工具性特征。但是,这并不意味着,专门用途英语的学习不需要融入中华文化元素和提升学生的文化自信。

事实上,在专门用途英语课程中融入中华文化的内容对于学生职业道德的塑造、职业精神的培养和家国情怀的提升同样具有重要的意义。首先,专门用途英语课程学习本身就是在帮助学生提升自身的职业素养和职业能力,有助于学生在未来职业中更好地发挥自己的作用。其次,专门用途英语不仅可以帮助学生了解学术文化和职业文化,还可以融入行业精英的先进事迹,从而充分传达社会主义核心价值观,引导学生向职业榜样学习,激发学生的职业认同感和自豪感。最后,专门用途英语中有关行业发展的中国传统、中国路径、中国智慧、中国力量,可以形成中国故事,进而让学生在了解、学习和讲好中国故事的过程中增强家国情怀和民族自豪感。

大学专门用途英语同样可以从课程目标、课程大纲和课程内容等方面探索融入中华文化的路径。首先,从课程目标的维度讲,专门用途英语课程在目标设置上就可以强调帮助学生了解行业文化知识、提升学生讲好中国行业故事的能力、增强学生的职业认同感和家国情怀。其次,从课程大纲的维度讲,专门用途英语应该将行业的代表性文化写进教学大纲。最后,在教学内容上,不能只使用有关本行业的国外原版素材,而是要结合该行业在我国的发展现状和需求设计教材、精选教学内容。

第四节 中华文化传播视域下大学英语文化拓展类课程设置

大学英语文化拓展类课程是通识大学英语的一部分,是指以英语语言为媒介开展的文化通识教育,主要包括跨文化交际、西方文化概论和中国文化概论等以中西方文化比较为主要内容的跨文化交际课程。通识英语教学旨在"培养学生的跨文化交际能力,提高学生对外交流的能力,使学生在接受西方英语国家文化的同时,有能力传播中国文化和文明,培养学生的人文素养"①。《大学英语教学指南》(2020 版)则明确指出,"跨文化交际课程旨在进行跨文化教育,帮助学生了解中外不同的世界观、价值观、思维方式等方面的差异,培养学生的跨文化意识,提高学生社会语言能力和跨文化交际能力"。跨文化交际课程要充分体现大学英语提升学生的文化素养和人文底蕴的重要作用。

近年来,很多高校都在公共必修课或者通识选修课中增加了英语演讲、跨文化交际、西方文化导论和中国文化概论等大学英语文化拓展类课程,供学生在基础英语和学术英语/职业英语之外进一步提升个人语言表达能力和文化传播能力。这些课程的设置,往往与中华文化直接相关,充分体现了各大高校对于培养学生中华文化对外传播力的高度重视。

2019 年,褚慧英、顾卫星曾通过访问各大学网站或课程中心的方式,查询了全国东北、华北、西北、西南、华中、华东和华南等 7 个地区 12 所 985/211 高校是否开设了中华文化课程。结果显示:在东北地区,辽宁省有 1 所 985/211 理工类高校开设了"中国文化英译"和"中国文化西传与解读"课程;在华北地区,北京市有 2 所 985/211 综合性大学分别开设了"中西文化比较"和"中国文化英文谈"课程。在西北地区,陕西省有 1 所 985 兼 211 交通类大学开设了"中国传统文化概论"课程,1 所 985 兼 211 师范类院校未开设大学英语中华文化课程。在华东地区,浙江省的 1 所 985/211 综合性大学和上海市的 1 所 985/211 师范类院校均未开设大学英语中华文化课程。在西南地区,四川省的 1 所 985/211 综合性大学未开设大学英语中华文化课程。在华中地区,湖北省的 1 所 985/211 综合性大学开设了中国传统文化课程,而湖南省的 1 所 985/211 综合性大学

---

① 殷和素、严启刚:《浅谈大学英语通识教育和专门用途英语教学的关系——兼论新一轮大学英语教学改革发展方向》,《外语电化教学》2011 年第 1 期,第 11 页。

未开设大学英语中华文化课程。在华南地区,广东省的 1 所 985/211 理工大学开设了"中国文化概论"课程,1 所 985/211 综合性大学开设了"中国文化入门"和"西方视野下的中国文化"两门中华文化英语课程。从上述数据可以看出,12 所高校中有 5 所大学未开设大学英语中华文化课程,占比达到总数的 41.6%。985/211 类高校尚且对大学英语中华文化课程缺乏足够的重视,普通高校的重视程度更是可想而知。这一调查结果表明,国内诸多高校对大学英语中华文化课程的重视程度还远远不够。

笔者通过查阅各个学校的网站,对其中一些学校开设的有关中华文化的大学英语课程进行了统计,如表 2-1 所示:

表 2-1　一些高校开设的有关中华文化的大学英语课程

学校	课程名称	课程类型
山东大学	中国优秀传统文化英文解读	选修课
南京林业大学、安徽工业大学	中国文化与翻译、从 TED 看中国与世界、中外文化交际简史、《淮南子》文化阅读	选修课
四川工商学院	中国传统文化课程	必修课
中国人民大学	中国文化、中文经典英译	选修课
江苏大学	中西文化对比	选修课
湖北大学	英语畅谈中国	选修课
山东大学	英语话中华课程	讲座
华侨大学	中国古典文学名著赏析、中西礼仪、中华民族文化精粹	讲座
大连理工大学	中国文化西传与解读、中国文化英译	选修课
北京大学	当代英美纪录片中的中国文化和社会、英语语境中的中国历史与文化、英语非虚构作品中的近当代中国社会与文化	选修课

通过上表信息可以发现,虽然很多高校开设了有关中华文化的大学英语课程,但是大多数都将这类课程作为文化拓展类的选修课开设,无法达到大学英语必修课那种全员辐射的效果。与此同时,一些学校即便开设了中华文化类的英语课程,开设门数也只有 1 门,可以选择的范围

不大。

大学英语文化拓展类课程在课程目标、课程大纲和教学内容上同样需要注意中华优秀文化的有机和恰当融入。在课程目标上，大学英语文化拓展类课程不能仅仅将目标设置在对于西方或者中国文化的简单介绍上，而是要注重通过开展中西文化的对比提升学生对于中华文化的认同感和文化自信。在课程大纲上，西方文化概论和跨文化交际等课程也不能只注重对于西方文化和文化理论的教学板块，而是要充分融入中华文化传播和中西文化比较的内容。在教学内容上，也不能只关注中华优秀传统文化的内容，还要顾及革命文化和社会主义先进文化的内容。

基于我国新时代的发展需要、高等教育目标、教育部《高等学校课程思政建设指导纲要》和《大学英语教学指南》(2020版)的要求，鉴于当前各个高校大学英语课程设置的现状，尤其是中华文化类英语课程的设置现状，各个高校都应该结合自身的实际情况开展以下两个方面的教学改革：一是结合教育部《高等学校课程思政建设指导纲要》的要求，重构大学通用英语和专门用途英语的教学目标，在教学内容中充分挖掘和融入中华文化元素。二是各类高校以选修课或者必修课的形式将中华文化类英语课程植入大学英语课程体系，利用现代信息技术研发校本特色的中华文化数字课程，在实际教学中秉持"以学生为中心"的教学理念，充分利用信息化工具开展线上线下混合式教学。

第三章　大学英语教学与中华文化的融合

语言是文化的载体。无论是从群体、个体的角度，还是语境的角度来看，语言和文化都是密不可分的关系。其一，从社会角度而言，语言是一个社会种族和民族特性的重要标志，是一个民族文化最显著的特征。其二，从个体的角度而言，语言是个人地位的象征，一个人的社会地位和受教育程度可以从其使用的语言和谈话方式推测出来。其三，语言使用特征受到社会文化语境的影响。在大学英语听、说、读、写、译综合能力训练的全过程中，中华文化、英语国家文化和世界其他优秀文化的融入都应该同样受到重视，让语言真正发挥文化交流和文明互鉴的作用。

第一节　大学英语文化教学

语言教学应该兼具工具性和人文性，在语言课程教学中应该融入文化教学早已成为外语教育界的共识。20世纪80年代以前，我国的外语教育界受到"语言工具论"思想的影响，主要围绕词汇讲解、语法分析、句型演练等语言知识的学习开展，过多地关注语言作为符号本身的系统性和规律性，而忽视了语言和文化之间的关系。20世纪80年代以来，国际社会上广泛兴起的文化研究的浪潮推动着外语界也开始关注语言与文化、语言教学与文化教学之间的关系，并且开始逐渐认识到，"重视外语教学中的文化内涵，非但不会弱化语言教学，反而能更好地调动学习者的积极性，激发他们对语言学习的兴趣，而且教学相长，很有利于教师和学生文化素养的提高,实现外语教育的最终目标"①。

一、文化教学的内涵

"文化教学"的概念初次在我国提出是在二十世纪八九十年代有关语言和文化研究的相关文献中。有学者将其定义为"文化背景知识教学"②。还有学者定义为在英语教学中将语言教学与所学语言国家的国情文化和知识及语言所包含的文化背景知识融为一体的教学形式及方法,即主要指融入目标语国家文化的教学③。谷启楠将文化分为两层:一是文化的表层,包括日常交际所必需的项目,例如礼貌用语、手势语言、日常各种场合的典型会话、衣食住行的习惯、学生的日常生活、业余文体活动、节假日活动、家庭关系、亲友之间的关系等。这些项目较有意思,又较易掌握,有助于学生与所学语言国家的人民进行初步的交际,因此应在低年级讲授。二是文化的深层,包括社会结构、思想意识、道德标准等项目,不了解这些便不能真正理解语言的内涵。这些项目可在较高的年级讲授。根据我国学者胡文仲的研究,文化教学的内容可以分为四种类型:一是在教语音、语法、词汇、篇章、文体等语言内容的同时结合语境和文化背景、文化内涵;二是分析学生由于文化因素干扰而造成的语言错误,进而提高学生对于文化的敏感性,帮助学生认识到交际问题并不是只掌握语言形式就能解决的;三是开设所学语言国家的历史、文学、概况等课程,系统地传授知识文化;四是开设语用学、国情语言学、语言与文化、跨文化交际学等课程,从理论上增强学生的跨文化交际意识和能力。

随后,中国学者逐渐意识到,由于中国外语教学中过度强调目标语国家文化教学,忽视母语文化的教学,以至于很多大学毕业生能够操着一口流利的英语口语,却不了解本国的文化传统,更无法利用英语这一工具表

---

① 张友平:《对语言教学与文化教学的再认识》,《外语界》2003年第3期,第45页。
② 谷启楠:《文化教学与外语教学》,《外语界》1988年第2期,第1页。
③ 胡文仲:《文化教学与文化研究》,《外语教学与研究》1992年第1期。

达本土观点、传播中国文化、讲好中国故事,在跨文化交流和国际交往中被迫处于劣势地位和失语状态。"英语已成为一种国际语言,我们交往的对象除英语国家的人士之外,还有大量的人虽然也使用英语,却来自非英语国家。因此,英语教学中只重视英美文化也是远远不够的,我们还应当考虑更广意义上的文化教学。"[1]于是,学者们纷纷提出在目标语文化教学之外增加母语文化教学和世界多元文化教学,以期更好地达到文化教学的目的。

本书所提出的文化教学可以定义为在英语教学中将语言教学与包括目标语国家文化、母语国家文化、其他国家文化和人类共有文化的教学融为一体的教学形式、内容和方法,包括融入了不同国家文化和不同类型文化的英语词汇、语法、听力、口语、阅读、写作、翻译和跨文化交际等各种语言教学。在大学英语教学的过程中,学生在语言学习的同时还有必要形成对于目标语国家文化、母语国家文化、其他国家文化和人类共有文化等的文化知识理解记忆能力、文化对比分析能力,以及文化鉴赏和评价能力,乃至于形成文化自觉、文化认同和文化自信。

二、文化教学的目标

所谓文化教学的目标,指的就是在语言教学中融入文化教学的目的和方向。国内外学界对于文化教学的目标都从各个角度有过较为深入的阐述。

美国语言学家西利(Seeyle)在《教授文化:外语教育家的策略》(*Teaching Culture: Strategies for Foreign Language Educators*)中提出文化教学的7项目标,并指出文化教学的最高目标是培养学生具有在目的语社会中得体地行事并与其人民交际所必需的文化理解力、态度和交际技能。托马林(Tomalin)对这7项目标作了简化,将之修改为:帮助学生逐渐明白,所有人都会表现出由文化所决定的行为;帮助学生逐渐明

---

[1] 张友平:《对语言教学与文化教学的再认识》,《外语界》2003年第3期,第43页。

白,诸如年龄、性别、阶级和居住地等各种社会因素都会影响人们说话和行为的方式;帮助学生更多了解目的语文化在一般情况下对应的习惯行为;帮助学生增加对目的语的词汇和词组的文化内涵的了解;帮助学生发展出根据证据对目的语文化做出评价和概括的能力;帮助学生培养搜索和组织有关目的语文化信息的必要能力;激发学生对目的语文化的好奇心,鼓励学生与目的语文化的人民在感情上交流。

20世纪80年代开始,我国学者也将国外学者的研究和我国国情相结合,提出了我国文化教学的目标。谷启楠借鉴了西利提出的文化教学7项目标,并指出我国文化教学应该达到4项目标:培养学生具有文化理解力,培养学生对外国文化的正确态度,培养学生具有交际技能,培养学生具有获取文化信息的能力。牛新生提出文化教学应该达到3个目的,即培养学生的跨文化知识、跨文化意识和跨文化交际能力。张红玲在区分多元文化教育和跨文化教育并对跨文化教育进行定义的基础上提出了跨文化教育的6重目标:增强学生的跨文化意识和敏感性,帮助他们用跨文化的视角去看待、分析和解决问题;培养学生对不同文化和个人尊重、包容、理解和欣赏的态度;丰富学生的文化知识,包括本族文化知识和外国文化知识,帮助他们建立全球视野;增强学生的跨文化交际能力,使他们能够根据不同语境灵活调整自己的文化参考框架,以保证交际的有效性和恰当性;培养学生在多元文化环境中与人交流、合作的能力;提高学生应对冲突和不确定因素的能力,鼓励他们敢于冒险、敢于创新的精神。

《大学英语教学指南》(2020版)在提及大学英语教学的人文性时提到大学英语文化教学的两个目标:一是"进行跨文化教育",帮助学生"通过英语学习了解国外的社会与文化,增进对不同文化的理解,加强对中外文化异同的认识,培养跨文化交际能力";二是"培养学生对中国文化的理解和阐释能力,服务中国文化对外传播"。

国外学者有关文化教学的目标重在强调培养学生对于文化内涵,尤其是他国文化内涵的理解力、跨文化交际能力和分析能力。我国的学者对文化教学目标的认识在随着时代的发展而不断地深化和拓宽,不仅强调培养学生的文化理解力和跨文化能力,而且还提出要帮助学生通过外语学习认识世界文化的多样性,培养学生的中华文化外语表达力和传播意识。综合学者的研究和相关文件精神,我国大学英语文化教学的目标在于培养学生的跨文化知识、跨文化意识和跨文化交际能力,增进学生对于中国文化的理解力、表达力和传播力。

三、文化教学的原则

文化教学作为语言教学的有机组成部分,既要遵循语言教学的一般性原则,也要结合文化教学的特殊性。文化教学的原则,指的是文化教学应该怎样开展的问题。关于这一点,很多学者都提出过自己的看法。

赵贤洲(州)在将文化内容分为交际文化和知识文化的基础上,提出外语教学中的文化教学应该遵循4项原则:一是阶段性原则。一方面指交际文化与知识文化的导入应有相对的先后顺序;另一方面指文化要有自己的"等级"体系,要制定一个由浅入深的"文化等级大纲"。二是适度性原则,即文化教学先要适应语言教学的需要。三是规范性原则,即要传授的文化应该是共通的文化,而不是地域文化。四是科学性原则,包括了系统性、准确性、针对性内容,涵盖了文化体系构筑和文化导入方法是否得当。

谭志明、王平安提出英语强化培训中的文化融入应与学员的语言水平相符合,分为初级、中级和高级3个阶段进行。具体说来,就是在初级阶段的文化融入中主要介绍在日常生活交往方面英汉主流文化的差异,以及在语言形式和运用中的具体表现;在中级阶段的文化融入中主要介绍由于文化差异引起的英汉词语、成语意义及运用方面的差异;在高级阶段的文化融入中主要从中西文化差异的深层次入手介绍中西方思维方式、交际关系以及言语表达方式的差异。

杨藻镜将文化分为表层(器物)文化、中层(制度)文化和深层(观念)文化,并在其分类的基础上提出3类文化教学应当分别与语言教学的入门、基础、提高3个阶段相对应。也就是说,在语言教学中,要先教与器物文化有关的词语的文化背景意义及语义,然后教与制度文化有关的语言现象,最后教与观念文化有关的语言现象。

鲍志坤借鉴谭志明和王平安将文化导入分为初级、中级和高级三个阶段的做法,并在此基础上提出文化教学的层进原则、适度原则、主流原则和系统原则。依据层进原则,初、中级阶段应注重交际文化的导入,而高级阶段则应重点导入知识文化。依据适度原则,外语教学过程中要导入的必须是和跨文化交际密切相关的文化内容,而不能因为把文化看作是艺术、音乐、历史、地理、哲学等的综合而在教材中或课堂上大量介绍,喧宾夺主,从而影响了语言教学的效果。依据主流原则,语言教学中文化的内容应是英美等主要英语国家所共有的主流文化部分。依据系统原则,语言教学中的文化导入不应零散化、"东一榔头西一棒子",而是应该针对语言教学中的文化导入内容来制定大纲,具体明确文化导入的原则、内容、方法、途径以及要求学员所要达到的水平。

针对以上有关文化教学的原则,牛新生提出了自己的批判性意见:分阶段的文化教学割裂了各类文化之间的内在联系,不论在语言学习的哪一个阶段,文化教学都应当注意各类文化之间的联系,不能随意把它们割裂开。

蔡蔚等人认为,实施文化教学,尤其在决定文化教学内容、选择教学切入点和传授方式上可参考以下几条原则和一些具体方法:(1)文化学习的内容应与教材内容密切相关;(2)文化知识的传授应尽可能与语言技能的实践相结合;(3)所选文化的学习内容和学习方法应该有利于学生思维能力的提高;(4)应循序渐进地开展文化教学;(5)文化教学应充分利用新闻媒体资源;(6)文化教学应与学生参与课外学习相结合。

曹文提出文化教学应该分为文化知识层和文化理解层两个层次,主张要培养具有跨文化交际能力的英语人才,文化教学必须超越文化知识层,达到文化理解层。(表3-1)

表 3-1　曹文提出的文化知识层和文化理解层的突出特点①

文化知识层	文化理解层
培养语言学习者掌握目的语文化知识。	培养语言学习者跨文化交际能力。
以知识为中心。	以技能为中心。
以目的语文化为内容。	以目的语文化和母语文化为内容,还包括其他语文化。
以传授高层文化内容(历史、文学、宗教、政治、地理等)为主。	除高层文化外,还涉及大众文化习俗、仪式及其他生活方式,还有包括价值观、时空概念、解决问题方式等内容的深层文化。
文化信息来源以阅读为主,阅读内容多为对目的语文化笼统、概括性的描述。	文化信息来自多渠道,如阅读、交流、大众媒体、实例分析、调查、到目的语国家实践等,注重就事论事,避免以偏概全。
选择由来自目的语文化的人编写的文化材料,或来自母语文化的人编写的有关目的语文化的材料。	选择由来自目的语文化的人编写的文化材料、来自母语文化的人编写的文化材料及来自其他语文化的人编写的文化材料,搭配使用,多角度介绍。
把目的语民族作为整体讲授其文化。	以目的语民族中的个体为对象讲授文化。
从母语文化角度看待目的语文化。	从母语文化、目的语文化及其他语文化多重角度看待目的语文化。
孤立讲授文化现象。	注重文化与交际的关系,文化因素在交际过程中的具体反映。
教学方法多采用知识灌输法。	教学方法多为启发式,强调实践,注重学习者的个人参与。
教师是知识传播者。	教师是文化中介人。

刘爱真也针对文化教学的原则提出过几点自己的想法:一是文化教学的任务是配合语言教学,促进语言应用能力的提高,语言和文化的教学应该是相容的,既不能为了教文化而忽视语言教学,也不能在语言教学中完全摒弃文化,语言和文化不可割裂来看;二是文化教学和语言教学一

---

① 曹文:《英语文化教学的两个层次》,《外语教学与研究》1998 年第 3 期,第 10—11 页。

样,也有必要实行从小学到大学一条龙服务的教学模式;三是针对非英语专业高年级学生开设系统的文化知识选修课。

潘章仙认为英语教学中的文化教学应该贯穿于教学的全过程,应该遵循和坚持3个方面的原则:一是实用性原则,即文化教学应从教学的对象——学生和服务的对象——社会的需求出发,选择教材,确定教学方法;二是与语言教学相融合的原则,即文化教学不能独立于语言教学之外,而应渗透在语言教学的全过程,两者应相辅相成;三是与汉语文化教学相结合的原则,即在进行英语文化教学的同时,一定要注意本族文化的学习。

赵厚宪从4个方面阐述了外语教学中的文化教学的目标,主要包括重在认识和了解目标语文化的认知原则,吸收目标语文化中的有益部分的吸收原则,对照和比较本土文化和目标语文化的对比原则,以及避免文化歧视的宽容原则。

常天龙认为,外语文化教学应从外语学习的目的出发,从培养学生跨文化交际的能力出发,遵循三大原则:(1)循序渐进的原则,即应该先导入交际文化,再导入知识文化;(2)全面兼顾的原则,即既要导入英美主流文化,同时也要导入其他国家,诸如加拿大、澳大利亚,以及东南亚或南非国家的文化;(3)系统连贯原则,即根据文化项目的不同分门别类地进行介绍,辅之以适当的实例进行相关演练。

曹曦颖提出文化教学除遵循科学性、思想性、启发性、量力性、因材施教等基本教学原则之外,还应该遵循以下3个原则:一是"以教师为主导,学生为主体"的原则。教师在文化教学的过程中,不仅要充分发挥自己应负的组织、引导、促进、评价的责任,而且要注意指导学生充分发挥自己在认识和实践中的主体作用并注意把这两种作用有效地结合起来。二是"英语文化为主,兼顾汉语文化"的原则,指的是在文化教学过程中,学习内容既要侧重英语文化,又要兼顾汉语文化。这里的英语文化既包括英美文化,又包括其他英语国家的文化。同时,通过导入汉语文化与英语文化进行对比,既可以深刻揭示英语文化的主要特征,又可以加深对汉语文化本质特征的深入理解。三是"知识文化为先,交际文化为后"的原则,指的是在文化教学过程中先考虑知识文化,再考虑交际文化的原则。这里的知识文化主要"包括反映人类文明的各个方面的文学、艺术、音乐、建筑、哲学和科技的成就"①,相当于文化产品;而交际文化是指"人们的习俗、生活方式、行为准则、社会习惯、人情世态、社会组织和相互关系"②,相当于文化观念。这也是在强调文化教学要分阶段来进行。

李春梅认为外语教学中的文化教学应该遵循五大原则:(1)循序渐进,同语言教学一样要由浅入深;(2)纵横适度,注意融入少数民族的文化,但同时也不能包罗万象,要讲求适度原则;(3)善作对比,能从跨文化交际角度考虑,将两种或多种语言文化作对比;(4)弘扬精华,注意融入有代表性的文化元素;(5)注重实践,重视在社会实践中培养和提高学生的社会语言交际能力,有目的地多为学生创造一些参观、走访、体验等接触社会的机会。

结合语言与文化的关系、语言教学与文化教学的关系、外语学习与母语文化之间的关系,本书针对文化教学的原则提出以下几点看法:一是语言体系的规律性较强,语言教学可以分成不同的阶段进行,在语言教学的任何阶段都可以融入文化教学,但是文化体系内部联系比较紧密,不应简单粗暴地分阶段学习,而是在语言学习的任何阶段都应该注重各种文化类型之间的联系。二是母语文化、世界其他国家文化和目标语国家文化对于语言学习都很重要,在尊重世界文明多样性的基础上,在语言学习的过程中,应该将母语文化和世界其他国家文化放在与目标语文化同等重要的位置上,更不能只学习英美文学,助长西方文化中心论。三是大学英语文化教学应致力于帮助学生树立正确的文化观,使其坚守母语文化立场的同时,正确认识文化之间的差异。已有研究认为,有些大学生在接受

---

① 曹曦颖:《英语"文化导入"教学模式研究》,《四川师范大学学报(社会科学版)》2006 年第 6 期,第 63 页。
② 曹曦颖:《英语"文化导入"教学模式研究》,《四川师范大学学报(社会科学版)》2006 年第 6 期,第 63 页。

英语教育或者跨文化实践中,比较容易形成贬低母语文化、抬高英语国家文化的心理状态,又或者会由于民族主义情绪高涨而形成对母语文化的价值盲目夸大从而排斥其他国家文化的态度。无论是哪种情况,都是这些学生文化立场不够坚定、对母语文化不够自信的体现。但是,对母语文化过分维护则会使学生形成本土文化中心主义的心态,部分学生就会排斥文化之间的交流互鉴,沉浸在自己的文化中故步自封,不利于文化的发扬光大和广泛传播,同时也无法吸收世界文化的精髓和营养。同时,对英语文化重要性的过分夸大,则会造成大学生在英语学习中出现文化迷失,失去其本应具有的母语文化立场,既不利于大学生在跨文化交际的实践中坚守母语文化立场,保持文化根基,还更容易使大学生无法对母语文化进行更多的传承、传播和发展。

四、文化教学的方法

有关外语教学中的文化教学的方法,国内外学者们已经有了比较充分的讨论。如国外文化教学学者拜拉姆认为文化教学主要有3种方法:文化比较、知识传授和田野工作。传统的文化教学方法包括文化背景知识介绍、文化导入、文化融入、文化揭示等。随着外语教育实践的发展,我国外语教育界的学者们在教学实践中也探索出很多的文化教学方法。如钟乐平就提出可以结合词汇的文化内涵、词语的历史典故、句子和篇章导入文化。张华就提出在文化负载词教学中除了使用对比法和语义成分分析法之外,还可以借助语境和语料库。

常天龙、孙崇英提出文化教学的六大方法,分别是理论知识传授法、英汉对比法、以旧引新法、分组演练法、指导自学法、开展媒体和其他教学活动。(表3-2)

表 3-2　常天龙、孙崇英提出的六大文化教学方法及其定义[①]

文化教学方法	定义
理论知识传授法	从语言学、语用学的角度,语言与文化的关系,跨文化交际所必备的素质以及目的语言国的历史文化背景,语言的形成与发展的过程,宗教信仰,政治体制等进行理论方面的讲授,目的在于使学生通过一系列理论知识的学习,了解其与语言教学的关系。
英汉对比法	对中西方的思维方式、宗教信仰、风俗习惯、思想观念等方面进行对比学习。
以旧引新法	对相关的已学过的东西首先进行复习,以旧引新,使学生温故知新。
分组演练法	把学生分成若干小组,由教师提供条件,设定一个环境,让学生在课堂上模拟现实生活情景,让学生扮演角色,举行聚会、请客吃饭、庆祝节日等,让学生在模拟异族文化氛围中习得文化;或者教师根据所讲内容,发给学生相关阅读材料,学生学习后对有关文化方面的内容提出意见并讨论,得出共识。
指导自学法	从文化类参考书中挑出一些有针对性的内容,定期布置给学生,并要求按指定的时间完成;或者鼓励学生适当阅读一些英文简易读物、文学艺术作品、小说等,帮助学生进入另一种文化氛围。
开展媒体和其他教学活动	通过报刊、广播、影视等多媒体,帮助学生广泛获取文化信息;通过举办"英语角"、人物访谈等活动,为学生创造直接与目的语言国的人接触的机会。

曹曦颖在文化导入研究中强调文化教学的 4 类方法,分别是对比法、实践法、讨论法和阐释法。(表 3-3)

赵明在论述对外汉语教学中的文化词语的教学方法时提到,可以采用直观法、溯源法、比较法等 9 种文化词语的教学方法。(表 3-4)

杨盈以全球意识能力、文化调适能力、跨文化知识和交际实践能力的综合培养为目标提出文化教学的 5 种方法:(1)背景知识导入;(2)文化内涵探索;(3)案例分析;(4)角色扮演和情景模仿;(5)实例搜集。

章岑综合语言教学的各类方法,将文化教学的方法归结为 4 类:以语

---

① 常天龙、孙崇英:《对大学英语基础课后续阶段文化教学的设想》,《南京理工大学学报(社会科学版)》2004 年第 1 期,第 65—66 页。

言传递信息为主的方法、以直接感知为主的方法、以实际训练为主的方法和以引导探究为主的方法。(表 3-5)

表 3-3 曹曦颖提出的文化教学的 4 类方法及其释义和好处①

文化教学方法	释义	好处
对比法	教师引导学生对比和分析一些表面意义相同、文化内涵不同的英汉表达,让学生找出这些表达的异同。	帮助学生对英汉文化差异,特别是英汉文化在习语、忌讳语、思维习惯等方面的差异留下深刻印象,从而培养对跨文化交际的敏感性。
实践法	学生学习某些故事情节丰富的文化内容时,教师指导学生结合教学内容自编自演,让学生置身英语文化的角色之中,模拟各种交际情景。	使学生身临其境地体验文化差异,学会处理不同场合的语言行为,提高学生在实际生活中的语言应变能力,从而提高跨文化交际能力。
讨论法	教师围绕教材内容,为学生创设课内文化议题,有意识地引导他们对比自身文化,思考、讨论并归纳英语文化特征。	使学生认真思考讨论内容,激发学生的学习兴趣,从而使学生对有关内容的领悟更为深刻,记忆更为永久,增强学生的文化意识。
阐释法	教师尽可能用简洁明了的语言对教材中一些有特定含义、难于理解的文化内容进行直接阐释,把艰涩深奥之处讲得通俗易懂。	这一方法学习相对集中,时机比较灵活,可以根据需要随时插入教学之中,有助于学生透彻理解和掌握课文难点,丰富他们的文化知识。

表 3-4 赵明提出的对外汉语教学中的文化词语的教学方法及其示例②

方法	释义	例子
直观法	用实物、图片等让学生有感性的认识。	如"天安门""旗袍"等词语的教学,可以采用图片的方式让学习者有直观的了解。教师也可以穿旗袍或带学生去天安门进行文化考察。
理据法	讲解时适当说明词语的理据。	如讲解中国古代丈夫对妻子的卑称,如贱内、内子、内人,应适当说明这些词语的理据。

---

① 曹曦颖:《英语"文化导入"教学模式研究》,《四川师范大学学报(社会科学版)》2006 年第 6 期,第 65 页。

② 赵明:《对外汉语教学中文化词语的教授原则与方法》,《云南师范大学学报(对外汉语教学与研究版)》2012 年第 4 期,第 59—61 页。

续表

方法	释义	例子
溯源法	追溯一个词语的来源与出处,在这个基础上对该词的文化意义进行阐释。	如讲解"愚公移山"时,可以先讲成语的出处;然后讲述故事的具体内容,重点讲清楚其中蕴含的中国人安土重迁的观念、家族本位文化和自强不息的精神等文化观念;最后通过"夸父追日"对比讲解"愚公移山",厘清其中的深层文化。
比较法	对比中外文化差异。	如 owl(猫头鹰)在英语中没有贬义,可以说 as wise as an owl(极其聪明的),而汉语中猫头鹰常表示不吉利;rat 在美国俚语中可指大学新生;as quiet as a mouse 的意思是"文静如鼠"。
归类法	根据语言中所蕴含的特殊文化类型进行教学。	如中国的民俗文化词语:春节、元宵节、清明节、端午节、七夕节、中元节、中秋节、重阳节、腊八节、除夕等。
语素义阐释法	重点突出关键语素的文化指向。	如在教授含有"龙"语素的文化词语"龙颜、龙种、龙门、龙灯、卧虎藏龙、望子成龙、龙的传人"等时,应突出语素"龙"的含义,让学生知道"龙"在汉民族心中有褒扬、赞美的含义,反映了汉民族对古老图腾崇拜的文化心理。
引申法	对于同时具备语言意义与文化意义的词语,在教授时应同时释出概念义与文化义,并适当突出词义引申的制约点。	如"朱门"的意义:(1)红漆的大门;(2)(旧指)富贵人家。由(1)义引申为(2)义的制约点在于汉民族文化心理的佐证。中国古代的官场制度对红色有着特殊的偏好。在此基础上,汉民族逐渐接受了红色作为一种表尊贵色的文化印记,"朱门"由"漆成红色的大门"引申为"富贵人家"。
语境法	在语境中讲解词语的主要作用。	如在"我们班的女同学在这次活动中充分发挥了半边天的作用"和"我们班的几个男同学是我们班的半边天"这两句话中,就可以结合语境讲解"半边天"的文化意义。
语块法	对于由语块构成的文化词语,应该首先说明嵌入成分的条件,再配以例句展示句法功能。	如"低三下四""丢三落四""朝三暮四""推三阻四"等语块是动词性结构,可以充当定语、状语和谓语。

表 3-5　章岑提出的 4 类文化教学方法①

分类	方式	内容
以语言传递信息为主的方法	讲授法	教师通过叙述、描绘、解释、推论来传递信息、阐明观念、论证定律和公式引导学生分析和认识问题。总体而言,教师通过简明而生动的语言向学生传授知识、发展学生智力。
	讨论法	在教师的指导下,学生以全班或小组为单位围绕教材的中心问题,各抒己见,通过讨论或辩论活动,获得知识或巩固知识。
以直接感知为主的方法	演示法	教师陈列实物或教具进行规范实验或通过现代化教学手段使学生获取知识。
	参观法	根据教学目标和任务要求组织学习者到和教学相关的场景、部门或机构具体观察参观对象从而获得知识。
以实际训练为主的方法	练习法	学生在教师的指导下反复完成一定动作或活动方式,不断控制和校正,借以形成技能、技巧或行为习惯。
	实验法	有目的地控制一定的条件或创设一定的情境以引起被试者的某些心理活动以进行研究。
以引导探究为主的方法	发现法	学生在教师的认真指导下能像科学家发现真理那样通过自己的探索和学习发现事物变化的因果关系及其内在联系,形成概念,获得原理。
	自主探究法	学生根据生活情景自己提出问题,并有计划、有目的、有步骤地进行研究与探索,从而获得结论、学习方法、培养创新实践能力。

祖晓梅针对传统的文化讲解、讨论、注释、提示等认知型文化教学的缺陷提出了体验型文化教学的模式,包括 4 个阶段:(1)感知文化,即学生通过课堂内外有关中国文化的阅读、听讲、观察、采访、交流等活动获取中国文化的相关信息,产生对中国文化的感性认识;(2)了解文化,即学生对

---

① 章岑:《对外汉语教学中的文化因素教学方法研究》,硕士学位论文,华中师范大学,2011,第 18—26 页。

获得的文化信息或感知到的文化现象进行归纳和概括,了解中国文化的特点;(3)理解文化,即学生深入揭示中国文化现象和文化行为背后的原因和内涵,从而把握中国文化的本质特征;(4)比较文化,即学生把中国文化与目的语文化或其他文化相联系,通过比较,更深刻地理解中国文化和目的语文化,培养跨文化意识。同时,在研究中,她还总结了体验型文化教学的5种方法及其好处(表3-6)。

  一个又一个外语教学方法的提出,都是为了使外语教学更为高效。随着理论研究和实践研究的不断推进和深入,各种教学方法的局限性也日益凸显:(1)实证研究无法证明哪种教学方法最佳;(2)外语教学本身涉及多学科交叉,如果仅依赖教学法来组织教学,就容易出现过度简化教学的倾向;(3)诸多教学法的有效性缺乏实证数据的支持。因此,到了20世纪90年代末,"后方法"外语教学理论应运而生。从文化教学的角度来说,"后方法"教学理论同样适用于外语文化教学。这是因为:(1)"后方法"强调培养学生的学习自主性,指导学生发现并掌握个性化的学习策略和自我监控能力。外语文化教学同样可以通过培养学生的自主学习能力提升教学效果。(2)"后方法"强调外语输入的语境化,提供语言输入的语篇上下文、交际环境和文化背景。外语文化教学同样注重文化语境的创设。(3)"后方法"强调语言教学的社会依赖性,语言学习只有跟社会、政治、经济、文化等大背景结合才能提高效益。(4)"后方法"强调提高文化意识,鼓励语言学习者以自己的文化和教育背景为基础,积极创设学习机会,参与课堂交际。这些都为外语文化教学创造了良好的条件。与传统的外语教学法流派不同的是,外语教学中的"后方法"构建超越传统方法思想束缚的"后方法"外语教育教学理论和实践模式。"后方法"强调充分考虑外语教学的复杂性、动态性和系统性,强调语境对外语教学的重要性,尤其强调社会、政治和教育制度对外语教学的重要影响。"后方法"提出"学习者自主"和"教师赋权"的核心理念,是一种基于语境的教学主张和一系列宏观策略。"后方法"时代外语教学思想不是对传统教学方法的全盘否定,而是摒除对传统教学方法思想的盲从,帮助教师形成自主教学理论开发意识,从而自主有效地支配不同教学方法,服务特殊教学需求。

表 3-6　祖晓梅提出的体验型文化教学的 5 种方法及其释义和优点①

体验型文化教学方法	释义	优点
角色扮演/情景模拟	角色扮演指的是模拟打招呼、寒暄、称赞、请求、道歉、拒绝、抱怨等言语行为或者体态语、谈话距离、时间和空间利用等非语言行为。情景模拟指的是模仿购物、聚会、宴请、做客、送礼物、招聘、节日庆祝等社交情景。	(1)了解目的语文化中常规性的文化行为;(2)理解文化行为或习俗的文化规约;(3)提高学生在真实环境中得体交际的能力;(4)促进结构、功能和文化学习的有机结合。
文化比较	学生对词义内涵、语用表达、文化产品、文化习俗、文化观念等方面的比较,对母语文化和目的语文化的双向比较,对世界各国文化的多元比较。	(1)加深对中国文化特征的理解;(2)提高跨文化意识和敏感性;(3)增强学习语言和文化的动机和兴趣;(4)训练用汉语进行比较的语言功能。
问卷调查	通过问卷的形式调查一些可能由于文化差异而存在争议或分歧的文化观念,比如对自然、社会、工作、家庭、人际关系、金钱、幸福等问题的价值观和态度。	(1)理解中国人的价值观和态度;(2)反思自己的价值观和文化视角;(3)培养对文化差异的尊重和宽容态度;(4)训练用汉语表达个人意见和意义协商等语言功能。
小组任务	学生一起完成某项以文化为主题的交际活动。	(1)培养文化学习的综合能力;(2)提高解决现实问题的应用能力;(3)促进语言结构、功能和文化教学的高度统一。
人种学方法	让学习者沉浸在目的语文化中,通过观察、采访和交流达到理解文化、培养文化学习能力的目标。	(1)有助于学习者从内部而不是外部角度理解中国文化的特点;(2)避免对中国文化的刻板印象和偏见;(3)提高使用汉语的综合能力,因为观察、采访、记笔记、写报告不仅是文化学习的过程,也是语言实践的过程。

---

①　祖晓梅:《体验型文化教学的模式和方法》,《国际汉语教学研究》2015 年第 3 期,第 55—57 页。

与此同时，随着现代技术的发展，将信息技术与外语教学有效结合起来，逐渐成为现今外语教学模式改革的一种趋势。近年来，我国的高等教育界也在出台各类举措，不断推进课程教学的改革和创新。教育部高等教育司于2018年明确提出，要淘汰"水课"，打造"金课"，切实提高课程教学质量。教育部于2019年推出的评审一流本科课程和一流本科专业的"双万计划"中明确要求一流本科课程必须注重提升课程的高阶性、突出课程的创新性、增加课程的挑战度，教学团队需要秉持"学生中心、产出导向、持续改进"的理念，主动运用新技术、新手段、新工具，创新教学方法，提高教学效率，提升教学质量，运用适当的数字化教学工具创新教学方式方法，有效开展线上与线下密切衔接的全过程教学活动，实施打破传统课堂"满堂灌"和沉默状态的方式方法，训练学生问题解决能力和审辩式思维能力。开始于2020年的全国高校教师教学创新大赛在评分标准中也同样强调课程要体现"学生中心、产出导向、持续改进"的教育教学理念，要具备"高阶性、创新性和挑战度"的"金课"特征。

因此，随着世界科技的进步和教育改革的推进，大量适合文化教学的新型外语教育教学方法纷纷涌现。比较有代表性的有任务教学法、内容语言融合教学法、主题教学法、项目教学法、信息技术赋能外语教学法等。

（1）任务教学法。在外语教学中使用任务教学法，可以让外语学习者在完成与生活经验直接相关的语言文化学习任务的过程中，体验或学习语言和文化。这种学习法可以让学生在教师的指导下通过直观感知、自主探究、亲身体验、小组合作和积极参与等方式主动运用所学语言去做事，在做事的过程中自然地运用所学语言，在用语言做事的过程中提高语言运用的准确度、流利度和复杂度。任务教学法以学生完成具体语言任务的欲望为驱动力，以使用语言做事作为完成任务的过程，以展示任务成果来体现教学成效。

（2）内容语言融合教学法。内容语言融合教学法是一种把语言教学目标与特定内容教学有机结合起来的外语教学方法，就是将学科教学的内容与语言技能的训练进行整合的教学方法。这是一种双重教学法，对教师的能力提出了更高要求,要求教师既能教语言,又能教专业内容。与传统语言教学课程以知识、技能和能力等内容为教学重点的情况不同的是,内容语言融合教学法的语言教学课程设计的出发点是带动学生学习学科内容,以内容的学习带动学习者语言运用能力的全面提高。

(3)主题教学法。主题教学法是内容语言融合教学法的一种变体。它通过相关话题信息的输入建立起背景知识网。这种背景知识网以内在的逻辑关系为核心,同时为学习者提供足以支持同类主题输出的语言材料,以更好地增强学习效果。所以,在这一模式下的学习者将在不断扩展的知识外延中刺激原有的语境,并在此基础上扩大已知的语境,从而达到最终的学习目的。与内容语言融合教学法相比,主题教学法在学习材料的取舍、学习内容的安排和学习活动的设计上,更加强调主题与学生生活经验之间的联系,因此,主题教学法相对于内容语言融合教学法来说要更加灵活多样,更容易激发学生的学习兴趣和语言学习动机。

(4)项目教学法。项目教学法以学习者在学习生活和社会生活中所遇到的问题为载体和驱动,力图创设一种类似于科学研究的情境,让学生通过收集、分析和处理信息完成某一项目,来实际感受和体验知识的生产过程,接受语言输入体验和使用语言,进而了解社会,学会提出问题、分析问题和解决问题,形成科学探究精神,提升批判性思维能力。

(5)信息技术赋能外语教学法。近些年来,随着外语教育技术的发展,基于信息技术特别是网络技术的外语教学逐渐成为主流的外语教学方法之一。这种方法同样有利于文化教学的推广和实践。信息技术主要从以下3个方面助力外语文化教学:①信息技术可以拓展交际媒介,构建真实的跨文化交际任务,丰富交际活动的形式、对象与内容,增加交际真实性。例如,在有关"饮食文化"主题的单元教学中,可以要求学生为学校的留学生发送邮件,介绍校园美食节的活动主题和安排;还可以以街头采访的形式随机采访班级同学,请他们介绍自己家乡的特色美食、饮食习惯及其背后的文化意蕴,制成视频发布在公共学习平台,由全班同学共同欣赏和评价。②信息技术可以提供真实的文化素材,促进沉浸式文化体验,有利于学生在沉浸式体验下培养文化意识和提升学习动机。例如,已经有研究表明,将虚拟现实(VR)技术运用于文化教学"一定程度上解决了传统文化教学缺乏具身情境的问题,同时激发了学生的文化学习兴趣,调动了学生的学习积极性"①。③提供文化在线课程,促进文化自主学习。例如,"中国大学 MOOC"平台就提供了"中国文化概论(英语)""大学英语跨文化交际""英语词汇与文化"等多门与外语文化教学相关的国家精品在线课程,可供教师和学生自由选用,极大地促进了学生自主学习的便利性。上海外国语大学、电子科技大学、山东大学、杭州师范大学等很多高校建设的数字人文实验室、语言智能实验室、数字人文实验教学中心等,可以通过文字、音视频和图像等语言数据采集、加工和分析的软硬件设备对语言文化数据进行采集、加工和分析,进而助力外语文化教学。近年风靡全球的聊天生成预训练转换器(ChatGPT)也可被教师用于外语文化教学。一方面,教师可以利用 ChatGPT 搜索文化教学的背景材料和相关多媒体教学资源等作为课堂教学资源的补充。另一方面,教师还可以用 ChatGPT 来设计主题文化课的总体流程和活动安排并编写教案。

  以上这些教学方法的共性特征是不将语言学习孤立看待,而是将外语课程看作是工具性和人文性的统一。例如,任务教学法"将外语学习与学生的日常经验世界相联系";项目教学法"把学生置于一种科学研究的情境中,让他们提高思维能力和在分析、解决问题的过程中,提高外语水平";内容语言融合教学法"力图促进学习者外语能力与学科知识的同步增长";主题教学法"让学生在探索一个个与生活紧密相连的领域过程中,增长语言知识及语言使用能力"。②

---

  ① 吴勇毅、王婍璇:《基于语义波理论的 VR 多模态中华文化教学模式探究》,《云南师范大学学报(对外汉语教学与研究版)》2023 年第 6 期,第 70 页。
  ② 武和平、张维民:《后方法时代外语教学方法的重建》,《课程·教材·教法》2011年第 6 期,第 65 页。

五、文化教学的作用

语言和文化具有不可分割的相互关系。这就决定了在外语教学中开展文化教学无论是对于语言学习,还是对于学生的综合素养培养,都具有重要的作用。

(1)外语教学中的文化教学有助于激发学生的外语学习兴趣。研究表明,涉及英语学习兴趣形成的因素可以分为五大类,分别是内容兴趣、学习情境、学习成就、价值感受和个人经历,其中内容兴趣的节点数占比最大,是影响英语学习兴趣最重要的因素。一方面,在教学内容方面,"教师讲述外国文化或中外文化差异……可以激发兴趣"①。因此,利用学生对于未知文化知识和不同国家文化的好奇心,教师可以通过精心选择的文化学习材料,直接有效地激发学生的英语学习兴趣。另一方面,当教学由单一的语言教学扩展为语言文化教学时,教学内容不再仅限于词汇、句法和语篇等语言知识范畴,而是语言与语言所承载的文化相互融合,教学内容的丰富性和生动性就自然而然增加了,教学本身也不再枯燥和单一,而是变得生动和饱满,也同样能够激发教师教书育人的积极性和创造性。

(2)外语教学中的文化教学有助于提升学生的人文素养。实践研究表明,在教学过程中有意识地深层次挖掘教材中蕴含的人文内涵,介绍相关的历史、地理、政治、经济、民俗风情等背景知识并结合教材所涉及的文化背景,展开加入其他文化知识的讲解,从中西文化对比入手开展文化讲解,既能引起学生兴趣,又能赋予英语教学更多的人文内涵和文化底蕴,从而有效地提高教学质量和教学效果。文化教学可以帮助学生通过所学语言接触世界各国多元的历史、地理、政治、经济、文化、教育、社会制度、生活方式、风土人情、民族特性等各种文化知识来拓宽文化视野,通过文化对比和文明互鉴提升学生的文化自信和民族自豪感,通过文化差异的比较激发学

---

① 罗少茜、杨爱研:《英语学习兴趣影响因素探究》,《课程·教材·教法》2022年第12期,第127页。

生探索文化的好奇心,通过先进文化激发学生的文明意识和审美意识,通过增强学生对中西方文化的敏感性和鉴别能力培养学生的跨文化意识。总之,英语教学中的文化教学毫无疑问会提升学生的人文素养。

(3)外语教学中的文化教学有助于丰富学生的能力结构。大学英语教学中的文化教学首先有助于提升学生的跨文化交际能力。文化教学通过提升学生对自身、本族文化和异族文化的感知增强其跨文化意识,通过对文化现象进行分析、综合、比较和概括提升学生的跨文化思维能力,在文化冲突中通过帮助学生适时调整心理状态、降低不确定性、减轻压力提升学生的文化调适能力,通过引导学生比较不同国家的文化差异、鉴别文化价值提升学生的批判性思维能力。此外,文化教学还可以提升语言的准确度和个人交际能力。文化教学可以帮助学生掌握不同文化中交际活动的开始、结束、维持,话题的转变,以及交际失误产生后的补救等策略与技巧。在跨文化交际的过程中,学生"不仅要注意到谈话双方的社会地位、性别以及各自对对方的态度等因素在跨文化交际时可能产生的影响,还要意识到文化对交际言语行为的时间、地点以及所谈的话题的影响,特定文化中的周围环境等因素也将在很大程度上决定交流信息的形式,决定语言的声调、语体、词汇、结构的恰当与否"[①]。

第二节 大学英语教学中的中华文化融入

中华文化融入大学英语教学指的是将中华优秀传统文化、革命文化和社会主义先进文化融入中国高校各专业的本科生、硕士生和博士生的英语教学。将中华文化融入大学英语教学对于高素质人才培养和国家的文化发展均有重要意义。

长期浸润于外语学习的大学生的文化观念很容易受到目标语文化的

---

① 杨盈、庄恩平:《构建外语教学跨文化交际能力框架》,《外语界》2007年第4期,第20页。

影响，从而对学生的母语文化认同产生相应的负面影响。有研究发现，英语学习者随着英语学习时间的增长，对英语文化的接触也逐渐增多和深入，学生的汉语及其文化观念被英语及其文化观念取代或二者相互干扰的趋势在逐渐增强。也就是说，学习英语时间越长，英语学习者受目的语文化影响越强。因此，为了防止英语文化帝国主义对民族核心文化的渐进式威胁，外语教育者迫切需要在外语教学中有意识地融入中华文化，一方面帮助学生提升文化素养，增强学生对于中华文化的理解力和认同度，训练学生批判地吸收世界文化精髓和弘扬中华优秀传统文化的能力；另一方面也从语言学习的角度提升学生的中华文化表达力和传播力。

2013年12月30日，习近平在主持中共中央政治局第十二次集体学习时强调"提高国家文化软实力，要努力提高国际话语权。要加强国际传播能力建设，精心构建对外话语体系……讲好中国故事，传播好中国声音"。2014年，教育部《完善中华优秀传统文化教育指导纲要》的基本原则中指出："坚持中华优秀传统文化教育与培育和践行社会主义核心价值观相结合"，"坚持中华优秀传统文化教育与时代精神教育和革命传统教育相结合"，"坚持弘扬中华优秀传统文化与学习借鉴国外优秀文化成果相结合"。党的十八大、十九大、二十大分别提出"树立高度的文化自觉和文化自信，向着建设社会主义文化强国宏伟目标阔步前进""推进国际传播能力建设，讲好中国故事，展现真实、立体、全面的中国，提高国家文化软实力""坚守中华文化立场，提炼展示中华文明的精神标识和文化精髓，加快构建中国话语和中国叙事体系，讲好中国故事、传播好中国声音，展现可信、可爱、可敬的中国形象"，从文化强国到文化自觉自信，再到文化传播，体现出我国文化领域发展的目标不断深入，也给我国的外语教学提出了新的目标，迫切要求中华文化融入大学英语教学，从中外文化对比和文明互鉴的角度培养学生的跨文化交际能力，提升学生的中华文化英语表达力和传播力。

一、中华文化融入大学英语词汇教学

词汇是语言的三大要素之一，是语言和文化的载体。词汇教学也构成了语言教学的基础。学生的英语词汇能力直接影响到学生在听、说、读、写、译方面的语言综合应用能力。英国语言学家利奇(Leech)曾在《语义学》(Semantics)一书中提出词语意义的 7 种类型：概念意义、内涵意义、风格意义、情感意义、反映意义、搭配意义和主题意义。无论是基于词汇的何种意义类型，都要求英语词汇教学结合词汇的社会文化背景知识来进行、在跨文化的语境下开展，从而提高学生的词汇学习能力、文化理解能力和跨文化交际能力。

(一)中华文化融入大学英语词汇教学的问题

在英语学习的不同阶段，教师都非常重视学生的词汇学习，学生也对英语词汇学习投入了巨大的精力。然而，在英语词汇学习中还是存在着各种各样的问题。这些问题同样影响着中华文化的融入。

(1)对中华文化英语词汇学习前沿理论关注不够。21 世纪以来，在语料库语言学、认知语言学以及二语习得等相关语言学理论发展的推动下，词汇教学研究出现了 4 个方面的新进展：一是在词汇的丰富性测定方面，发展出"词汇""词项""词族"的精细化分类计算方式，有助于区分母语和外语在词语加工上的不同路径。二是大型语料库的建立为词汇学习提供了保障。例如，在我国，外语教学与研究出版社建立了中华思想文化术语传播网，致力于中华优秀传统文化词汇的传播，可以为高校师生学习和科研提供数据辅助。三是自然语言处理技术的发展使得海量文本词语信息的处理既快又准。四是人工智能的发展使得海量词条信息的靶向检索成为可能。这些研究成果在我国的大学英语教学中虽然已经开始崭露头角，但是使用范围还并不广泛。

(2)忽视了学生学习中华文化英语词汇的主体地位。在学生的词汇学习过程中，往往存在着两个极端化的倾向：一是"教师只顾教，忽视学生学"的倾向。在中华文化英语词汇教学的实践中，个别教师在结合主题帮助学生扩展中华文化词汇时，大量灌输词汇含义、构词规律和词汇搭配等词汇知识，忽视了学生的词汇基础、学习需要、学习兴趣和接受效果，词汇学习变成了老师炫耀自己词汇丰富程度和语言能力的竞技场,而学生却没有真正学到自己所需要的中华文化英语词汇知识及其背后蕴含的文化知识。二是"放养式词汇教学"的倾向。有些教师认为,到了大学阶段,学生已经具备了10余年的英语学习经历,应该已经认识到词汇学习的重要性,掌握了相应的词汇学习方法,具备了词汇自学能力。因此,教师几乎不给学生深入讲解词汇,只是要求学生自己背诵。由于中华文化英语词汇往往蕴含着丰富的文化背景知识,影响学生对于词汇深层含义的理解,因此这种放养式的英语词汇学习倾向对于中华文化英语词汇的学习来说是非常不够的。大学英语词汇教学应该坚持"教师主导、学生主体"的原则。基于这一原则,教师在中华文化英语词汇教学中应该充分考虑学生3个方面的情况:第一,学生经过多年的英语学习,已经掌握了一定量的词汇内容,也拥有了一些归纳总结构词规律的能力;第二,作为"网络原住民"的新生代大学生大多有在移动终端上背诵单词的经验,对于利用信息技术进行线上线下的混合式学习已经非常熟悉了;第三,一些中华文化英语词汇具有自己独特的构词方法和构词规律,学生在学习的过程中容易产生挫败感,需要教师结合更深层次的语言学和翻译学理论,利用语料库、单词背诵软件和微信公众号总结的单词包等信息技术工具加强对学生的学习指导和兴趣引导。

(3)学生词汇学习的持续性不强。由于很多学生的大学英语学习动机主要受到大学英语四六级考试、考研英语等水平性考试或者资格性考试的影响,再加上院校引导和激励不够,就会导致学生在备考英语考试时词量逐渐上升,考试通过后就不再复习,导致词汇能力退步的现象出现。比如,大学英语四六级考试中往往会出现与"坎儿井""冬至""舞狮""中国高铁"等与中华文化的政治、经济、文化和社会发展密切相关的汉英翻译题目。因此,学生在备考期间就会大量背诵和记忆与中华文化相关的英语词汇,考试通过之后又会将这些知识抛诸脑后。

(4)词汇教学的教学方式通常比较单一。英语词汇学习是英语语言学习的基础。从某种程度上来说,缺乏对于英语词汇的学习,英语语言学习往往也很难继续下去。传统的词汇教学往往采用生词串讲、语境助猜、阅读巩固、词表强化、机械训练、重复学习、定向测验等方式,缺乏更为鲜活的教学方法和多元化的评测手段,也缺少趣味化的教材和个性化的指导,以至于词汇教学留给学习者的只剩下单一、乏味、枯燥无聊等负面印象,非常影响学生词汇学习的兴趣和积极性。有学者针对某高校学生的大学英语词汇学习开展问卷调查和访谈发现,85%的教师利用传统单词授课方法进行讲解,例如机械练习、领读单词、单词听写等,没有灵活运用多种多样的教学手段进行词汇教学,也没有运用多元化的评价机制考查学生的词汇学习情况;82.5%的受访学生表示上完英语课后并没有学会更多单词,只是模糊记住了一些单词的读音和含义,如果课后不复习很快就会遗忘;54%的学生表示在学习单词时容易出现倦怠心理,在课前不会自主学习生词,在课下也很少使用单词软件背诵单词。

(5)学用分离的倾向。记忆和积累词汇只是语言学习的第一步,将词汇用于语言交际才是语言学习的重要目的。然而,相当一部分学生在中华文化英语词汇学习的过程中会出现学用分离的倾向。一方面,学生在学习词汇的过程中容易将词汇脱离语境、孤立记忆,在记忆单词的过程中片面追求单词背诵的数量而忽视了单词背诵的质量,导致记忆了大量关联性不强的单词而无法牢固掌握或者在语言交际中实际使用。另一方面,学生长期处于非英语交际环境中,很难有机会利用所学的中华文化英语词汇进行听、说、读、写、译的语言交际综合实践,影响学生对于词汇的深层理解和使用。

(二)中华文化与英语词汇的关系

(1)英语词汇教学有助于中华文化传播。

英国语言学家利奇将词语的意义分为7种类型,分别是概念意义、内涵意义、风格意义、情感意义、反映意义、搭配意义和主题意义。概念意义指的是词语中将其与外部世界的现象联系起来的那部分意义。内涵意义指的是一个词语由于指称而具有的附加在其概念意义上的意义。其实,除主题意义之外,词汇所具有的内涵意义和联想意义往往与人们的生活经验、语用意图、情感以及语言集团所独有的文化特征密切相关。这些特征体现为词语所负载的文化内涵,使词汇具有特定的文化意义。英汉语对应的词汇中有大量的词汇在概念意义之外还具有丰富的联想意义。这样的词汇可以称为文化负载词。这些文化负载词主要分为以下 3 种类型:一是英汉语词汇概念意义相同,联想意义相同或者大致相同;二是英汉语词汇概念意义相同,联想意义不同;三是英汉语词汇概念意义相同,其中一个有联想意义,而另一个没有。英汉语中确实有一些概念意义和联想意义完全对应的单词。例如 fox 一词对应汉语"狐狸"这种动物,在联想意义上也都包含了"狡猾"的文化内涵。但是这种词数量不多,更多的是蕴含了文化内涵、具有丰富的联想意义的文化负载词。

词语的文化内涵差异与地理环境、政治历史、社会制度、宗教信仰、风俗习惯、文学传统、价值理念和审美观念等都有着密切的关系。

首先,英汉颜色词的文化内涵差异有助于传播中华文化中有关颜色的喜爱和禁忌。颜色存在于人们生活的方方面面,与人们的情感表达、风俗习惯和价值观念都有着密切的关系。

英语中的 red 与汉语中的红色就具有截然不同的联想意义。在英语中,red 具有较强的负面意义。一方面,西方人倾向于将 red 与暴力、血腥、火焰等意义联系在一起,如 red battle(血战)、red hot(火热)、red ruin(火灾)等;另一方面,red 还往往代表财政上的亏空,如 in the red(赔本,亏损)、to be shown red card(被炒了鱿鱼)等。在汉语中,红色与中国的传统文化、革命文化和现代文化均有密切的联系,且往往表示正面的意义。在中国传统文化中,红色往往与富贵、喜庆和欢乐联系在一起,比如汉语中的"朱门"不仅代表漆着红色的大门,还代表古代王公贵族所居住的豪宅大院;中国人在春节、婚礼和欢庆胜利时往往会用红色对联、窗花、剪纸、礼服、胸花等装饰。在中国革命文化中,红色与中国共产党领导的革命产生了不可分割的联系,比如红军、红心、红旗、红区、红色革命根据地等。在现代文化中,红色也经常作为中国文化的重要象征,例如当红影星、红红火火等。

white 和白色。white 在英语中往往表示纯洁、善意和正直之意。比如,white 往往是英语国家婚礼布置的主色调,新娘也会身着白色的婚纱。在婚礼中,white 象征着爱情的纯洁和忠贞。在一些英语短语中,white 也往往传达出正面、积极的意义,比如 a white day(吉利的日子)、a white soul(纯洁的心灵)、a white lie(善意的谎言)、white-handed(清白的,诚实的)、a white-haired boy(走运的人,宠儿)。在汉语中,白色象征着死亡和恐怖。在中国丧葬事宜中往往使用白色,逝者的亲人穿着白色的孝服,胸戴白花,出殡时举白幡、撒白色的纸钱。白色还有徒劳、轻视、无价值等贬义,比如白费力气、白眼、一穷二白等词语。在中国戏曲中,白脸则是奸诈和背叛的象征。

yellow 与黄色。英语中的 yellow 一词的意思较为单纯,大多仅仅指它所代表的颜色。比如 yellow card(裁判员出示的黄牌,用以警告犯规行为)、yellow fever(黄热病)、yellow line(英国路边限制停车的黄线)。yellow 有时还有怯懦、胆小、嫉妒、猜忌、卑鄙之意。例如,在英语中有 He turns yellow(他害怕起来)、yellow dog(胆小鬼)。yellow 一词往往跟性也会产生一定的联系,比如 yellow journalism(耸人听闻的报道)、yellowback(通俗廉价小说)、yellow news(黄色新闻)、yellow publication(低级趣味、无聊的刊物)等表达。在中国传统文化中,黄色往往为吉祥如意的颜色。汉语中很多词汇,如黄道吉日、飞黄腾达等都带有积极意义。黄色还是皇权富贵的象征,有黄袍加身、黄旗紫盖等词汇。

green 和绿色。green 在英语中表示没有经验、缺乏训练、知识浅薄、嫉妒等含义。英语中有 green hand(新手)、green girl(黄毛丫头)、green as grass(幼稚的,无生活经验的)、a green horn(容易上当的糊涂虫)、green-eyed(眼红的)、green with envy(一脸嫉妒的表情)等。在汉语中,绿色的文化内涵褒贬不一。大多数时候,绿色象征着青春、活力、生命、和平、友善、希望、和谐等意,如绿水青山、春风又绿江南岸等。由此引申,绿色又有了健康、环保之意,如绿色食品。绿色通道有通畅、快捷之意。但是在有些汉语表达中,绿色也存在贬义,比如绿帽子形容伴侣出轨,有羞辱色彩。

英汉颜色词汇中存在文化差异的还有 black 和黑色、blue 和蓝色等。

其次,英汉动物词汇的文化内涵差异有助于传播中华文化中有关动物的文化意蕴。英汉语的表达中都经常出现有关动物的词汇或者隐喻,体现出这些动物形象在中西方人民的心目中截然不同的形象。

dragon 和龙:英语中的 dragon 一词和汉语中的龙就代表着截然不同的文化形象。英语 dragon 往往让人联想到传说中一种长有翅膀、有鳞有爪、长着长长的尾巴、能飞翔会喷火的怪物,是暴力、凶残和邪恶的象征。在《贝奥武夫》(*Beowulf*)中,就出现了英雄与恶龙搏斗,最终战胜恶龙的情节。dragon 一词有时还被用来指代凶悍的女性,比如"His wife is a real dragon."(他的妻子真是个母老虎)。在汉语中,龙的文化内涵则截然相反。《辞海》对龙的解释是"传说中一种有鳞角须爪能兴云作雨的神异动物""封建时代用龙作为皇帝的象征"①。因此,在中国文化中,龙有时会被作为吉祥高贵的象征。比如,中国人习惯于称自己为"龙的传人"、龙腾虎跃、卧虎藏龙、龙凤呈祥、生龙活虎等一些中国成语都表明龙在中国所代表的积极意义,中国人在春节、端午节等传统节日中也会有舞龙灯、赛龙舟的传统习俗。

dog 和狗:西方人认为狗是忠诚的代表,所以喜欢把狗作为宠物养,认为狗是人类最好的朋友,所以,在英语中很多关于 dog 的词语往往带有积极的意义,比如 an old dog(老手)、a lucky dog(幸运儿)、a big dog(重要人物)、a clever dog(聪明的孩子)、as faithful as a dog(忠诚如狗)、every dog has a day(凡人皆有得意时)等。英美国家还拍摄了很多以狗为原型的电影,如《一条狗的使命》(*A Dog's Purpose*)、《忠犬八公的故事》(*Hachi:A Dog's Tale*)、《101 斑点狗》(*101 Dalmatians*)等。在汉语文化中,狗大多为品质卑劣的象征,与狗相关的汉语词汇大多含有贬义,

---

① 《辞海》网页版,https://www.cihai.com.cn/detail? docId=5704042&docLibId=1099&spell=1%C3%B3n%C9%A1&q=%E9%BE%99,访问日期:2024 年 12 月 4 日。

比如丧家之犬、狼心狗肺、狐朋狗友、狗仗人势、狗急跳墙等。

cat 和猫：cat 在英语中往往跟负面意义联系在一起，比如 a bag of cats（坏脾气的人）、copycat（盲目的模仿者）、let the cat out of the bag（泄露秘密，露了马脚）、cat burglar（翻墙入室的窃贼）、cat in the pan（叛徒）等。cat 在英语中还暗指"心地恶毒或者令人讨厌的女人"，比如 hell cat（悍妇，泼妇）、the old cat（脾气坏的老太婆）、cat fight（女性打架）等。但是，在汉语中，猫往往以温顺可爱的形象出现，比如馋猫儿、懒猫儿就是对馋嘴之人和偷懒之人的亲昵称呼。

owl 和猫头鹰：英语中的 owl 是聪明的象征，比如，在英美的动画片中，owl 往往以森林中最聪明的形象出现，有时还戴上了眼镜和博士帽。英语中也有一些与 owl 相关的短语，也都把 owl 当作智慧的象征，比如 as wise as an owl（像猫头鹰一样聪明）。然而，在汉语中，由于猫头鹰往往昼伏夜出，且叫声吓人，因此猫头鹰在中国人眼里往往是不祥之物，被称为夜枭、夜猫子，象征着厄运和死亡。例如，在中国谚语中，就有"不怕夜猫子叫，就怕夜猫子笑"的说法。

英汉动物词汇中存在文化差异的还包括 tiger 和老虎、lion 和狮子、cow 和牛、horse 和马、peacock 和孔雀等。

再次，英汉植物词汇的文化内涵差异有助于传播中华文化中有关植物的文化意蕴。

植物与人类的生活息息相关，不仅为人类构建丰富多彩的生活环境，还是人类赖以生存的能量来源和资源宝库，在人类的生活中发挥着不可替代的作用。然而，由于自然环境、宗教信仰、价值观念的差异，不同民族的人们对于相同的植物却有着截然不同的体验，从而赋予植物以迥异的文化内涵。在英汉植物词汇中包含着英汉文化差异的词包括：

lotus/waterlily 和莲。英语文化较为关注 lotus/waterlily 漂浮在水面、随波逐流的特点，所以一些由 lotus 组成的词汇往往蕴含着此类特征，比如 lotus-eater（过着懒散舒服日子的人）、a lotus life（懒散、悠闲、无忧无虑的生活）、lotus land（安乐之乡）。然而，在汉语中，"莲"指的是芙蓉、荷花,代表一种清新脱俗之美。中国古诗中就有"清水出芙蓉,天然去雕饰"的句子,用来形容女子如同出水芙蓉一样具有清丽天然之美。"莲"还谐音"廉",有清廉、廉洁之意。中国古代文人周敦颐曾著《爱莲说》,赞颂莲"出淤泥而不染,濯清涟而不妖"的洁净本性,赞其为"花之君子"。

plum 和梅:plum 在英语中指代甚多,包括梅树、梅花、李树、李子,在非正式的用法中隐喻"值得拥有的好东西",比如"The first job I had was a real plum."(我的第一份工作真是太棒了)、"The contract is a plum for the company."(这份合同对公司来说是个好兆头)。在汉语中,梅花是我国的传统名花,花色典雅高洁,寓意着不与世俗同流合污的品质。"梅"代表坚韧不拔、高洁高尚的精神品质。中国文人有很多咏梅的诗句,如王安石的《梅花》诗句"墙角数枝梅,凌寒独自开。遥知不是雪,为有暗香来"赞颂梅花不畏寒冬、才华横溢却低调内敛的文人品格,古今传颂,成为咏梅的经典名句。毛泽东的《卜算子·咏梅》中的诗句"风雨送春归,飞雪迎春到。已是悬崖百丈冰,犹有花枝俏。俏也不争春,只把春来报。待到山花烂漫时,她在丛中笑",形容共产主义革命战士恰如梅花一般坚贞不屈且低调谦和,鼓励当时的革命志士要有威武不屈的精神和革命到底的乐观主义精神。

bamboo 和竹:英语中的 bamboo 仅仅指的是一种生长在亚热带地区、用来制作家居装饰的植物,并无特殊含义。但是汉语中的"竹"却是一种颇具文化意义的植物,有青春顽强、谦虚求知、柔中有刚、高风亮节、寓意美好等意。竹子枝干挺拔修长,四季青翠,凌霜傲雪,备受中国人民喜爱。中国人认为"宁可食无肉,不可居无竹"。从普通人朴素的生活陪伴到"外直中空"的文人风骨,竹与中国人衣、食、住、行的生活和书、画、诗、印的文化都有着密切的关系。

willow 和柳:英语中的 willow 的概念意义就是柳树。其中蕴含的文化内涵是死亡或失恋及其引发的忧愁、悲伤。如《奥赛罗》中的女主人公苔丝狄蒙娜曾经反复吟唱的《柳树之歌》,就隐喻了她失去心爱之人的痛苦和忧伤,也暗示了她本人的死亡。但是,在汉语中,柳往往与春天的生机和活力有关。如《诗经》中就有"昔我往矣,杨柳依依。今我来思,雨雪霏霏"的诗句,很好地运用柳的意蕴体现了春天的生机勃勃。贺知章的"碧玉妆成一树高,万条垂下绿丝绦。不知细叶谁裁出,二月春风似剪刀"用形象优美的诗句形容柳树柔美的姿态,洋溢着欣逢早春的愉悦之情。"柳"谐音"留",因而古人"折柳"相留。"柳"还往往蕴含着挽留、离别、依恋和思念之情,如戴叔伦《堤上柳》"垂柳万条丝,春来织别离。行人攀折处,闺妾断肠时",白居易《忆江柳》"曾栽杨柳江南岸,一别江南两度春。遥忆青青江岸上,不知攀折是何人"等诗句都表现出惜别之情。"柳"因其柔软之态还被用来比喻邀宠取媚的奸佞之徒,如曾巩的《咏柳》——"乱条犹未变初黄,倚得东风势便狂。解把飞花蒙日月,不知天地有清霜",诗人以乱舞的枝条和纷飞的柳絮象征着疯狂攀附权贵的小人以及得势便猖狂的奸佞。

文化内涵存在差异的英汉植物词汇还包括 pine 和松、red bean 和红豆、pear 和梨、orange 和橘、orchid 和兰等。

最后,英汉数字词汇的文化内涵的相似性和差异有助于传播中华文化中有关数字的文化意蕴。数字本来只有多少之别,没有好坏、褒贬和吉凶之分。但是英汉语在宗教、神话、价值观等方面的文化相似性和文化差异却导致了汉语中的数字词汇与英语数字相比有了相似或不同的文化内涵。

one 和一。英语中的 one 有"一个,一套,一副"之意,还被用来喻指世间一切的本原,有整体之意,比如 a knife and fork(一副刀叉)、"We must be united as one."(我们必须团结成一个整体)。而在中国传统文化中,《老子》有曰:"道生一,一生二,二生三,三生万物。"[①]因此,数字"一"就有了万物起始之意。如董仲舒《春秋繁露》云:"谓一元者,大始也。"[②]王弼《老子道德经注》云:"一,数之始而物之极也。"[③]《淮南子·诠言训》

---

① 《老子》,汤漳平、王朝华译注,中华书局,2014,第165页。
② 董仲舒:《春秋繁露》卷三,叶平注译,中州古籍出版社,2010,第37页。
③ 王弼:《老子道德经注》,楼宇烈校释,中华书局,2011,第109页。

中云:"一也者,万物之本也。"①

three 和三。在英语文化中,three 是一个完美的数字。诸如"All good things go by three."(一切好事以三为标准)、"The third time must be lucky."(第三次必带来好运)等句子都以 three 来表达诚挚的祝福及美好的愿景。在汉语中,与"三"有关的寓意美好吉祥的词句有很多,如"三个臭皮匠,赛过一个诸葛亮"、入木三分等。

six 和六。英语中的 six 在语言实际使用中很多时候都会用来表示不太吉祥的文化内涵,很多使用了 six 的英语短语都表达了消极的意义,比如 hit for six(彻底打败)、six of the best(一顿痛打)、six penny(不值钱的)、six to one(力量相差悬殊)、at sixes and sevens(乱七八糟)等。在汉语中,"六"象征着顺利、圆满之意,备受人们喜爱。

nine 和九。英语中的 nine 用来表达完美、长久之意,如 nine days' wonder 可以用来表示昙花一现或轰动一时的人或物。nine 还可以用作虚词,表示数量很多,比如"A cat has nine lives."(猫有九条命)。nine 及其倍数也广泛运用于文娱体育活动中,比如跳棋棋板上各方均有九个孔,高尔夫球场有十八个洞。在汉语中,数字"九"谐音"久",容易让人联想到天长地久。中国人也喜欢用"九"来表示数量多的意思,例如废了九牛二虎之力、九死一生、九牛一毛等。

英汉语中带有独特的文化内涵的数字还有 seven 和七、eight 和八、thirteen 和十三、thousand 和千等。

(2)中华文化元素对英语词汇产生影响。

英语受到中华文化的影响可以分为两大类:第一类包括自然科学、技术、知识等智能文化以及由此创造出来的工具、房屋、器皿、机械等物质文化;第二类包括社会组织、制度、政治和法律形式以及风俗习惯、伦理、道德、语言、教育等规范文化和宗教、信仰、审美意识、文学、艺术等精神文化。中华文化对于英语词汇最直接的影响就是催生了英语的一种变

---

① 刘安:《淮南子》,陈静注译,中州古籍出版社,2010,第226页。

体——中国英语。

榕培将中国英语定义为"中国人在中国本土上使用的、以标准英语为核心、具有中国特点的英语"①。李文中认为"中国英语是指以规范英语为核心,表达中国社会文化诸领域特有事物,不受母语干扰,通过音译、译借及语义再生诸手段进入英语交际,具有中国特点的词汇、句式和语篇。中国英语的主要构成包括音译词、译借词以及独特的句式和语篇"②。谢之君认为"中国英语以规范英语为基础,能够进入英语交际,其使用频度和交际效果与使用者的英语水平有关"③。贾冠杰、向明友进一步指出,中国英语是"操汉语的人们所使用的、以标准英语为核心、具有无法避免或有益于传播中华文化的中国特点的英语变体"④。中国英语是"英语全球化和本土化的产物,能够反映中国社会文化特色,是一种规范、合理的使用型变体"⑤,不同于本质上为错误表达的中式英语。综上所述,"中国英语"不同于会对英语学习产生负迁移的中式英语,而是以规范英语为基础、具有中国特点的英语。也就是说,中国英语不仅不受母语干扰,而且有益于传播中华文化。

中国英语的最初形态是由表达中国特有事物的名词进入英语构成的,是英语和中国特有的社会及文化相结合而形成的。加兰·坎农(Garland Cannon)将英语中的汉语借词(Chinese loan words)从语义区域上划分为19个类别,并统计出各类借词的数量,其中包括烹调器皿类(190个)、生物名称(175个)、地理名称(110个)、艺术名词(100个)、宗教和哲学名词(49个)、政府和政治名词(48个)、种族词汇(34个)、职业身份名词(34个)、度量和货币(31个)、语言写作(28个)、朝代名词(23个)、

---

① 榕培:《中国英语是客观存在》,《解放军外语学院学报》1991年第1期,第3页。
② 李文中:《中国英语与中国式英语》,《外语教学与研究》1993年第4期,第19页。
③ 谢之君:《中国英语:跨文化语言交际中的干扰性变体》,《现代外语》1995年第4期,第10页。
④ 贾冠杰、向明友:《为中国英语一辩》,《外语与外语教学》1997年第5期,第11页。
⑤ 薛芬、贺双燕:《语言态度影响中国文化失语症的实证研究》,《外国语文研究》2017年第3期,第20页。

服装名词(17个)、娱乐名词(16个)、协会和秘密社团名称(9个)、武术名称(8个)、药品名称(7个)、经济学名称(6个)、地质学名称(6个)、颜色词汇(5个)等。根据坎农在1988年的统计,进入英语标准词典和其他工具书的汉语借词至少已达979个。改革开放以来,引入英语的中国英语词汇增速明显,数量可观。张震久和袁宪军主编的《汉英中国专有名称和术语简明词典》便收有词目约3万条,内容涉及名胜古迹、典籍、古代官职、典章制度、政府机构、文学、哲学、宗教、神话、戏剧、称谓、中医中药、民俗文化、工艺美术、书法绘画、音乐、武术、食品、重要历史事件、当代学术机构及经济组织等各个方面。

根据李文中的分类,中国英语对于英语词汇的影响主要体现为3类词汇:音译词、译借词和音意合成词。

首先是音译词,即通过音译法引入英语的中国英语词汇。中国英语中的音译词是以与汉语读音相近的字母翻译汉字而形成的英语单词,主要包括以下一些类型:

①文化类有 Shih Ching(《诗经》)、lishu(隶书)、kaishu(楷书)、yamen(衙门)、fenghuang(凤凰)等;

②体育类有 kung fu(功夫)、taijiquan(太极拳)、wushu(武术)、qigong(气功)等;

③艺术类有 yangko(秧歌)、huqin(胡琴)、erhu(二胡)等;

④生活类有 weichi(围棋)、silk(丝)、ginseng(人参)、kaoliang(高粱)、mapo tofu(麻婆豆腐)等;

⑤风俗类有 yin yang(阴阳)、feng shui(风水)、kowtow(叩头)、Ching Ming(清明)等;

⑥度量类有 Renminbi(人民币)、yuan(元)、jiao(角)、sheng(升)、li(里)。

其次是译借词,即通过直译或者解释性翻译等方式(译借法)来翻译汉语词汇的意思从而引入英语的中国英语词汇。坎农在他的"英语中的汉语借词"一文中收集了49个汉语译借词,如 lose face(丢脸)、paper tiger(纸老虎)、reform through labor(劳动改造)等。常见的中国英语译借词可以分为两类：

一是来自中华传统文化的词汇，比如 The Book of Songs(《诗经》)、gunpowder(火药)、Five Classics(五经)、Eight-legged Essay(八股文)、Eight-Power Allied Force(八国联军)、Chinese herbal medicine(中草药)、the Spring Festival(春节)、paper-making technology(造纸术)、The Art of War(《孙子兵法》)、Chinese Knot(中国结)等。

二是与近现代发展相关的词汇，比如 laid-off workers(下岗工人)、One China policy(一个中国的政策)、macro-economic control system(宏观调控体系)、special economic (development) zone(SEZ)[经济(发展)特区]、reform and opening-up(改革开放)、one country two system(一国两制)、rural vitalization(乡村振兴)、modern socialist country(社会主义现代化国家)、supply-side structural reform(供给侧结构性改革)、green development(绿色发展)、cultural soft power(文化软实力)、the Five Principles of Peaceful Co-existence(和平共处五项原则)、China's whole process people's democracy(中国全过程人民民主)、new quality productive forces(新质生产力)等。

最后是音意合成词，即通过音译和意译结合的方法引入英语的中国英语词汇，也就是将原词一分为二，一半音译，一半意译。例如，Sichuan cuisine(川菜)，前者是"四川"的拼音，后者是英语中的"菜系"；taikonaut(中国宇航员)是由拼音 taikong(太空)加上英语 astronaut(宇航员)混合构成。据统计，仅以借词 tea 构成的复合词就多达 190 多个，如 tea cake(茶点)、tea basket(午餐食品篮)、tea fight(乱哄哄的争吵)、tea garden(有茶室的公园)、tea trolley(茶具车)等。

由于中西方思维习惯、政治历史、宗教信仰和价值观的不同，英汉词汇的文化内涵确实存在较大差异之处。比较英汉语词汇的文化差异不仅能够有效激发学生对于中外文化的深入探索，还能借机鼓励学生增强对于中国文化的英语表达训练，而中国英语所传达的中华文化内涵，则帮助学生从词汇层面掌握了用英语传播中华文化的基本能力。因此,将中华文化融入英语词汇教学,能够有效地激发学生的文化自觉、文化自信和文化传播意识。

(三)中华文化融入大学英语词汇教学的方法

对于大学英语学习者来说,词汇学习主要通过3个途径:直接词汇教学、附带学习和独立策略发展。直接词汇教学指的是教师直接对词的语音、结构、意义和用法进行分析、讲解和操练。附带学习是相对于学习者的刻意学习而言,学生在进行其他学习任务时附带习得了单词。奥克斯福德(Oxford)和斯加色勒(Scarcella)的研究指出,教给学生明确的词汇学习策略十分关键,也就是说,语言学习者可以有意识地使用和优化词汇习得策略来扩大词汇量。结合英语词汇学习的3种途径,中华文化融入大学英语词汇教学也应该使用一定的方法和策略。这些策略主要包括文化词汇对比法、词汇联想教学法、词汇内涵探究法和文化词汇实践法。

(1)文化词汇对比法。有比较才能有鉴别。在大学英语教学的过程中,教师可以在适当的时机引导学生对比英汉词汇所蕴含的文化内涵,并探索文化差异背后存在的原因,启发式地引导学生对词汇的文化内涵进行深度学习、探究式学习和讨论式学习,在比较中思考和鉴别中西文化差异。例如,在学习"An enemy's mouth seldom speaks well."(狗嘴里吐不出象牙)、"An nod is as good as a wink to a blind horse."(对牛弹琴)和"Behind bad luck comes good luck."(塞翁失马,焉知非福)、"The cross on his breast and the devil in his heart."(嘴里念弥陀,心赛毒蛇窝)等谚语时,可以引导学生深入思考谚语背后所蕴含的英汉语文化和价值观的差异和相似之处,既能引导学生深度体验世界文化的多样性和共性,又能增强学生对于中华文化的认同感。

(2)词汇联想教学法。在大学英语教学中,不可避免地要接触大量的目标语国家文化,尤其是英美文化和价值观。因此,大学英语教学可以引导学生在学习具有丰富文化内涵的英语词汇时,对对应板块的中华文化关键词进行联想,实现词汇的扩展教学。例如,当教学中涉及西方文化核心价值观中的基督教的信仰(faith)、原罪(original sin)、救赎(redemption)、和平(peace)等词汇时,教师可以引导学生联想我国所崇尚的儒家思想(Confucianism)、孔子(Confucius)、仁(benevolence)、义(righteousness)、礼(etiquette)、智(wisdom)、信(faithfulness)等。通过文化词汇的联想,不仅丰富了学生的词汇量,还可以激发学生的跨文化意识。

(3)词汇内涵探究法。在引导学生学习 Confucius(孔子)、lion dance(舞狮)、the Long March(长征)、mass line(群众路线)、the Belt and Road Initiative("一带一路"倡议)等带有浓厚的中国文化色彩的词汇时,可以采用小组讨论、演讲和个人报告等方式引导学生探索、分析、介绍词汇背后所蕴含的中华优秀传统文化、革命文化和社会主义先进文化,鼓励学生通过中华文化关键词来讲好中国故事、传播中国智慧,帮助学生在深入学习词汇的过程中学会表达中华文化。

(4)文化词汇实践法。词汇的学习不能仅仅依靠课堂教学,还需要学生的英语词汇自主学习意识和能力的提升,通过课外的深入实践,才能将词汇掌握得更加牢固。一方面,教师可以鼓励,甚至要求学生在听、说、读、写、译的语言综合能力训练中搜集、整理、背诵和使用中华文化词汇。另一方面,教师也可以组织一些与文化词汇相关的二课活动,如组织学生集体观看一些蕴含中西方文化对比的电影,举办中华文化关键词竞赛,组织中华文化英语艺术展,开展以中华文化为主题的英语演讲比赛、戏剧节、口译大赛,等等,通过观影、展览和比赛等实践活动激发学生的学习热情。

(四)中华文化融入大学英语词汇教学的原则

束定芳认为,根据语言的本质特征和外语教学的特点,在任何形式的外语学习中都应该遵循系统原则、交际原则、文化原则、认知原则和情感原则,外语词汇教学也不例外。这些原则同样适用于融入了中华文化的大学英语词汇教学。但是，中华文化融入大学英语词汇教学既要遵循词汇教学的一般规则，又要考虑文化教学的特殊原则，还要融合中华文化的独特性。因此，中华文化融入大学英语词汇教学应该遵循以下原则。

一是阶段性原则。根据《大学英语教学指南》（2020版），大学英语根据3级教学目标提出3个级别的教学要求。由于学生的语言基础不同，对于处于初级、中级和高级这3个不同阶段的大学英语学习者来说，大学英语教师在促进中华文化融入大学英语词汇教学方面应该有不同的侧重点和教学方法。处于初级阶段的学生词汇基础极为薄弱，对于词汇内涵的理解和引申能力也相对较弱，教师应该更为注重直接教学，在课堂教学中给学生介绍蕴含文化内涵的词汇，引导学生展开文化对比。随着学生的语言学习进入更为高级的阶段，教师可以逐渐引入附带学习，并日益加强自主学习策略，引导学生展开词汇文化联想、词汇内涵探究，进而开展和参加相关的词汇文化实践活动。

二是深加工原则。研究表明，当学生能够通过自己的努力付出弄懂词义时，学生词汇学习的效果也会更好。2001年，赫尔斯汀（Hulstijn）和劳弗（Laufer）分别对荷兰和以色列的一组母语为非英语的学习者进行了实验，发现两组的实验结果都在很大程度上支持了投入量假设，即经过学习者较高投入量而加工过的词汇，其附带学习的效果要明显好于经较低投入量而加工过的词汇。2003年，中国学者盖淑华也从信息处理的视角分析了这种现象，认为语言任务越复杂，任务要求的工作量就越大，要求学习者在完成语言任务时付出的心理努力越大，而这种心理努力能够促进信息处理的自动性，从而有助于促进词汇附带学习。因此，在大学英语词汇教学过程中，对于已经具备了一定词汇基础的学生，教师不仅应该在课堂教学中注重采用启发式、讨论式、探究式和项目式等文化教学方法帮助学生掌握具有一定文化内涵的词汇，还应该注重向学生传授一定的词汇学习策略，包括附带学习策略和自主学习策略。

三是适度原则。适度原则包括两个方面：一是教师在词汇教学的过程中引入具有一定文化内涵的词汇的数量要适度，要结合学生的认知基础进行,既不能过多,也不能过少;二是教师在对词汇的英语文化内涵和汉语文化内涵进行比较分析时应该持公平客观的态度,既不能仅仅注重传播词汇的英语文化内涵而忽视中华文化内涵,也不能只重视传播中华文化内涵而忽视了英语文化内涵,应该充分尊重世界文化的多样性。

词汇是语言的基础,通过词汇教学融入中华文化是将中华文化融入外语教学的重要途径。随着人工智能(AI)、VR等现代信息技术的发展,未来将有更多的教学方法和教学工具可以促进中华文化更好地融入大学英语词汇教学中。

二、中华文化融入大学英语听力教学

听力是中国英语学习者最难习得的英语技能之一。听力教学是外语教学的重要组成部分,是增强学生听力理解能力和外语交际能力的重要手段。奥马利(O'Malley)等人认为,听力是一种主动、有意识的过程,听者利用上下文信息和现有知识线索建构意义,依靠多种听力策略完成学习任务。鲁宾(Rubin)认为听涉及听者信号的主动选择,即听者对信息进行编码加工,从而确定正在发生的事情以及发话人想要表达的意图。理查兹(Richards)和施密特(Schmidt)则指出,听力理解既涉及第一语言,又涉及第二语言,对两者的理解有本质的区别,其中对第二语言的听力理解比较关注语言的结构层面、语境、话题本身以及听者的预期。林奇(Lynch)和门德尔松(Mendelsohn)将听力界定为辨识说话者发出的声音、感知语调模式呈现的信息焦点、解读听到的内容与当前话题相关性的过程。其实,听力不仅涉及两种语言,还涉及语言背后的文化。如果学生不熟悉语言背后的文化内涵,就会在听力理解的过程中产生误解。

(一)中华文化融入大学英语听力教学的问题

在大学英语听力教学中,中华文化的融入依然存在不少问题,如外语教师在教学时容易忽略学生的听力基础、听力教学实践存在应试倾向、教师不重视文化背景教学和听力教学模式单一等。

(1)忽略学生的听力基础。听力能力与语音、词汇、句法和语境方面的知识储备有着密切的关系。很多学生对于以上几个方面的知识的掌握程度依然比较薄弱。首先是语音。语音是听力能力的基础。语音能力有问题,就很难听懂其中的内容。然而,长期浸润在中小学应试教育环境下的学生,很少接受专业的英语语音训练,对于英式英语、美式英语、印度英语甚至中国英语等不同地域和国家的英语口音难以快速适应,对于语流中的语言变化、连读、省音、失爆、同化、强读和弱读等语音变化也很难辨别,对于读音相近的单词无法做出区分。其次是词汇。在听的过程中,生词是影响学生理解语篇和判断的主要障碍。学生常常因为个别关键的生词而影响对整段甚至整篇听力材料的理解。如果学生对于中华文化相关的词汇匮乏,对于融入了中华文化的语篇就很难理解。

(2)听力教学存在应试倾向。从高中阶段步入大学的大学生们对于大学英语听力学习的认识依然停留在通过期末考试和四六级考试的层次,还无法充分认识到听力对于交际能力提升的重要性。因此,学生对于听力学习无法给予相应的重视。为了考试的需要,学生会在一段时间内突击学习和练习听力,考试之后就很难再保持日常听力训练的习惯和频率。教师基于学生短期的学习需求考虑,在日常的教学中也致力于培养学生掌握听力应试的策略和技巧,忽视了对于包括中华文化在内的听力内容的分析和探讨。

(3)不重视文化背景教学。很多中国学生在长期的中小学学习中缺乏对于英语文化背景知识的了解和学习,对于一些蕴含着英汉文化的习语表达往往缺乏相应的基础。与此同时,由于听力课时的削减,很多学校听力课堂学时很少甚至没有,导致很多教师基于学生的基础和需求考虑,将教学重点放在对于听力技能和策略的培养上,对于听力材料中涉及的英语文化或者母语文化等文化背景知识仅仅粗略地提及一下或者略过不提。

(4)教学模式单一。由于对于听力教学目标的把握不当,很多教师在进行听力课堂教学时,教学内容、方法、形式和手段依然比较单一,导致学生听力学习兴趣降低,甚至打击学生的学习主动性和积极性。在教学内容上,有些教师过度依赖听力教材上的内容,教材上有什么就教什么,忽视了结合学生的实际需求对教材内容进行增删取舍的设计,也忽视了对于语言文化知识和跨文化知识的深入分析和探讨;在教学方法上,没有结合学生的实际水平和学情特点采用分层教学、混合式教学等方法;在教学形式上,依然采用浏览题目—听材料—核对答案的传统单一教学模式;在教学手段上,虽然听力教学信息技术已经得到了高水平的发展,然而,由于很多外语教师信息化和数字化素养不足,导致教师除使用电脑播放语音之外,很难从教的层面实现信息化教学手段的多样化使用。

(二)中华文化融入大学英语听力教学的方法

(1)结合词汇导入中华文化。词汇是学生听懂听力材料的关键。然而,很多英语词汇中都蕴含着丰富的文化内涵,影响学生对英语听力的理解。因此,在听力教学的过程中,教师可以设置合适的教学环节引导学生对于听力材料中出现的表示颜色、数字、动植物和概念等内容的相关词汇的英汉语文化内涵进行分析、探讨和对比,从而有效融入中华文化。以下面一段听力材料为例:

  Man: I don't know why I need to ask such a young man for help. He looks unprofessional.
  Woman: That man is young, but he is an old dog.
  Question: What does the woman mean?

在这段材料中,出现了 an old dog 这个词组。很多中国学生由于缺乏对于英汉文化差异的理解,就会将这一词汇错误地理解成"老狗,老奸巨猾"之意,从而对听力材料做出错误的理解。这时,教师就可以结合学生的认知空缺引导学生认识到汉语词汇"狗"和英语词汇 dog 所蕴含的截然不同的文化内涵,激发学生探索语言文化差异的好奇心,从而借机将相应的汉语文化知识融入听力教学。

(2)结合话语导入中华文化。在英语听力材料中,经常会出现大量的有关日常交流的对话。其中有些社交对话就会涉及中西方文化的差异。例如,cousin 一词在英语中的意思非常广泛,其英文释义为 a child of one's uncle or aunt 或者 a person belonging to the same extended family,用汉语就可以表述为"堂兄弟,堂姐妹,表兄弟,表姐妹"或者"亲戚,远亲"。在英语中,对于父亲或者母亲的兄弟姐妹的所有孩子都可以 cousin 相称呼。但是,在汉语中,对于父亲的兄弟的孩子往往称呼为堂兄、弟、姐、妹,对于父亲的姐妹的孩子和母亲的兄弟姐妹的孩子都称呼为表兄、弟、姐、妹,体现出中国家族文化中内外有别和长幼有序的原则。

(3)结合主题导入中华文化。在英语听力教学中,很多单元内容都是按主题设置的,分为生活、学习、社交、饮食、节日、旅游等多个主题。在针对相关主题的语篇进行听力教学的过程中,教师就可以导入与主题相关的中华文化表达。例如,在《新视野大学英语视听说教程 1》(第三版)第三单元的 Viewing 板块中就设置了一个有关希腊婚礼的视听材料。在对这段材料进行教学时,教师就可以引导学生比较中国传统婚礼和希腊婚礼的异同,引导学生积累有关中国婚礼文化的英语表达,增加学生对于中华传统文化的理解和认同。

(4)结合补充材料导入中华文化。学生听力水平的提高离不开大量听力材料的输入。因此,在听力课堂教学之外,教师还应该要求学生进行大量的听力补充练习。教师可以结合学生的实际水平选择《你好,中国》(*Hello*,*China*)、《话说中国节》(*Festive China*)、《四季中国》(*Seasons of China*)、《中国》(*China*)、《美丽中国》(*Amazing China*)、《行走中国》(*Journeys in China*)等蕴含着大量中华文化知识的英语纪录片等视听资料,帮助学生在接受大量听力训练的同时输入中华文化知识。

(5)结合实践导入中华文化。在听力教学中,教师可以引导学生在日常生活中通过观看英文版的《你好,李焕英》《甄嬛传》《琅琊榜》《知否知否》等中国影视剧,既提升听力能力,又了解中国文化;还可以结合《王者荣耀》(英文版)等蕴含大量中华文化的手机游戏引导学生将听力学习与生活实践和娱乐活动相结合来欣赏中华文化之美。

(三)中华文化融入大学英语听力教学的原则

中华文化融入大学英语听力教学的过程要综合考虑听力教学的特征、学生的实际听力水平和听力教学的具体内容,要遵循一定的教学原则,主要包括适应性原则、渐进性原则、针对性原则和情境化原则。

(1)适应性原则。适应性原则指的是融入大学英语听力教学的中华文化既要和教学内容适应,又要和学生实际适应。首先,融入教学的中华文化知识点必须和听力教学内容相关,不能脱离教学内容而存在,更不能将英语听力课程变成中华文化课程,造成喧宾夺主的现象。其次,融入听力教学的中华文化内容还要跟学生的语言基础相适应,对于语言基础较弱的学生适合从词汇入手融入中华文化,对于语言基础较好的学生则更适合从话语和主题入手融入中华文化。如果融入的中华文化内容过于简单,则很难引起学生的重视;如果内容过难,又容易造成学生心中的挫败感,打击学生听力学习的自信心,影响学生的学习兴趣和成就感。

(2)渐进性原则。教师在听力教学中融入中华文化时切忌急于求成,应该循序渐进,根据学生的学习进度、学习能力和理解能力由浅入深,由易到难,由具体到抽象,帮助学生从学习中华文化知识的表达入手,再逐渐过渡到对中英文化的总结、对比、评价和思辨。同时,在引入中华文化的过程中,教师的语言选择也应遵循渐进性原则,最开始时可以采用汉英结合的教学语言,等到学生有了一定的语言文化基础之后则可以采用全英文授课的方式,帮助学生拥有充分进行听力训练的机会。

(3)针对性原则。融入大学英语听力教学的文化要与教学内容相关,其详略和体系还要经过筛选和设计。从文化的时代上来看,既要融入传统文化,也要融入现代文化,适当的时候也可以融入革命文化;从文化的具体内容上看,要有选择地吸收健康、积极、正能量的文化元素,要选择对学生产生价值引领作用的文化内容,要有助于增强学生的文化认同感、文化自豪感和文化自信。

(4)情境化原则。由于学生听力学习的效果特别容易受到心理和情绪的影响，因此，教师将中华文化融入听力教学时应该注意帮助学生营造一个舒适、放松的学习情境，帮助学生摆脱畏难情绪。教师可以在听力课刚开始的几分钟，结合本章话题，引导学生利用"头脑风暴"等方式了解与听力材料相关的中华文化知识和英语表达。教师也可以在听力课之前给学生布置相关的中华文化探索任务，帮助学生在所学内容和中华文化之间建立联系。学生在有了充分的文化知识准备之后，就可以对即将学习的听力材料所涉及的文化知识有所准备，从而避免听力训练的过程中产生焦虑感和挫败感。

三、中华文化融入大学英语口语教学

培养学生用英语讲好中国故事、传播中华文化的能力。提升学生的口语能力是关键。口语能力通常包括语言要素的运用能力、话语组织能力和社会语言能力。其中，语言要素的运用能力主要包括语音、词汇、语法结构方面使用的准确性和丰富性，话语组织能力主要包括关联词语之类的连接手段的使用、连续话语的长度、语句和语段之间在语义上的连贯性，社会语言能力主要包括口语表达的得体性、有效参与口语交际活动的范围大小和口语交际策略的运用能力。也就是说，在大学英语口语教学的过程中，不仅要关注学生语音表达的准确度和词汇使用的多样性，还要考查学生在语言表达上的连贯性和流畅性，同时要关注学生语体风格的适切性。因此，其中必然涉及相应的文化问题。

(一)中华文化融入大学英语口语教学的问题

中华文化在融入大学英语口语教学的过程中也面临着一些挑战和问题，比如口语教师自身的水平欠佳、教学方法比较单一、学生语言基础薄弱、学生缺乏实践英语口语的环境等。

(1)教师自身的水平欠佳。高校英语口语教师应该是"学生口语表达

能力的促进者、学生非智力因素的激发者和学生主动学习的引导者"①。然而,在大学英语口语教学中,有些大学英语口语教师只重视语言知识的训练,而忽视了口语表达能力的培养,口语课变成了语音课、语法课、词汇课;有些大学英语教师只重视语言技能的训练,忽视了语言背后的情感价值和文化价值;有些大学英语教师只重视自己"教",忽视了学生"学",致使学生处于口语学习的被动和消极地位;更有甚者,一些大学英语教师自身的英语口语能力本就比较薄弱,再加上中华文化素养不足,对于中华文化的英语表达还不熟悉、不熟练,导致不敢教、不会教的情况出现。

(2)教学方法比较单一。很多教师对于现代化的英语口语教学信息技术掌握不熟练,依然经常采用讲授、复述、模仿等传统的教学方法,采用"讲解—练习—运用"等传统的口语教学模式,在教学过程中缺乏教学设计,教师也不能充分发挥"脚手架"的支撑作用,导致学生口语输出的自信心和安全感缺乏,对口语学习逐渐失去兴趣。由于课堂教学时间有限,绝大部分学生在课上缺乏口语练习的机会,在课后又缺乏相应的口语活动帮助巩固和提升,导致学生上了英语口语课之后还是张不开嘴、说不出口。

(3)学生语言基础薄弱。与英语专业的学生相比,很多非英语专业的学生在词汇、语法、句法等方面的语言知识能力、社会语言能力、语篇能力、语言策略能力等语用能力相对薄弱且发展缓慢。很多中国学生在小学和中学阶段以应试教育为学习导向,忽视口语的学习和练习,导致英语语音能力和口头语言的表达能力受到中式发音和思维的影响比较明显,口语表达能力较为薄弱。有些学生性格较为内敛,对于中华文化英语的积累也不够多,害怕说错了遭到批评或者嘲笑。这就导致有些语言能力并不薄弱的学生出于性格或者文化知识匮乏的原因也不敢张口表达。

(4)英语口语实践环境缺乏。由于绝大部分学生长期生活在中国的语言环境之下,很难有跨文化交际的口语表达实践,导致学生在课堂之外

---

① 张庆宗:《论高校英语口语教师的角色定位》,《外语与外语教学》2000年第8期,第58页。

疏于实践和练习。

(二)中华文化元素对大学英语口语教学的影响

由于中西方文化存在的差异,在大学英语口语教学中,学生在词汇、思维、语境和社交等多个层面都难免受到中华文化元素的影响。

(1)中华文化元素对英语口语词汇的影响。中华文化元素给学生的英语口语词汇学习带来了一定的挑战。首先,很多带有中华文化元素和中国特点的词汇——中国英语,往往在构词法上不太符合传统的英语词汇表达,给学生的英语口语词汇使用带来了一定的挑战,比如 Confucius、lychee(荔枝)、cheongsam(旗袍)、Kung Pao chicken(宫保鸡丁)、the Belt and Road Initiative 等词。其次,英语中的很多词汇都具有一定的文化内涵。这些文化内涵词的深层含义在中西方文化中有着很大的差异。如果学生不能明白这些词汇内涵的文化差异,在口语中出现了误用,就会造成口语交际的尴尬局面。比如,"黄色"一词在中文中有淫秽色情之意,"黄色书刊"指的是带着淫秽色情内容的书刊,其正确的英文表述应该是 pornographic books。然而,由于有些中国学生不明白其中的文化差异,会在口语对话中将其错误地表述为 yellow books,却不知这一英文短语在美国指的是用黄色纸张印刷的电话号码簿。再比如,"喜鹊"在中国文化中是能够给人带来吉祥和好运的鸟儿,而其对应的英语词汇 magpie 指的则是喜爱收集杂物或者喋喋不休、令人讨厌之人。如果中国的英语口语使用者不明白其中的文化差异,就会导致口语交际中出现误会和尴尬。

(2)中华文化元素对英语口语思维的影响。中华文化对于中国的英语口语使用者的思维模式也会产生深刻的影响。一方面,"中式思维"会影响口语表达的准确性和口语表达的流利性。比如,中国学生习惯用 I、we、they、my 等作为句子开头,而英语表达则偏向用 it、there be 以及名词性主语作为开头。比如"I think we can't make this trip."(我觉得我们无法完成这次旅行)这句话就是按照中文表达一字一句翻译出来的英语句子。使用了这种表达的学生忽略了,在英语语法中,像 think 和 believe

等词后面的宾语从句,如果是否定句,要把否定转移到主句的 think 等动词上,这叫作"否定前移"或"否定前置"。在词汇选择方面,英语多使用名词性结构,而汉语多使用动词描述性表达。在句法结构方面,英语重形合,讲究句法完整,多用连接词;而汉语重意合,语法结构不完整,较少使用连接词。然而,另一方面,中华文化也能拓宽学生英语口语表达的思维和层次。比如,在英语演讲中,学生既要熟悉目标语文化,更要通晓自己的母语文化,对外弘扬中国的优秀文化,这样才能顺利地实现跨文化交际。在英语演讲中,引用莎士比亚、培根、艾默生等英语国家的名人名言和经典著作论证自己的观点无可厚非,但是也绝不能忽视中国优秀的文化传统。如影响中国人民 3000 多年的儒家思想、老子和庄子为代表的道家思想、百家争鸣的文化流派、大国工匠精神、人与自然和谐相处的生态理念、享誉世界的各种发明创造、历史名胜古迹以及重大历史事件等都是英语演讲中可以采用的宝贵资料。

(3)中华文化元素对英语社交口语的影响。由于中西方文化的差异,中华文化元素对中国英语口语使用者的社交口语表达也会产生相应的影响。第一,称谓。中国对于亲属的称谓要遵循辈分准则、性别准则、姻亲准则、分系准则、旁系准则和年龄准则,可以分为几十甚至上百种称谓,但是英语的称谓则相对简单。例如,汉语中对于母亲的兄弟称为舅舅,父亲的兄弟称为叔伯,但是在英语中用 uncle 就可以涵盖所有这些关系。汉语中对于非亲属的称谓划分为十二类:排行称谓、小名称谓、身份称谓、从亲属称谓、敬称、谦称、爱称、谑称、贬称、讳称、婉称、典故称谓等。如在姓氏前加"老"表示尊重,加"小"表示爱护。英语中却忌讳称别人"老",有年龄歧视之嫌。中国人喜欢用职务作为称呼,以示尊敬,如张处长、李科长等。但英语中一般不用正式头衔,只对法官、医生、高级军官、教授、高级神职人员称呼头衔,对关系亲密者只呼其名,正式场合称 Mr./Mrs./Ms. 以示尊敬。第二,打招呼。中国人碰面打招呼时喜欢用"吃了没?""上哪儿去?"等客套话,但是如果在英语口语中直接说"Have you had meal?",则可能会让对方误以为你要邀请他一起吃饭。第三,寒暄。中国人在社交场合寒暄时往往会聊到年龄、家庭、婚姻、孩子、个人收入等问题。但在英语文化中,见面寒暄往往会谈论天气等无关个人的话题,一般不谈及个人的年龄、收入、家庭等情况,因为他们把这些当成个人隐私,被人随意问起时会感觉受到冒犯。第四,答谢。当收到别人的感谢时,英汉语都会有相应的回答。中国人通常会说"这是我应该做的""过奖了""别这么说"等以示谦虚,而英语中却会使用"Not at all.""You're welcome.""It's a pleasure."等意为"不客气"的句子大方接受别人的感谢。如果中国的英语口语学习者在回答别人的感谢时说"It's my duty to do that.",就会表达出"这是我的职责所在,是我不得不做的"之意,会让对方感到莫名其妙。第五,迎客和送别。中国人作为礼仪之邦,在欢迎客人到来时会说"欢迎,欢迎",而英语中却会用"How are you?"(你好吗?)、"Glad to see you again."(很高兴再次见到你)等向客人打招呼。在送别客人时,中国人为了表达惜别之意,会说"慢走""再来"等话,而英语中则只需要用"Bye.""See you."等意为"再见"的话道别即可。

(三)中华文化融入大学英语口语教学的方法

考虑到中西方文化的差异,将中华文化融入大学英语口语教学要讲求科学的教学方法,才能促进学生口语能力的提升,增强学生的文化认同感和文化自信。这些方法主要包括文化植入法、文化对比法、情境教学法、实践教学法等。

(1)文化植入法。教师在口语教学中可以适当地以直接呈现或者间接呈现的方式植入中华文化。直接呈现是指教师选择一个与教学内容密切相关的文化主题,然后在课堂上将其直接呈现给学生,引导学生理解这个文化主题。例如,在学习有关节日的英语口语课堂上,教师可以利用多媒体设备,将不同民族、不同时间、不同风俗的中华传统节日的英文视频播放给学生观看,引导学生大量积累视频中对于文化词汇和句型的表达,做好充分的口语输入工作,这样才能为后来的口语输出打下坚实的基础。间接呈现是指根据教学要求和学生实际,在口语教学中灵活设计一些游戏、竞赛等小活动,并将中华文化内容融入这些活动。例如,在有关朋友聚会的口语表达中,教师要植入"茶文化",就可以先让学生提前了解中国的茶文化,在课堂上组织学生开展有关茶文化的英语知识竞赛,使学生在充满乐趣的口语学习中既能提升口语表达能力,又能拓宽有关中国茶文化的知识。

(2)文化对比法。在中西方社交文化差异较大的英语口语教学中,教师可以通过讲授法帮助学生了解口语中的英汉文化差异,启发式地引导学生意识到自身在口语交流中容易碰到的文化陷阱,通过小组讨论引导学生关注口语中中西方文化的差异,使学生既能习得正确的英语口语表达,又能了解本国、本民族的文化。

(3)情境教学法。教师在涉及中华文化主题的口语教学中可以通过穿着打扮、教室布置和教具设计等方式给学生营造特定的学习情境。例如,在有关旗袍的口语教学中,教师可以身穿旗袍去上课;在有关节日的口语教学中,教师也可以携带春联、剪纸、粽子、月饼等与中国传统节日密切相关的文化物品作为教具,为学生的口语学习营造浓郁的文化氛围。教师还可以选择《你好,中国》《美丽中国》等中华文化纪录片以及《花木兰》《功夫熊猫》等蕴含着中华文化元素的影视剧片段,帮助学生创设中华文化英语表达情境,要求学生进行配音练习。如此一来,学生在提升英语语音水平的同时,也习得了中华文化的英语表达。

(4)实践教学法。教师可以要求学生在课后选择中华文化纪录片和影视剧,通过模仿、复述等方式学习其中的中华文化英语表达,也可以在二课活动中组织以中华文化为主题的英语口语比赛、英语演讲大赛、英语短视频大赛和英语跨文化能力比赛,使学生在准备比赛的过程中既提升了口语能力,又加强了对于中华文化的理解。例如,外语教学与研究出版社近几年英语演讲比赛的话题"Red Star Over China"(红星照耀中国)(2021)、"China's Wisdom for the World"(中国向世界贡献的智慧)(2022)、"The Chinese Path to Modernization"(中国式现代化)(2023)、"The Chinese Dragon is Good"(中国龙很好)(2024)等,就有效融入了中华优秀传统文化、革命文化和现代文化。

(四)中华文化融入大学英语口语教学的原则

中华文化融入大学英语口语教学除了要遵循学应重于教、课堂应活跃、纠错应科学等一般的英语口语教学原则,还应该把握中华文化的特点和学生的实际口语水平。

(1)先听后说的原则。英语听力教学和英语口语教学是语言输入和语言输出相辅相成的教学。只有坚持反复的听力练习积累语言表达,才能为口语教学打下良好的基础。对于中华文化的英语口语教学更是如此。学生必须通过听录音、看视频等方式反复地模仿和积累相关的英语表达,才能够在口语输出中进行有效的中华文化传播。

(2)循序渐进原则。中华文化博大精深、体系繁杂,横向上包含文化产品、文化观念、文化实践、文化社群等多种类型,纵向上包含传统文化、革命文化和现代文化等多个方面。在有关中华文化的口语教学中,也应该遵循学生语言学习的阶段和实际。教师要充分了解学生感兴趣的文化内容,尽量通过直观简易的方式呈现出来,遵循循序渐进的原则,由易到难,由简到繁,以免因为融入方式不对、内容过难而引发学生的焦虑感,导致学生失去口语学习兴趣。

(3)适度适当原则。中华文化融入口语教学是为了提升学生的口语交际能力和文化自信,所以融入口语教学的中华文化一定要与口语教学的主题密切相关、围绕口语教学本身进行,不能喧宾夺主,变英语口语教学为中华文化教学。与此同时,融入英语口语教学的中华文化在精不在多,在融入的过程中要找到恰当的切入点,融入的方式要如盐入水、润物无声。

四、中华文化融入大学英语阅读教学

阅读是一个复杂的认知过程,大学英语阅读教学也同样复杂。西尔伯斯坦（Silberstein）认为，阅读理解是一个复杂的认识过程，在阅读过程中，读者与文本之间是一种互动的关系。纳托尔（Nuttall）认为，阅读是交际过程，阅读的文本就如同一只盛满了水的罐子，充满了意义，而读者的大脑如同一块海绵吸收意义。无论对阅读做出何种阐释，都必须承认，阅读是获取信息的主要手段。因此提高英语阅读能力、从书面语篇中获取可靠信息也是很多学生学习大学英语的主要目的之一。同时，阅读也是提升英语听、说、写、译等其他能力的基础，是帮助学生积累语言知识、提升文化素养、拓宽国际视野、引导价值取向的重要载体。

因此，在过去几十年里，我国从教材编写、课程安排到各类考试题型的设置上均能显示出对于大学英语阅读教学的重视。然而，我国学生的阅读能力现状却不容乐观。很多学生在对自身的英语听、说、读、写、译5项能力进行评估时也感觉自己的阅读能力是最强的。事实上，学生的英语阅读能力并非他们自己想象的那么好，其阅读输入量十分有限，阅读策略有待改进，对大量阅读以及毕业之后阅读技能的重要性缺乏足够的认识，在阅读材料的选择上也存在困难。

使学生具有较强的英语阅读能力，是大学英语教学的首要目标。曾用强在研制英语阅读能力量表时提出，阅读能力包含阅读认知能力和阅读策略。

阅读认知能力指语言使用者/学习者阅读并处理书面材料时，运用各种知识（语言知识、非语言知识）和策略围绕材料构建意义的能力，包括识别与提取、概括与分析、批判与评价书面信息的能力。其中，识别与提取书面信息的能力指语言使用者/学习者基于阅读材料，准确辨认、复现具体信息的能力；概括与分析书面信息的能力指语言使用者/学习者整体把握阅读材料，在比较、总结的基础上厘清信息要素关系并做出合理推理和预测的能力；批判与评价书面信息的能力是指语言使用者/学习者运用已有知识对阅读材料的内容、形式、风格及意图等做出反思、评判的能力。

阅读策略包括规划、执行、评估与补救等方面。其中，规划指的是建立阅读目标、预测阅读内容、制订阅读计划；执行包括基于文本的重读、精加工和组织,以及基于内容图示的视觉映像、自释和提问;评估包括核查和评判。但阅读过程并不是一个简单的从规划经执行、评估到补救的线性过程,某个策略也不只局限于某个阅读过程,或者某个过程并不只运用某个策略,有些阅读策略贯穿运用于整个阅读过程,阅读策略的使用阶段没有严格的区分界限。

(一)中华文化融入大学英语阅读教学的问题

大学英语阅读教学是学生有目的地对文本信息进行处理、接收文本信息的过程。大学生用英语讲好中国故事、传播中华文化能力的提高离不开阅读教学中对于中华文化的融入。然而,当前的大学英语阅读教学对于中华文化的融入还存在给英语阅读设置的教学目标不够全面、英语阅读教学方法比较单一、对英语阅读的重要性认识不足等问题。

(1)教学目标不够全面。虽然很多教师和学生都认识到了大学英语阅读教学的重要性,也在其中投入了大量的精力,但是对于大学英语阅读教学的目标认识却不够准确。从很多学生的角度来看,学习大学英语阅读的主要目的就是顺利通过期末考试获得学分或者是通过大学英语四六级考试获得外语能力的官方认可。所以在平时的学习中,大部分学生对于英语阅读的学习仅仅停留在表面,在预习课文时也只会关注到词汇、阅读技巧和文本的表面含义,很少有人会主动地深入探索与文本主题相关的中华文化知识和观念。对于教师而言,阅读教学的功利性也同样受到学生需要的影响。考虑到学生的应试需求,很多教师在阅读教学中仅仅关注词汇、语法、句法和阅读技巧等低层次认知,忽视了通过在阅读教学中引入中华文化、通过中外文化比较提升学生的批判性思维能力和文化赏析能力等高阶能力。

(2)教学方法比较单一。长期以来,我国传统的阅读教学往往将阅读能力看作是被动型和接受型,在教学中忽略学生的主体地位。教师在进行阅读教学时,往往会带领学生采用快速阅读和仔细阅读、精读和泛读等方式,从篇章结构讲到生词、语法和句法。这种教学模式违背"教师主导、学生主体"的教学原则,使得师生之间、生生之间缺乏有效互动,对于文本主题的思考和探索不够深入,对于学生的思维能力的培养也比较缺乏。学生长期处于低阶认知阶段,对于阅读学习的兴趣得不到激发,在缺乏教师引导的情况下,很难关注到语篇中所对应的中华文化理念和价值。

(3)对英语阅读的重要性认识不足。英语阅读不仅是获取信息的重要手段,还是提高学生的英语学习兴趣的重要方法,是作者、教师和学生三者之间进行交流的重要途径,对于提升学生的口语、写作、翻译等其他方面的语言技能发挥着基础性和不可替代的作用。很多教授大学英语阅读的教师和学习大学英语阅读的学生对于大学英语阅读的重要性的认识止步于此。他们对于大学英语阅读的重要性缺乏以下两个方面的认识:第一,语言和文化相互作用,对于语言的理解离不开文化。在阅读大量英语文本的过程中,学生可以对文本中蕴含的丰富文化形成深刻理性的认识,增强对于中西方文化的共性和差异的认识,逐渐形成跨文化交际意识,提升跨文化交际能力。第二,文本中中华文化的融入可以使学生更深刻地理解本民族的文化、表达本民族的文化,提升学生的文化素养和人文精神,增强学生的中华文化英语传播力,促进中外文化交流和文明互鉴。

(二)中华文化元素对大学英语阅读教学的影响

(1)中华文化元素对大学英语阅读教学素材的影响。

首先,大学英语阅读教学素材可以融入中华文化词汇。在当前的大学英语阅读教材、四六级考试的阅读材料中,均有大量文章蕴含着很多中华文化词汇。比如,在《新标准大学英语综合教程1》(第三版)第二单元的"Metaphors for language"(《语言的隐喻》)这篇文章中就包含了这么一段话:

> Languages are like eyeglasses through which we look at the world. When we learn a new language, we can see the world from a different perspective. When non-native speakers learn to use Chinese words like "上火"(catching on fire), "肝火"(liver fire), or "胃火" (stomach fire) to talk about ulcers and acne, they are gaining an

understanding of the world and the human body through the theory of yin and yang and the five traditional elements (i.e., metal, wood, water, fire, and earth). This is fundamental to traditional Chinese medicine and Chinese philosophy.(语言就像眼镜,我们通过它来观察世界。当我们学习一门新的语言时,便可以从不同的视角看待世界。当非母语者学会使用诸如"上火""肝火""胃火"等中文词汇来谈论溃疡和痤疮时,他们正在通过阴阳理论和五行(即金、木、水、火、土)来理解世界和人体。这是中医和中国哲学的基础。)

在这篇有关语言学习的文章中,作者引用了大量的中华文化英语词汇来说明语言学习对于学习者世界观的影响,一方面帮助学生在阅读文章的过程中学习了大量的中华文化关键词的英语表达;另一方面也让学生意识到汉语是世界语言宝库中的重要组成部分,承载了博大精深的中华文化,对于世界文化的多样性贡献了自己的力量,从而无形中增强了学生的文化认同和文化自信。

其次,大学英语阅读素材可以融入中华文化语句。在大学英语阅读材料中,经常出现一些中华文化的经典表述。例如"Action speaks louder than words."(行胜于言)、"A journey of ten thousand miles started with the single step."(千里之行,始于足下)、"Study without thinking is labor lost. Thinking without study is perilous."(学而不思则罔,思而不学则殆)等。在《新标准大学英语综合教程1》(第三版)第三单元"What food tells us about nature"(《食物向我们揭示的自然奥秘》)中有这么一段话:

In China, harmony is highly valued in almost every aspect of life. It is reflected in Chinese cuisine, where almost all flavors (salty, spicy, sour, sweet, and bitter) are used in a balanced way, creating delicious dishes with flavors that go well together. Historically, Chinese people have an ornate style, which can be seen in their architecture and costumes, as well as in their food. They believe that food not only needs to be nutritious, but also needs to look appealing. They put a lot of effort into decorating the dishes and making them look colorful.（在中国,和谐几乎在生活的各个方面都受到高度重视。这在中华美食中得到了体现。中华美食几乎将所有味道（咸、辣、酸、甜、苦）都以均衡的方式加以运用,创造出味道和谐的美味佳肴。从历史上看,中国人讲究繁复华丽的风格,这在他们的建筑、服饰和食物中都有所体现。他们认为,食物不仅要营养丰富,还要看起来诱人。他们在菜肴的装饰上下了很多功夫,使其看起来色彩斑斓。）

这些承载着中华文化的语句传达着中华民族的文化理念、生活方式和价值观念,一方面有助于提升学生的中英文文化素养,另一方面也潜移默化地引导着中国学生认同本民族的文化。

最后,大学英语阅读教学素材还可以融入中华文化语篇。自从2020年教育部出台了《高等学校课程思政建设指导纲要》,我国的外语高等教育专家和学者结合课程思政的要求开始对一大批大学英语教材进行了内容的修订,一大批致力于培养学生跨文化交际能力的大学英语教材也纷纷涌现。很多新出版的大学英语教材中都增加了一些中华文化语篇,例如,外语教学与研究出版社出版的《新未来大学英语综合教程1》中就增加了"A long way from home"（《远离家乡》）、"The rise of the independent Chinese traveler"（《中国自由行游客的兴起》）、"Sky-high ambition to fulfill an 'unreachable' dream"（《实现一个"遥不可及"的梦想的雄心壮志》）等专门介绍外国人在中国的留学生活、中国当代旅游观念和中国科学名人南仁东的故事。在新修订的《新视野大学英语读写教程1》（第四版）中,每个单元均设置一篇文章专门讲述中国故事。大学英语阅读里中华文化语篇的出现和增多,极大地丰富了学生的中华文化英语学习资源和学习契机,让学生在与中华文化的高频接触中增强文化理解力和表达力,并进一步提升讲好中国故事、传播中华文化的能力。

(2)中华文化元素对大学英语阅读教学活动的影响。

首先,大学英语阅读分享中可以融入中华文化元素。在大学英语阅读教学中,教师可以设置课前5分钟的阅读分享环节,即每次课前留出5分钟的时间邀请一到两位同学跟全班同学分享与授课主题相关的中华文化知识。比如,在一节授课主题为"Scientific and technological development"(科技发展)的阅读课上,教师可以相应地设置跟中华文化相关的话题,如"China's scientific and technological development in ancient times"(中国古代科技发展)、"China's scientific and technological development in modern times"(中国现代科技发展)、"Famous scientists in ancient China"(中国古代著名科学家)、"Famous scientists in modern China"(中国现代著名科学家)、"Important technological inventions in China"(中国重要的技术发明)等话题供学生提前搜集资料,大量阅读,然后与全班同学分享信息。

其次,大学英语阅读讨论中可以融入中华文化元素。在大学英语阅读文本教学的过程中,教师可以结合文本主题设置相关的讨论问题,并在讨论问题中融入中华文化元素,引发学生的文化思考和文化比较。例如,在引导学生阅读一篇大学校长开学典礼的发言时,就可以引导学生讨论"What responsibilities should contemporary Chinese college students shoulder?"(当代中国大学生应该承担什么样的责任?),激发学生"为中华崛起而读书"的豪情壮志。

最后,大学英语阅读拓展任务中可以融入中华文化元素。在英语阅读教学之外,教师还可以通过"中国日报双语新闻"微信公众号、中国国际电视台(CGTN)双语新闻和"学习强国·每日一词"精选富含中华文化元素的文章发给学生进行课外拓展阅读。

(三)中华文化融入大学英语阅读教学的方法

在大学英语阅读教学中,除采用体裁教学法、任务教学法、项目教学法等以学生为中心的教学方法融入中华文化之外,针对中西方文化本身的特点还可以采用文化对比法、文化渗透法和文化活动法等方式融入中华文化。

(1)文化对比法。大学英语教师在英语阅读教学中遇到西方文化元素时,可以将其与中国文化元素相互比较,通过比较中西方文化的语言表述、思想观念和价值理念,帮助学生加深对中西方文化的印象和理解,形成对不同文化的分析、鉴别和评判能力。例如,在《新视野大学英语读写教程1》(第三版)第二单元中出现了一篇文章——"A child's clutter awaits an adult's return"(《孩子的杂乱无章等待大人的归来》),讲述了美国普通家庭中父母和子女之间的家庭关系。在这篇文章的教学中,教师就可以通过引入中国的"孝道"文化和现代家庭观念的变迁引导学生对比中美家庭文化的异同。

(2)文化渗透法。在大学英语阅读教学中,教师还可以抓住各种机会,利用各种教学手段,在教授英语国家文化知识的过程中不断地向学生渗透中国的历史地理、风土人情、日常生活等文化知识。例如,在《新视野大学英语读写教程1》(第三版)第四单元"Heroes of our time"(《我们时代的英雄》)中,教师在文章的阅读教学中就可以结合项羽、郑和、戚继光、林则徐等中国古代英雄,向警予、陈潭秋、叶挺、瞿秋白等中国革命英雄,袁隆平、南仁东、钟南山、杨利伟等中国当代英雄的故事,鼓励学生描述自己心中的英雄形象,总结心中的英雄内涵,讲述中国的英雄故事,传递中国的英雄精神。

(3)文化活动法。在大学英语教学中,教师还可以运用各种活动营造学习中国文化的氛围,模拟交流中国文化的真实情景,加强学习者对中国文化的重视,培养学习者的跨文化交流意识。以下是大学英语教师在阅读教学中可以开展的活动:一是小组讨论。在讲授有关体育运动的文章时,教师可以组织学生以小组为单位,讨论中西方体育文化的异同,邀请学生代表汇报讨论结果,并做出点评。二是游戏活动。大学英语教师在英语阅读教学中,可以利用知识竞赛、猜谜语、角色扮演游戏活动,调动学习者对中华文化的学习兴趣,培养学习者对中国文化的英语表达能力。在讲授有关饮食的文章时,教师可以组织一名学生用英语描述一种众所周知的中国地方美食,其他学生猜测美食的英文名称。三是课外活动。阅读教学课堂的结束不代表阅读学习的结束。在课外,教师还可以以《红楼梦》《西游记》《三国演义》《水浒传》等英译版的中国经典名著为载体,组织学生开展读书竞赛、话剧表演和文艺会演等活动。

(四)中华文化融入大学英语阅读教学的原则

结合中华文化和大学英语教学的双重属性,中华文化融入大学英语阅读教学应该遵循难易适中、形式多样、语言和文化相结合的原则。

(1)难易适中的原则。由于学生的英语阅读能力受到词汇、句法和语篇结构等综合因素的影响,因此,在阅读教学中融入中华文化应该考虑到学生的实际文化水平和具体专业,在融入的内容上尽可能与学生已经具有一定基础的中华文化元素建立联系,在融入的形式上尽可能考虑到学生的实际能力。如果不考虑学生的实际情况,融入的内容和形式过难,会干扰学生的阅读成就感,影响学生的阅读兴趣。

(2)形式多样的原则。阅读教学是融入中华文化最简单、最直接的途径。因此,教师在阅读教学中可以对相关活动进行精心设计,以丰富多彩的文化活动形式吸引学生,激发学生的学习兴趣,增强学生的获得感,从而促使学生能够持续不断且积极主动地在英语阅读中积累中华文化、理解中华文化、认同中华文化。

(3)语言和文化相结合的原则。大学英语阅读教学中融入中华文化也必须遵循英语语言和中华文化相结合的原则,即中华文化的融入不能喧宾夺主,不能撇开英语语言教学将英语阅读教学完全变成中华文化教学。

五、中华文化融入大学英语写作教学

斯温(Swain)认为,包括写在内的语言产出性运用有助于学习者检验目的语句法结构和词语的使用,促进语言运用的自动化,有效达到语言习得的目的。然而,对于中国学生来说,英语写作受到各种认知因素和社会因素的影响,还会涉及跨社会、跨文化因素的制约,所以其过程是动态变化且迂回复杂的。既有研究表明,英语写作能力不仅受到英语口语能力和英语词汇水平的影响,而且受到汉语写作能力的直接影响以及英语阅读能力的间接影响。因此,英语写作一直是我国英语教学中比较薄弱的环节。

(一)中华文化融入大学英语写作教学存在的问题

中华文化在大学英语写作教学中的融入面临着教师对写作训练重视不够、写作教学方法单一、学生学习英语写作的应试倾向明显等问题。

(1)教师重视不够。大学英语课程往往并不会开设专门的写作课,日常教学中专门留给写作的时间也并不是很多。很多教师会选择将写作作为阅读课程的课后任务布置给学生,然后针对学生的写作情况给出一些反馈意见,导致学生在写作学习中投入的时间不多,也得不到及时有效的指导,写作能力得不到持之以恒的锻炼,写作学习有效性较低。

(2)教学方法单一。传统的大学英语写作教学往往聚焦于词汇、语法、篇章方面的教学,教师忽略了把语言当作一个整体来教学,对英汉语言表达的对比不足,很少分析中西方思维差异,也很少补充与中华文化相关的写作词汇和写作素材,导致学生将大量的精力用于背诵单词和句型、学习英语语法、模仿写作模板。这种写作学习模式导致学生一方面很难将词汇、语法转换成英语文章予以输出,另一方面也缺乏中华文化的表达意识和表达能力。

(3)应试倾向明显。由于很多中国学生在实际的英语交际中对于写作的需要较少,再加上英语写作能力较难掌握,因此大量学生在英语写作学习中带有明显的应试思维,即写作学习主要是为了通过期末考试或者大学英语四六级考试。学生为了通过考试,在写作学习中主要注重积累写作的话题,背诵一些写作的句型和模板,在考试的过程中也仅仅是机械地套用写作模板,却没有学会如何真正谋篇布局,导致最终呈现出来的文章机械生硬,甚至漏洞百出,更别提能够有意识地融入中华文化元素了。

(二)中华文化元素对大学英语写作教学的影响

中华文化对大学英语写作教学的影响既有正面的,也有负面的。一方面,中华文化元素在使用得当的情况下可以有效促进大学英语写作教学的开展。另一方面,由于英语与汉语各自隶属不同语系[前者属印欧语系（Indo-European Language），后者属汉藏语系（Sino-Tibetan Language）〕，因此，英汉两种语言在词汇、句法、篇章结构和思维表达等方面存在明显差异。这些差异从某些层面上来说会对中国学生的英语写作教学产生负面影响。

(1)中华文化元素对大学英语写作教学的正面影响。

首先，中华文化元素丰富了大学英语写作的词汇。带有浓厚的中华文化色彩的中国英语词汇已经成为英语的一个变体，可以以合适的方式用于大学英语写作中，帮助中国学生传播中华文化。

其次，中华文化元素丰富了大学英语写作的主题。中华文化中的很多价值理念，诸如自强不息、诚实守信、和而不同、绿色发展等，都可以引入大学英语写作，成为写作的主题，引发中国学生对于中华文化的思考和理解。

最后，中华文化元素丰富了大学英语写作的素材。从古至今，中华文化孕育了无数学者、文人、哲学家、科学家，既有成功的经验，也有失败的教训，这些丰富多彩的中华故事也同样可以写进英语写作，成为大学英语写作的素材，增强学生的文化认同和文化自信。

(2)中华文化元素对大学英语写作教学的负面影响。

首先是汉语对大学英语写作词汇和句法的影响。

很多中国学生在英语写作的过程中，不可避免地会受到汉语的词汇、语法和修辞技巧的影响。这些影响总结起来，主要体现在以下8个方面：

第一，忽略连接词的使用。英语重形合（hypotaxis），所以英语句子多是从属关系，用连接词表达出来；而汉语重意合（parataxis），句子结构松散，多以意思连接。比较以下两段话：

①Those who are in favor of the usage of AI in academic writings advocate that it is convenient for researches to search for academic information and materials through AI, which will save lots of time for scholars.（那些支持在学术写作中使用AI的人认为，AI方便研究人员搜索学术信息和资料，能够为学者节省大量时间。）

②Some people are in favor of the usage of AI in academic writings. They advocate that it is convenient for researches to search for academic information and materials through AI. This will save lots of time for scholars. (一些人支持在学术写作中使用 AI。他们主张,通过 AI 搜索学术信息和资料对研究人员来说很方便。这将为学者节省大量时间。)

①句更符合英语重形合的表达习惯。

第二,忽略英汉语的静动差别。英语属于静态(static)语言,在句法或词汇上多使用非谓语、非限定动词或动词名词化等。汉语属于动态(dynamic)语言。由于汉语的动词无英语动词的形态变化,因此多采用动词本身。比如,"This is the evidence that he is not the criminal."句中,evidence 一词是"证据"之意,是一个名词,但是却可以结合英汉语的静动差异将该词转换为"证明",将这句话翻译成"这就证明了他不是犯罪者"。

第三,忽略英汉语人称的差异。英语中的主语通常会使用无生命的事物,而汉语则倾向于以人作为句子的主语。比如,在"The past few decades have witnessed the rapid development of China."这句话中,主语是 The past few decades,是一个没有生命的主语。在把这句话翻译成汉语时,可以将其翻译为"中国在过去的几十年里经历了快速的发展"。

第四,忽略英汉语语态的差异。英语多用被动语态(passive voice),而汉语多用主动语态(active voice)。比如下文中①和②的对比:

①It must be noted that the development of AI has brought a lot of opportunities as well as challenges to higher education. (必须指出,AI 的发展为高等教育带来了许多机遇,同时也带来了不少挑战。)

②We must note that the development of AI has brought a lot of opportunities as well as challenges to higher education. (我们必须注意到,AI 的发展为高等教育带来了许多机遇,同时也带来了不少挑战。)

很明显,①②相比之下,①是英语中更常采用的写作表达方式。

第五,忽略英汉语句型的差异。英语多用"多枝共干"式的复合长句,而汉语多用简单短句。对比以下两段文字:

①The idea that information technology has greatly profited the life of citizens is now being questioned by more and more experts, who point out that the rise of a variety of online crimes can also be traced back to the access of information technology. ("信息技术极大地改善了公民生活"这一观点现在正受到越来越多专家的质疑。他们指出,各种网络犯罪的兴起同样可以追溯到信息技术的普及。)

② Information technology has greatly profited the life of citizens. The idea is now being questioned by more and more experts. They point out that the rise of a variety of online crimes can also be traced back to the access of information technology. (信息技术极大地改善了公民生活。然而,这一观点现在正受到越来越多专家的质疑。他们指出,各种网络犯罪的兴起同样可以追溯到信息技术的普及。)

①是非常典型的英语复合句。相对于①来说,②的表达方式更符合汉语的特点,但是将这种表达方式用在英语段落写作中就会显得松散随意,句子与句子之间的逻辑性和关联度不够强。

第六,忽略英汉修饰语位置的差异。英语修饰语既可以置于被修饰成分之前,也可以置于被修饰成分之后,而汉语修饰语位置总是处于被修饰成分之前。比如,"It is not a good idea to argue with a person who is prejudiced."这句话中 who is prejudiced 就是 a person 的修饰成分,在英语中可以放在 a person 的后面作为后置定语,但是这句话翻译成汉语时应该把这个修饰成分提到被修饰成分的前面来,翻译成"和心怀偏见的人争执,不是个好主意"。

第七,忽视英汉语时态的差异。英语是一种时态非常丰富的语言,每一种时态都有严格的使用规则和词形变化;而汉语的时态感却不是十分强烈,比如在汉语动词结构中往往只用像"着""了""过"这样的虚词来对应英语中的进行时、完成时和过去时。比如,"They were building a bridge last winter."使用了过去进行时,就可以翻译成"去年冬天,他们正建着一座桥";"They built a bridge last winter."使用了过去时,则可以翻译为"去年冬天,他们建了一座桥"。

第八,忽视英汉语形态的差异。英语是一种更为形式化的语言,在语法上,名词有性、数或格的形态;在构词上,形容词有-able、-tive、im-等词缀。而汉语中却很少或者几乎没有太多形态上的变化。比如,"He argued that rights of unwed motherhood, not joblessness, was the key problem.",unwed motherhood指的其实是未婚母亲这个群体,所以这句话可以翻译为"他辩称:未婚母亲的权益才是问题症结所在,而并非失业"。

其次是汉语思维对大学英语语篇结构的影响。

罗伯特·B.卡普兰(Robert B. Kaplan)认为,英语语段一般呈线性,而典型的汉语语篇结构为"螺旋型"[①]。具体说来,英语本族语者的思维模式是直线型的,写作时习惯开门见山,把话题放在最前面,先表达中心意思(主题句),再由此展开,或层层推演,或逐项分列,后面的意思都由前面的语句自然引出。中国人的思维方式以直觉、具体为特征,思维活动大多是螺旋式地绕圈向前发展,在语言表达上表现为:先叙述事情的背景,或罗列客观上的条件,或说明问题的原因,或摆出事实的证据,最后再得出结论,说明自己的观点或看法,是一种围绕主题绕圈子"迂回式"的思维方式。具体差别可见下面两个例子:

①Last week, my brother sent me a computer as a birthday gift. I feel very happy. As a college student, I really need a computer in my study. I can use my computer to do homework, to watch movies and to practice my English listening. From this, we can see that computer is really important for me. Without a computer, my life could become very inconvenient.(上周,我哥哥送给我一台电脑作为生日礼物。我感到非常开心。作为一名大学生,我在学习中确实需要一台电脑。我可以用电脑做作业、看电影、练习英语听力。由此可见,电脑对我来说真的很重要。如果没有电脑,我的生活可能会变得很不方便。)

---

① Robert B. Kaplan, "Cultural Thought Patterns in Inter-cultural Education," *Language Learning*, 16, no.1-2(1996):1-20.

②Computers are important for students in many ways. First and foremost, computers can help students in searching for information and browsing the Internet. Furthermore, computers are also used by students in learning a foreign language and writing all kinds of research papers. In addition to that, computers also play a significant role in helping students communicate with their friends and teachers. You will find that it is necessary for students to buy and use a computer in their life and study. (电脑在多个方面对学生来说都非常重要。首先,电脑可以帮助学生搜索信息、浏览互联网。此外,电脑也可用来帮助学生学习外语、撰写各种研究论文。除此之外,电脑在帮助学生与朋友和老师进行交流方面也发挥着重要作用。你会发现,学生在生活和学习中购买和使用电脑是必不可少的。)

这两段话都在力图表达电脑对于人们的重要性。第一段虽然没有什么语法错误,但是按照汉语的"螺旋式"思维来行文,一直在绕圈子,会让段落显得文不对题。第二段按照英语的"直线式"思维来行文。首句开门见山提出全段的中心思想,然后紧紧围绕主题,层层深入展开。段落结构布局合理,句子之间的关系清晰明了,让人感觉语言流畅,主题突出,意义明确。

(三)中华文化融入大学英语写作教学的方法

除常规的写作技巧讲解、结构分析和写作实践之外,大学英语写作教学还可以采用中华文化阅读和写作结合法、中外语言文化对比教学法、中华文化写作语篇分析法和网络学习法等。

(1)读写结合法。写作是英语学习中一种非常重要的输出方式。根据二语习得的"输入-输出"假说,写作的有效输出离不开大量的阅读输入,阅读能力强的学生更有能力从阅读中获得表达词汇。因为学生英语写作学习时间有限,加上学生开展写作自主学习的难度较大,所以教师可以有意识地指导学生开展广泛的英语阅读,尤其是对于一些蕴含着中华文化元素的英语文本的阅读,既可以帮助学生积累英语表达词汇、学习英语表达句法,又可以习得中华文化英语表达,有效提升学生对于中华文化的英语表达意识和英语表达能力,为学生将中华文化融入英语写作打下坚实基础。

(2)对比教学法。在大学英语写作教学中,教师可以充分挖掘典型的富有英语特色的句式,帮助学生领悟句子背后所蕴含的语言差异,从而在写作中合理利用英语语言。在批阅学生的习作时,教师还可以及时指出学生习作中出现的不符合英语表达的语句,并注明地道的英语表达方式,方便学生结合写作实践对英汉两种表达进行对比。教师还可以有意识地加强对于中西方思维模式的对比分析,使学生意识到英汉两种语言的差异以及英汉两种思维对语言的不同影响,培养学生用西方人能够接受的英语思维模式表达中华文化的意识和能力,增强中华文化的传播效果。

(3)语篇分析法。教师可以组织学生通过赏析范文、撰写概要、改写课文等方式,有目的地引导学生了解英语语篇结构模式,积累合适的英语表达,使学生了解英语语篇在表意、信息传递上的特点,培养学生的逻辑推理能力、分析概括能力及创造能力,帮助学生用西方人能够看得懂的语篇结构写作蕴含中华文化元素的文章。

(4)网络学习法。在网络的帮助下,教师可以指导学生扩展英语写作学习的广度和深度。首先,教师可以指导学生通过网络大量阅读蕴含中华文化的英语文章,扩充英语词汇量和表达方式。其次,教师可以指导学生在平时的网络阅读中大量积累中华文化英语关键词和中华文化英语故事,以便在适当的时机融入英语习作,增强英语作文内容的丰富性和深刻性。再次,教师可以利用网络平台增加与学生的互动交流,及时将优质的中华文化英语表达分享给学生,加强对于学生习作的及时指导。最后,教师还可以将 AI 工具引入写作教学,引导学生利用 AI 工具探索中华文化知识及其英语表达。

(四)中华文化融入大学英语写作教学的原则

英语写作要遵循一定的科学原则,主要包括循序渐进的原则、学练结合的原则和重视评估的原则。

(1)循序渐进的原则。英语写作本身就要遵循循序渐进的原则,从词汇扩展到句子,再扩展到段落和语篇。中华文化融入大学英语写作更要遵循这一原则,在写作教学时,一开始可以先从比较简单的名词性词汇入手,帮助学生夯实英语写作的词汇基础,积累相关的主题词,再过渡到简单句和复杂句,最后可以结合讲好中国故事的叙事技巧融入与中华文化相关的故事。与此同时,在整个写作教学的过程中,还要充分考虑中国学生的语言基础和思维基础,结合学生实际对词汇表达、句法修辞和语篇结构进行循序渐进的引导和训练,避免学生受到中式思维的影响在词汇、句法和语篇结构中出现"中式英语"的表达。

(2)学练结合的原则。写作作为一种输出性学习,非常需要反复的实践、反思、修改和提升。因此,对于中华文化词汇、句子和语篇的学习和输入只是一个方面,更重要的是引导学生在写作实践中将中华文化元素融入写作文本,在反复的写作练习中探索融入中华文化更好的方法。

(3)重视评估的原则。在写作教学中要特别重视对于学生习作的评估。一方面,对于学生习作中出现的明显问题,教师要及时指出,并提供更好的写作范例,供学生赏析学习;另一方面,对于将中华文化元素融入写作文本的内容和方法,教师还要引导学生开展多元化的评价方式,如师生共评、过程性评价、形成性评价等,帮助学生通过评价不断改进自己的习作。

六、中华文化融入大学英语翻译教学

古今中外的专家和学者均对"翻译"给出了自己的定义和理解。东汉许慎在《说文解字》中提到"传译四夷之言者"①。《现代汉语词典》将"翻译"解释为"把一种语言文字的意义用另一种语言文字表达出来(也指方言和民族共同语、方言与方言、古代语与现代语之间一种用另一种表达);

---

① 许慎:《说文解字》,徐铉等校,上海古籍出版社,2007,第121页。

把代表语言文字的符号或数码用语言文字表达出来;做翻译工作的人"①。卡特福德(Catford)认为,翻译是使用一种语言的等值文本材料去替换另一种语言的文本材料。奈达(Nida)和泰伯(Taber)提出,翻译首先从语义上,其次从文体上,用贴近自然的对等语在接受语中再现源语信息。我国学者张培基等给翻译下的定义是"运用一种语言把另一种语言所表达的思维内容准确而完整地重新表达出来的语言活动"②。王克非认为,"翻译是译者将一种语言文字所蕴含的意思用另一种语言文字表述出来的文化活动"③。杨大亮、张志强认为,"翻译是译者设法将一种语言所传递的信息用另一种语言表达出来的跨文化交际行为"④。雅各布森(Jakobson)将翻译活动分为语内翻译、语际翻译和符际翻译。

总的来说,翻译是一种再创造的过程,是在理解原文的基础上创造性地运用另一种语言再现原文的过程,其中包括理解和表达两个环节。结合翻译的定义,可以将翻译能力界定为能胜任翻译工作的能力。作为大学英语教学的重要组成部分,翻译教学则是提升学生的翻译能力的重要手段。大学英语翻译教学除了要讲解与翻译技巧和策略相关的翻译理论,更重要的是指导学生掌握翻译技能,尤其是要重视翻译过程中的文化因素。

(一)大学英语翻译教学的问题

近些年来,虽然我国有关翻译以及翻译教学的理论和实践都得到了很大的发展,但是大学英语翻译教学也还存在着翻译教学目标达成度不够、翻译教学方法陈旧单一、学生学习翻译的畏难情绪比较明显等问题。

(1)教学目标达成不足。《大学英语教学指南》(2020版)对大学英语翻译理论和实践教学目标都有非常明确的要求。然而,当前的大学英语

---

① 中国社会科学院语言研究所词典编辑室编《现代汉语词典》第7版,商务印书馆,2016,第358页。
② 张培基、喻云根、李宗杰等编著《英汉翻译教程》,上海外语教育出版社,1980,第Ⅷ页。
③ 王克非:《关于翻译本质的认识》,《外语与外语教学》1997年第4期,第47页。
④ 杨大亮、张志强:《翻译本质再认识》,《上海科技翻译》2001年第3期,第7页。

对于翻译教学从理论到实践的重视都不够。首先,从理论上来说,现行的大学英语教材很少对翻译技巧和方法等翻译理论做出系统的介绍,很多翻译理论和技巧仅仅依靠教师结合相关的翻译练习零散地介绍给学生。其次,从实践上来说,很多学生在大学英语学习中的翻译练习材料要么来源于课文、课后习题,要么来源于教师补充素材。这些材料基本上都是与单元主题相关的英译汉或者汉译英的句子或者语篇翻译,题材大多局限于人文、历史、旅游、教育、科技等。这就造成学生对于商务贸易、外交文件、医药卫生等更为广泛的题材的翻译积累和练习不够,使得翻译教学实际并不能很好地达成教学目标的要求。

(2)教学方法陈旧单一。由于教学时数的限制,大学英语中的翻译教学长期处于边缘地带。有些教师会错误地把大学英语的翻译教学法等同于翻译教学,忽视对于翻译理论的系统讲解或者对于翻译文本的解读打磨。还有一些教师在大学英语翻译教学时依然采用传统的技法讲解和单句分析等方法,重视语言分析,轻视文化解析,导致学生重视词汇和句型积累,而忽视翻译文本的文化内涵,忽视对于翻译语篇的赏析和实践练习。

(3)学生畏难情绪明显。翻译能力既涉及翻译策略和技巧的应用,还涉及学生对翻译文本的理解和表达,对于学生的词汇、语法、句法等英语语言使用能力和文化理解及表达能力要求较高。有些学生英语语言能力基础较为薄弱,有些学生汉语表达能力不行,还有些学生由于理解和表达的困难导致英汉双语的转换能力有问题。与此同时,由于知识面比较狭窄,很多学生缺少翻译要求的文化知识和素养,对于中西文化的差异认识不足,只能完成词句的翻译,却难以胜任涉及历史、文化、宗教等富含文化内容的语篇的翻译,导致学生对于翻译的畏难情绪明显。

(二)中华文化元素对大学英语翻译教学的影响

(1)中华文化元素对大学英语词汇翻译教学的影响。

由于地理环境、风俗习惯、政治历史和思维等方面的影响,英汉语词汇在词义对应、词性变化、词汇搭配和词汇顺序上都有很大的差异。

首先是词义对应的差异。英汉语中确实存在很多词汇的词义完全对应的情况。但是这种词汇相对较少，更多的是词义部分对应或者词义空缺的情况。例如，汉语中说"力大如牛"，英语中却说 as strong as a horse；汉语中说"一贫如洗"，英语中却说 as poor as a church mouse；汉语中说"胆小如鼠"，英语中却说 as timid as a hare。英语中的 aunt 并不只对应汉语的"阿姨"，还可以指代"舅妈""婶婶""姨妈""姑妈"等。这些都是英汉语中词义不对等的情况。英汉语文化的差异除带来词义不对等之外，还造成了很多词义空缺的情况。如麻将、旗袍、饺子、粽子、刮痧、改革开放、一国两制、人类命运共同体、总体国家安全观等很多富含中华文化色彩的词汇，在英语中都不能找到完全对应的词汇，只能通过音译、意译、译注、混合翻译等方法翻译出来。

其次是词性变化的差异。从形态上而言，英语词汇有现在式、过去式、单数、复数等各种变化，但是汉语中却比较少见；英语中除使用汉语中常见的动词、名词、形容词、副词等实词之外，还会使用各种各样的介词，这是汉语中几乎没有的情况。所以在翻译教学中，教师要指导学生灵活地进行英汉语词性的转换。比如"The thought of future fills me with boundless energy and strength."（一想到将来，我感到浑身有用不完的力气），如果不考虑英汉语词性的转换，把这个话翻译成"未来的想法让我感到浑身有用不完的力气"，译文就会产生歧义，也并不是原文所要表达的意思。

再次是词汇搭配的差异。词汇搭配指的是词与词之间的横向组合关系，即词的同现关系。英汉语中词的外延性、引申义和语义韵的差别，导致英汉语词汇搭配具有很大的不同。例如，汉语中通常会用"副"表示"第二位的，辅助的，附带的"等意思，可以组成副总统、副教授、副食品、副作用等词。但是，在英语中，这些不同的意思却相应地需要用 vice、deputy、side，或词缀 sub- 来表示，组成 vice president、associate professor、non-staple food、side effects 等词。

最后是词汇顺序的差异。汉语和英语句子成分中做主语、谓语、宾语和表语的词汇在绝大部分时候位置是一致的，但是表示定语和状语的词汇位置差异却比较大。在汉语中，定语和状语一般放在所修饰词的前面。但是在英语中，定语和状语既可以前置，也可以后置。

(2)中华文化元素对大学英语句子翻译教学的影响。

英语和汉语在句子的结构上有很大的差异,主要表现为以下 4 个方面:

第一,形合和意合。英语中多用形合(hypotaxis)的方式组合句子,以主谓结构为主干,以谓语动词为中心,并通过大量的关系词、连词、介词把句子的各个成分分层搭架而成,从而呈现出由中心向外扩展的空间形式。汉语属意合(parataxis)语言,即不借助语言形式手段而靠句子的意思和内在逻辑关系来实现句子的连接,更注重语义,通常是以时间顺序组织句子,层层递进。例如:在对"His analysis should therefore end any self-contentedness among those who may believe that the global position of English is so stable that the young generation of the United Kingdom do not need additional language capabilities."这个句子进行翻译时,就不能按照英语词汇出现的先后顺序来组织语言,而是要借助对于句子的结构和框架分析,在厘清各部分语义及逻辑关系的基础上,将其翻译为"因此,对于那些认为英语的国际地位无懈可击,甚至觉得他们的年轻后辈们不需要学习其他语言的人而言,他的分析可能会给他们的骄傲自大画上一个句号"。

第二,重心位置。英语表达直截了当,突出重点,注重逻辑与高效;而中国人委婉、谦逊,善于铺成。表现在语言上则是英语句子的重心在前,习惯直接抛出主题,然后再补充定语、状语、补语;而汉语通常是将定语、状语、补语放于句子前,重点放在后。

第三,被动与主动。西方人常把观察或叙述的视点放在动作的结果或承受者上,因此在英语中存在大量的被动语态,用物称代替人称,以强调客观性。而中国人在语言上多采用主动语态、人称表达法、无主句、主语省略及无形式标记的被动句。例如"It is said that …"(据说……)、"It is believed that …"(大家相信……)、"It is expected that …"(人们希望……)、"It cannot be denied that …"(不可否认……)等。

第四,省略、替代与补充、重复。英语行文简洁,在句子中为避免重复,常出现省略或替代的形式。在翻译教学中,教师就需要提醒学生对省略部分进行补充。例如,在翻译"Anything from cosmic rays to radiation to diet may activate a dormant oncogene, but how remains unknown."（从宇宙射线到辐射,再到饮食,任何因素都可能激活一个休眠的癌基因,但如何激活的,仍然未知）的句意时,需要结合上下文找到句子中缺失的成分。根据上下文语境可以得知,其中的 how 一词的完整意思应该是 how these things activate a dormant oncogene,那么在翻译时,就应该按照该词表示的完整意思将其翻译为"如何激活的"。

(3)中华文化元素对大学英语修辞翻译教学的影响。

英语和汉语中的修辞手法大都相同,但是有几种英语中使用的修辞手法在汉语中不用或者少用。一方面,对于用法相同的修辞手法,由于英汉文化的影响,翻译时也不能照抄照搬源语言的用法。比如,as stubborn as a mule 与其按照原文翻译成"顽固得像一头骡子",就不如翻译成"犟得像头牛"那么符合汉语的用法。另一方面,英语中有一些修辞手法,如倒装法（inversion）、矛盾修辞法（oxymoron）、头韵法（alliteration）等,在汉语中并没有对应的修辞手法,在翻译时就需要通过意译法来转换。比如,《西风颂》中的诗句 wild west wind 就使用了头韵法,但翻译成汉语时却无法将这种修辞手法翻译出来,只能按照意思翻译为"狂野的西风"。

(三)大学英语文化翻译教学的方法

大学英语文化翻译教学是学生学习翻译的启蒙阶段。所以,在涉及中华文化的翻译教学时需要采用科学高效的方法引导学生的翻译学习,促进学生对于翻译的兴趣和进一步发展。

(1)对比法。考虑到英汉两种文化在思维方式、心理状态、价值理念、自然观念、地理环境和传统习俗等方面都存在各种各样的差异,对比法是大学英语翻译教学中采取的最基本的方法。这种方法主要包括3个层面的对比:一是原文和译文的对比。由于"意义寓于语篇之中,语篇调节并确定词义,脱离了语篇的词语意义是靠不住的,也没有生命"[①],所以在翻译教学中对于两种语言对比不应仅包括对于两种语言的用词、句法、修辞

---

① 贺爱军:《语篇·对比·多元——翻译教学方法论思考》,《上海翻译》2011年第3期,第62页。

的对比,更重要的是对于原文和译文语篇的对比。虽然翻译的单位是句子,但是相对于句子翻译来说,语篇对比的好处是能够让学生树立一种动态的意义观,培养学生灵活的语言分析、运用能力。二是英语文化和汉语文化的对比。考虑到大学生英语的实际水平,教师在大学英语翻译课堂上更多的是要引导学生结合翻译文本分析英语和汉语两种文化的异同。三是对不同译文的对比。通过给同一篇原文提供不同的译本,引导学生对比分析其中的差别和优劣,有助于提高学生对于原文的理解能力和对于目的语的表达能力,能够进一步开阔学生的视野。

(2)任务法。在大学英语翻译教学中,教师可以结合单元主题给学生布置相应主题的翻译任务,以翻译任务为主线,以翻译理论为指导,以学生为中心,根据学生的实际水平,创设真实的或类似于真实的任务活动。学生通过完成翻译任务,提高翻译能力、文化理解力和表达力。科比(Koby)和贝尔(Baer)提出,任务教学法的作用在于培养学生的交际能力,提高学生的学习动机水平,帮助学生建立自信心,提高二语能力和文化理解能力,协调教师和学生之间的交际偏好。在大学英语文化翻译教学中,任务教学法可分为5个阶段和3个环节。这5个阶段包括:就某一特定类型的文化翻译任务给学生发放翻译标准、评价范畴、错误分析;分别以优秀和不成功的译文为例进行翻译批评,使学生在这一过程中内化翻译要求,规避翻译错误;布置真实的翻译任务,让学生合作翻译,并构建专题语料库;让用户评价;根据用户反馈组织讨论、总结,再让学生撰写翻译心得或论文,将翻译理念和技巧融会贯通。教师在使用任务教学法时要注意3个环节:任务前要确定任务的难度,突出翻译技能要点,搭配学生组合,给任务制定小步骤;任务中要对任务小步骤的执行进行监控,给学生提供支架式的帮助,控制速度;任务后要对任务的完成情况组织评价,将翻译技能上升到理论层面进行反思,巩固正确的翻译理念或方法。任务教学法可以很好地跟大学英语的单元主题结合,同时也比较符合大学英语学生的实际水平和认知特点。

(3)实践法。在大学英语翻译教学的过程中,大学英语教师可以鼓励学生通过扩大课外阅读量、参加文化活动等方式提升自身的文化素养、丰富文化积淀,为开展文化翻译打下基础;可以指导学生通过诗歌翻译、视频字幕翻译、游戏翻译等方式开展翻译自主学习;可以引导学生组建翻译兴趣小组、成立翻译社团,有计划地组织小组和社团活动,促进成员的翻译学习兴趣;还可以鼓励学生参加不同等级和类型的翻译大赛,让学生在准备比赛的过程中加强翻译学习,提升翻译能力。

(四)大学英语文化翻译教学的原则

束定芳、庄智象提出外语教学应该遵循5个原则:交际原则,系统原则,认知原则,文化原则,情感原则。陈淑萍认为以培养学生的翻译能力为主要目的的翻译教学也应该遵循上述5个原则。融入了文化元素、充分考虑中外文化差异的大学英语文化翻译教学在遵循这些原则的基础上还应该特别遵循以下原则。

(1)文化对比的原则。考虑到大学非英语专业的学生相对于英语专业的学生来说,跨文化意识和能力相对薄弱,所以在大学英语文化翻译教学中要尤其强调中西方文化的对比分析,从词汇、句法、语篇和修辞等多个层面培养学生的文化意识,采用多种方法培养学生的文化对比能力,为学生未来的文化翻译打下坚实的文化知识和能力基础。

(2)实践为主的原则。大学英语教学的课时量毕竟有限,分给翻译教学的时间也不可能太多。那么教师在大学英语的文化翻译教学中就需要在理论和实践中有所侧重。教师可以充分利用现代信息技术,将策略、技巧、方法等翻译理论的系统讲授录制成微课供学生课前线上学习,线下课程则以翻译实践的练习、分析、讨论和评估为主。

(3)形式多样的原则。大学英语文化翻译教学无论从主题还是方法上都要讲求形式多样的原则。从主题上来说,无论是从大学英语四六级考试的角度来看还是从学生未来继续学习的角度来看,都要尽量涵盖多样的中华文化主题。在内容上既要包括反映中国的知识体系、价值观念、思想信仰、行为规范、风俗习惯等方面的中华优秀传统文化和反映当代政治、经济、科技、社会、文化、生活、习俗的现代文化,也要包括反映中国人民的革命实践、革命事迹和革命精神的革命文化。从教学的方法上来说,教师也要在传统的讲授法的基础上结合文本特征和学生实际探索出更多的教学方法,如过程法、讨论法、评估法等。

提升学生的文化素养是高等教育的重要使命。语言和文化关系密切,关于语言的教学不可能不涉及文化。对于中国的大学英语教学而言,文化教学不仅包括对于英语国家文化的教学,同样不能忽视的是将中华文化融入英语教学的全过程。通过在大学英语教学的各个部分融入中华文化,帮助学生理解中西文化差异,不仅能够有效提升学生英语听、说、读、写、译综合应用能力,而且能够增强学生的中华文化自觉和中华文化自信,引导学生主动提升中华文化英语的理解力和表达力,克服"中国文化失语症",为讲好中国故事、传播中华文化打下坚实的语言和文化基础。

第四章　大学英语教材中的中华文化呈现

教材是课程的基本载体,是教师开展课程教学的重要内容,也是学生进行系统学习的基本工具,更是立德树人和课程思政的重要依托。最重要的是,教材是国家事权,要体现国家意志。教育部2019年出台的《普通高等学校教材管理办法》明确提出:"高校教材必须体现党和国家意志。坚持马克思主义指导地位,体现马克思主义中国化要求,体现中国和中华民族风格,体现党和国家对教育的基本要求,体现国家和民族基本价值观,体现人类文化知识积累和创新成果。全面贯彻党的教育方针,落实立德树人根本任务,扎根中国大地,站稳中国立场,充分体现社会主义核心价值观,加强爱国主义、集体主义、社会主义教育,引导学生坚定道路自信、理论自信、制度自信、文化自信,成为担当中华民族复兴大任的时代新人。"党的二十大报告在部署实施科教兴国战略、强化现代化建设人才支撑时,也明确提出要"加强教材建设和管理"。这是新中国成立以来,有关教材的议题首次出现在党代会报告中。由此可见,教材的重要性已经"从课程论范畴提升到为党育人、为国育才的意识形态安全高度"[①]。

第一节　大学英语教材发展历程

新中国成立以来,我国大学英语教材共经历了多个阶段的大型发展期,主要包括从1949年到1966年的第一个阶段、从1978年到20世纪80年代中期的第二个阶段、从20世纪80年代中期到90年代中期的第三个

---

① 文秋芳:《构建大学外语教材编写理论体系》,《外国语》2023年第6期,第3页。

阶段、从 20 世纪 90 年代中期到 21 世纪初的第四个阶段和从 21 世纪初到 21 世纪 20 年代的第五个阶段。进入 21 世纪 20 年代,我国外语教材的编写也进入了新的阶段。每一个阶段的教材变化都与当时的教育政策有着密切的关系。

第一阶段为 1949 年到 1966 年。英语逐渐取代俄语成为第一外语,并形成了第一代大学英语教材。1959 年,教育部下发《关于高等学校外语课程设置问题的意见》,规定高校的第一外语可以是俄语或者是英语,要求重新制定新大纲,编写新教材。1962 年 6 月才由教育部颁布新中国成立后首个大学英语教学大纲(试行草案)。1964 年颁布的《外语教育七年规划纲要》,明确规定高校外语课以英语为第一语种,提出必须辩证地认识和掌握外语教材的选材标准,扩大选材范围,处理古与今的关系:应厚今薄古,同时重视历史遗产和健康进步的古典文学作品,古为今用。在这一思想的指导下,大学英语教育专家们开始了对大学英语教材的选编。其中比较有代表性的教材有 1961 年版的文科教材《英语》和高等学校理科教材《英语》。前者由复旦大学董亚芬主编,后者由华东师范大学周芳、黄次栋主编。两套教材均由上海外语教育出版社出版。第一阶段的外语教材以语法为纲,以课文分析为主,着重培养学生的阅读能力。1966—1976 年,我国经历了长达十年的"文革",外语教育基本停滞甚至倒退。这一时期唯一集中编写的教材是 1973 年上海市公共英语教材组编写的上海市大学英语教材《英语》,其中绝大部分内容都是政治性比较强的文章。

第二阶段为 1978 年到 20 世纪 80 年代中期。面对"文革"留下的高等教育历史问题以及改革开放时期对于外语人才的迫切需求间的矛盾,我国加快了外语教育的建设,提出培养复合型外语人才的需求。1978 年 4 月,全国教育工作会议召开。同年,教育部召开全国外语教育座谈会,讨论内容涉及外语教材编写等相关问题。1979 年 3 月教育部发布《加强外语教育的几点意见》,提到要通过组织统编或者委托有关院校主编的方式编选出版一批外语教材。也是在这一年,教育部批准了当时的北京外国语学院和上海外国语学院分别成立外语教学与研究出版社和上海外语教育出版社,并于1980年设立了两个外语教材办公室,即上海外国语学院和北京外国语学院。1980年6月教育部颁发《英语教学大纲(草案)》,随后制订了教材编写计划,数套针对初学者或者有一定起点的学习者的工科、理科和文科公共英语教材先后在国内出版。1982年4月,教育部组织召开高等学校公共英语课教学经验交流会,讨论大学英语的教学大纲修订、教材建设等问题。之后,随着英语成绩全额计入高考总分,英语教育的受重视程度越来越高,公共英语教学也很快有了更多的突破。外语教材建设也开始得到显著发展。然而,这一时期的教材基本上还是遵循了传统模式,重视课文和语法,但在教学形式上有所突破。

第三阶段为20世纪80年代中期到90年代中期。1985年,大学外语教材编审委员会成立,取代原有的理工科公共外语教材编审委员会,成为全国各类专业的大学英语教学的统一组织。1991年,高等学校大学外语教材编审委员会改建成高等学校大学外语教学指导委员会。1986年高等学校文理科本科教学用《大学英语教学大纲》作为新中国成立之后的第一部完整的大纲正式推广使用。同年,根据大纲编写的新一代全国性大学英语教材陆续问世。其中,上海外语教育出版社在1986年出版的《大学英语》、高等教育出版社在1987年出版的《大学核心英语》和清华大学出版社在1987年出版的《新英语教程》等教材在内容上紧密结合实际生活,各类话题呈现出百花齐放的趋势。这一时期的教材根据分级教学的要求分为不同的级别,根据语言能力提升的需求分为精读、泛读、快速阅读、听力、语法与练习等5类教材。教材编写过程中讲求打通文理、体裁多样,注重趣味性、知识性和可思性,语言基础和交际能力并重,突出阅读技能培养,博采众长而不是片面求"新"。①

第四阶段为20世纪90年代中期到21世纪初。新一代外语教材在此期间纷纷涌现。1996年,高等学校大学外语教学指导委员会组建了

---

① 陈坚林:《大学英语教材的现状与改革——第五代教材研发构想》,《外语教学与研究》2007年第5期,第374—375页。

《面向21世纪的大学英语课程教学内容与课程体系改革研究与实践》项目组,并提出《大学英语课程改革和教学大纲的框架设想》。1999年9月,第四个大学英语教学大纲推出。2000年1月,《大学英语教学大纲词汇表》正式推出。在新大纲的指导下,《全新版大学英语》(2001年)、《大学体验英语》(2002年)和《新视野大学英语》(2002年)等一批新一代的大学英语教材纷纷涌现。新一代的大学英语教材在编写理念和理论上出现了创新,在形式上开始逐步从传统的纸质教材向信息化的立体教材转变,在内容上整体更新且丰富多样,实用性强。

第五阶段为21世纪初到21世纪20年代。进入21世纪后,培养复合型外语人才这一格局基本确立,大学也针对此培养目标开设相关专业以及课程。该阶段的大学英语教材开始融听、说、读、写、译的英语综合应用能力为一体,在编写理念上兼容并蓄,在内容组织上将输入与输出相结合,在形式上形成成熟的立体化教材体系。这一时期的教材,除在第四阶段的基础上进行了内容更新和形式上的创新之外,还新增了大量的大学专门用途英语教材和大学文化英语教材。比较有代表性的有外语教学与研究出版社出版的《中国文化概况》(廖华英主编)、上海外语教育出版社出版的《中国文化英语教程》(束定芳总主编)、高等教育出版社出版的《中国特色文化英语教程》(顾卫星、叶建敏主编)等。

进入21世纪20年代,我国外语教材的编写又进入了新的阶段。《大学英语教学指南》(2020版)指出,"在教材建设上要自觉坚定文化自信,坚持中华文化的主体性,坚守中国文化的话语权……在教材内容选择上应自觉融入社会主义核心价值观和中华优秀传统文化,引导学生树立正确的世界观、人生观和价值观"。依据该指南要求,新时代的英语教材承载着引导学生立足中国立场、讲好中国故事的文化使命。2020年,教育部印发《高等学校课程思政建设指导纲要》,要求"所有高校、所有教师、所有课程都承担好育人责任,守好一段渠、种好责任田,使各类课程与思政课程同向同行,将显性教育和隐性教育相统一,形成协同效应,构建全员全程全方位育人大格局"。在《高等学校课程思政建设指导纲要》的指导之下,紧密结合课程思政要求的大学英语教材纷纷出版。比较有代表性的包括外语教学与研究出版社出版的《新未来大学英语》、上海外语教育出版社出版的《新目标大学英语》、高等教育出版社出版的《新时代明德大学英语》等。这一阶段的大学英语教材不仅在形式上更加立体化和网络化,在内容上也更加贴近时代需求,致力于培养学生讲好中国故事、传播中国文化的能力。

第二节　大学英语教材的评估

　　大学英语教材是语言和文化教学的重要载体,因此对于大学英语教材的评估至关重要。而国内外有关教材评估的理论和实践都已经非常成熟且丰富了。1987年,哈钦森(Hutchinson)和沃特斯(Waters)提出教材评估的对照法,形成"主观需求分析"和"客观对象分析"进行对照的教材分析方法,还列出教材评估一览表,将教材目的、要求和所列出的教材评价清单进行对照和评价。布林(Breen)和坎德林(Candlin)也于1987年提出教材评估指南。该指南在教材评估中以学习者为中心,提出两个阶段的教材评价理论,先针对教材预想的用途提出问题,然后提出课堂活动的设计标准。1993年,麦克多诺(McDonough)和肖(Shaw)创建包含外部评估和内部评估的评估模型,将教材的目录、介绍以及使用者对于教材的反馈等外部信息,与教材的内容安排、选材、实际训练技能等内部信息相结合进行评估。2002年,坎宁斯沃思(Cunningsworth)在《如何选择教材》(Choosing Your Coursebook)一书中列出了教材评估的8项清单,内容涉及教材目标与方法、设计与组织、语言内容、语言技能、主题、教学方法、教师用书和实际使用这8个方面。该评估模式注重教材的整体性,适合对教材进行系统评估。在此基础上,麦格拉思(McGrath)把教材评价分为两个层次,在了解出版日期、价格、目标对象、使用场景等基本信息后对教材进行深入的分析与评价,认为教师需根据实际教学情况进行个性化的评价清单设计。

相对于国外外语教材评估理论的成熟化、全面化和体系化,国内有关外语教材评估的理论则更加聚焦于外语教材的编写与开发、外语教材的分析与评价以及外语教材的使用等方面。周雪林认为,评论一部教材如何,要设计一套全面合理的评估标准,要处理好教材与教学理论、教学大纲、学习者、选材问题,以及练习的设计问题和配套材料问题。庄智象提出教材编写的一些基本理论、指导思想、原则方法,包括教材编写应以教学大纲为依据,以需求分析为基础,以人为本并服务于学习者人格的塑造、素质的培养和智力的开发,以针对性、科学性、完整性、系统性,以及倡导健康、奋发向上的人文精神为导向,服务和促进人的发展,以稳定性、共同性为原则并兼顾特殊性和可选择性。李荫华提出教材编写的两大指导原则:一是外语教材编写肩负立德树人的崇高使命,二是外语教材基于和语言学理论息息相关的外语教学法编写。徐锦芬立足于新时代背景下外语教材建设的内涵,提出外语教材建设应该考虑其思政性、跨学科性和智能化:第一,如何将课程思政元素以隐性方式系统地融入教材,实现立德树人的效果;第二,如何体现教材建设的跨学科性,以培养复合型人才;第三,如何顺应时代变化将人工智能技术融入外语智能化教材建设。束定芳提出外语教材编写的四大依据,分别是课程要求、学科原理、学生和教师的实际情况、技术支持和教学资源。从课程要求的角度来说,教材编写必须落实国家教育政策,教材也必须体现国家意志。因此,当国家教育政策体现在课程方案和课程标准中时,外语教材的编写就必须依据课程标准来进行。从学科原理的角度来说,外语教材是外语教学的重要载体,外语教材的编写就必须符合语言学和语言学习的基本规律,参考语言学和语言教学的最新研究成果。从学生和教师的实际情况来看,教材是为教师教和学生学服务的,因此也必须将教师和学生考虑在内。一方面,教师的文化背景、语言水平、教学理念、教学经验、教学需求等都是需要考虑的因素。另一方面,学生的母语和文化背景、学习的目标、学习经历、情感特征等都是教材编写中应该考虑的重要因素;学生的文化背景、认知特点、知识结构等,特别是学生未来发展的需求也都会对教材编写中语篇的选择和内容的呈现产生影响。文秋芳基于自身和团队多年的教材编写实践,尝试构建了大学外语教材编写理论体系。该体系包括5个要素,分别是国家与社会要求、外语教材文化范畴、外语教与学的理论、外语学习者成长特点、编写管理规范。文秋芳认为,"国家与社会要求"是外语教材编写的指南针,"外语教材文化范畴"是落实"国家与社会要求""外语教与学的理论"和"外语学习者成长特点"的内容载体,"外语教与学的理论"是设计教材语言实践活动类型、内容和顺序的依据,"外语学习者成长特点"是选择教材内容和设置育人目标的理据之一。[①]

亚当森(Adamson)曾指出,外语教材承载和传递的知识可以分为两个层面。第一层面是语言知识本身,如词汇、语法、语音等;第二层面是以语言为载体的非语言知识,如外语国家的历史和文化、本国的历史和文化、各种人文社会知识以及通过目标语构建与传递的意识形态和道德价值观念等。新时代的大学英语教材作为高校外语课程最重要的教学内容来源,其质量直接关乎高等教育人才的培养,其对于中华文化的呈现数量和质量也直接关乎当代大学生的文化自信的培养和中华文化英语传播力的提升。"新时代的大学英语教材亟须加强中华文化呈现,兼顾母语文化和世界多元文化学习,向学生提供使用外语表达中华文化的材料和理解、分析、评价世界多元文化的空间,使学生兼备国际视野和文化自信,成为中国参与全球治理亟须的具有国际胜任力的时代新人。"[②]

因此,新时代的中国大学英语教材不仅应该包含英语国家文化,还应包含本民族的文化。新时代的大学英语教材应该成为传播中华文化的重要载体、融入中国文化英语表达的重要渠道和解决"中国文化失语"问题的重要途径。正如学者张蓓、马兰所说的,为了提高学生的跨文化能力和

[①] 文秋芳:《构建大学外语教材编写理论体系》,《外国语》2023年第6期,第2—11页。

[②] 张虹、于睿:《大学英语教材中华文化呈现研究》,《外语教育研究前沿》2020年第3期,第42页。

沟通能力，"大学英语教材不仅应当包括目的语文化，还应当包括本土文化，以及在不同层次上使用英语的各国文化。同时，要重视培养学生用英语表达本土文化的能力"①。学者张雪梅也提出，"高校英语教材除了介绍传播英语文化，也要注重中国传统文化教学，避免本土文化缺失"②。张琨等也通过针对非英语专业学生的测试、问卷调查和访谈的方式考察大学英语教材对非英语专业大学生中国文化英语表达能力的影响，调查学生对教材中中国文化内容的反馈和对中国文化内容的学习需求，结果发现学生的中国文化英语表达很大程度上依赖于教材中对于中国文化内容的融入，教材中的文化内容有助于增强学生的文化意识，学生主观上也希望从教材中学到更多中国文化的英语表达方式，因此教材对提高学生的中国文化英语表达能力有很大帮助。而若想解决非英语专业学生普遍存在的"中国文化失语"现象，大学英语教材中应增加更为详细的、系统的中国本土文化的英语表达和诠释，注重培养学生的中国文化意识，利用英语弘扬中国文化。

然而，当前的高校英语教材在编写、使用和评估中还存在着各种各样的问题。如有些高校英语教材在编写中从经验出发，忽视理论的指导；还有一些教材只是对国外教材的简单模仿，对国外教材的编写模式和理念照搬照抄，忽视我国的实际情况。在教材使用过程中，教师盲目使用教材配套的教师用书、课件和习题，不能充分领会教材的编写理念和设计意图，忽视教学目标和学生的实际情况。从教材评估角度而言，我国学者虽然拥有丰富的外语教材编写实践，但是却没有形成科学、完整、系统、实用、可操作的教材评估体系，以至于教材选用者和使用者都很难对教材的质量做出精准的判断。还有研究通过设计教材评估框架和问卷调查对当前高校使用的大学英语教材进行调查，发现高校目前使用的本科英语教材在教材设计、编写原则、育人理念和物理形态等方面存在比较明显的问

---

① 张蓓、马兰：《关于大学英语教材的文化内容的调查研究》，《外语界》2004 年第 4 期，第 60 页。
② 张雪梅：《新时代高校英语教材建设的思考》，《外语界》2019 年第 6 期，第 91 页。

题,比如教材的难度与容量不当,输入材料主题与体裁缺乏多样性,选材的时代性和趣味性不强,中华文化不足,练习活动不够多元,配套资源不足且质量不高,等等。

除教材编写理念、理论的问题之外,很多外语教材对于中华文化的融入并不十分理想。2015年,刘艳红等运用语料库方法,探究我国"十二五"普通高等教育本科国家级规划大学英语教材的文化内容,发现10套教材的文化选择和配置存在不容忽视的问题,最为突出的是美英文化的强势地位和中国本土文化的边缘化。袁小陆等针对高校非英语专业的学生设计问卷,调查高校对于学生的中国文化自觉的培养,结果发现,学生普遍对中西文化基础知识、跨文化交际基本常识掌握较好,也具有较高的中国文化英语表达学习热情,但中国文化英语表达能力较差,对中西文化的批判性认识有待加强。其根源之一就在于外语教材中有关中国文化内容的表达有待进一步强化。郭宝仙也发现我国很多英语教材在中国文化的呈现上存在以下问题:一是英语国家文化占主导地位,中国文化不足或边缘化;二是中国文化内容结构零散,系统性欠佳;三是主动传播、传承中国文化的意识不足;四是中国文化内容的学习缺乏深度。刘正光等结合我国立德树人和课程思政对于外语教学服务人才培养提出的新理念、新要求和新目标,对当前通用的外语教学与研究出版社、上海外语教育出版社和高等教育出版社出版的大学英语综合教程进行分析和总结,却发现这些教材基本上都难以满足新的教学要求和目标:教材对中国文化与科学技术内容的涵盖比例严重不足,没有教材明确提出将弘扬中国优秀传统文化、时代精神作为教材编写的统领性原则。这对于通过外语学习培养当代大学生讲好中国故事、传播中华文化的能力是极为不足的。

我国大学英语教材存在的上述问题不仅阻碍了大学英语课程教学有效性的达成,更使得大学英语课程与立德树人的要求相距甚远。

因此,当前外语教育学界已经开始关注教材中的中华文化呈现问题,并分别从理论和实践的角度分析大学英语教材融入中华文化的必要性、原则和方法等问题。如庄智象提出教材编写应该以倡导健康、奋发向上的人文精神为导向,"将人类优秀的文化,优秀高尚的思想道德和情操通过语言学习潜移默化地传授给学习者"①。这里提到的人类优秀的文化,当然也应该包括中华文化。周小兵等人认为教材中的文化教学内容可以分为显性和隐性两种。

随着课程思政的提出,我国学者开始着眼于课程思政提出新的符合时代需求的教材编写理念。其中,孙有中就提出,我国的外语教材编写可以"通过跨文化比较,培养文化自信与人类命运共同体意识;通过价值观思辨,强化社会主义核心价值观;通过用外语表达中华优秀传统文化,提升人文素养、文化自信和跨文化能力;通过体验式语言学习,提高道德素养"②。基于我国课程思政教学理念和外语教材中华文化内容不足之间的矛盾,刘正光等也明确提出要在包括外语教材在内的教学内容中适当平衡中国文化与西方文化内容的比重,便于学生在比较中更深刻地认识不同文化与文明的长处与不足。任远基于课程思政的理念,对外语教材的内容进行二次开发。何莲珍从政治认同、家国情怀、文化素养、道德修养4个方面阐释课程思政如何与教材建设相结合,即如何在教材编写中融入思政元素、体现思政内涵,提出要帮助学生提升用外语讲好中国故事、传播中华优秀传统文化的能力,同时也要让学生了解世界先进文化,积极主动地学习和借鉴世界一切优秀文明成果。从教材评估的实践角度来看,刘正光等以《新时代明德大学英语综合教程1》为例,提出为了满足立德树人、课程思政的新要求,《新时代明德大学英语综合教程1》教材在开发过程中遵循的基本原则和方法包括:语言输入时语言与见识并重;学习内容既融入目标语相关的文化内容,还充分体现中国特色、中国风格,自觉融入社会主义核心价值观和中华优秀传统文化;在内容的呈现上坚持主题统领、分项拓展,即先挖掘教材中所蕴含的、能够概括为一个主题

---

① 庄智象:《构建具有中国特色的外语教材编写和评价体系》,《外语界》2006年第6期,第54页。

② 孙有中:《课程思政视角下的高校外语教材设计》,《外语电化教学》2020年第6期,第46页。

思想或核心价值理念的观点,作为本单元所有教学内容安排、教学活动设计、练习设计的主线,再将每个单元的思政元素分别在6个不同的节点位置被明确提炼出来并醒目地设计成模块,同时通过练习的设计隐性地传递思政元素内涵。这样的教材设计原则和方法既满足课程培养专业能力和素养的需要,又满足培养情操与格局的新要求。

第三节 大学英语教材中的文化呈现

一、教材中中华文化的呈现原则

我国的语言类教材一般都不同程度地重视中华文化在教材中的呈现。但是在中华文化的呈现过程中也存在着"大而全"(面面俱到)、"深而细"(专业化笔法)、"不涉今"(以古为主)的内容取向和单纯介绍的呈现方式。有些教材还存在文化内容选择不当或者解说不当的现象。

针对以上现象,李泉提出语言教材中的文化内容特别是文化点的选择和呈现应遵循如下几个原则:多角度、有限定、中外对比、古今联系、不炫不贬。其中,多角度意味着教材中的文化内容不是单一的取向,而是尽可能多地介绍多元的观点;有限定就是尽可能避免普遍性的表述,少用"中国人……""中华民族……""总是……"等说法;中外对比则要求不仅要说明中外在相关文化上的差异,还要尽可能说明差异的原因;古今联系要求对当代文化的阐释要尽可能联系历史,对传统文化和习俗的介绍要与时俱进,联系现实;不炫不贬要求对己方文化不炫耀、不溢美,对他方文化不贬损、不排斥,以中性的立场进行客观描述。[①] 一些学者还主张,在世界汉语教学过程中,对中国文化内容、中国文化元素的选择和介绍,应摒弃展示和弘扬的心态,而采取平和、务实、超然的心态。平和的心态,就

---

① 李泉:《文化内容呈现方式与呈现心态》,《世界汉语教学》2011年第3期,第393—394页。

是把文化呈现的心态放平和些,平视人家的文化,也平视自己的文化,切不可居高临下,亦无须仰视他种文化。务实的心态,即明确语言课和语言教材中的文化介绍和阐释主要是为了学习者更好地理解和运用汉语,是为对外教学服务的;文化课和文化教材中的文化介绍和阐释是为了学习者较系统地了解和认知中国文化,便于学习者更好地学习语言和了解中国。超然的心态,即把文化介绍的目的定位在使学习者了解进而能理解中国文化,而不是一定让人家认同和接受中国文化。同时还提出,教材文化内容呈现方式,应强调情景设计要真实自然,呈现方式力求新颖别致,以增强文化教学的效果。要考虑教材跨文化教学的属性,注意从学习者的视角来衡量内容取舍和表述方式。

上述有关对外汉语教材中的中华文化呈现的原则主要是针对21世纪之前的对外汉语教材中文化呈现的不足提出的建议和思考,比较符合当时的实际情况。然而,随着我国国情和国家政策的变化,我国对外汉语教材和外语语言教材中中华文化呈现的原则也在发生变化。

二、教材中呈现的文化内容

(一)教材中的文化内容分类

如同文化的概念一样,教材中的文化因为分类标准不同,而存在各种不同的概念。按照不同的分类标准,大学英语教材中的文化可以分成不同的类型,例如物质文化和非物质文化、抽象文化和具体文化、大文化和小文化等。

1. 基于文化信息来源的文化分类

根据教材中文化信息来源的不同,柯太极(Cortazzi)和吉恩(Jin)将教材中的文化分为3种类型:目的语文化、母语文化和国际文化。以英语为例:目的语文化指的是将英语作为母语的公民所属国家的文化,如英国文化、美国文化和澳大利亚文化等;母语文化指英语学习者所讲母语国家的文化,比如中国文化、日本文化等;国际文化指世界范围内除英语及英语学习者母语国家以外的其他国家的文化,如德国文化、意大利文化等。

2.基于区域分布的文化分类

卡奇鲁(Kachru)按照区域分布将文化分为内圈(inner circle)、外圈(outer circle)和扩展圈(expanding circle)这 3 类。按照这一分类标准,英语文化就可以分为 3 个区域,分别是将英语作为第一语言的地区、将英语作为第二语言的地区以及将英语作为外语的地区。在内圈,也称为 ENL(English as a native language)地区,即将英语作为第一语言的地区,英语是官方和/或通用语言,也是大多数居民的母语。在外圈,也称为 ESL(English as a second language)地区,即将英语作为第二语言的地区,由于历史、政治原因,英语是当地的官方或通用语言,但并非大多数居民的母语,大多数居民会在母语期后接触英语,并在教育、工作中广泛使用英语。在扩展圈,也称作 EFL(English as a foreign language)地区,即将英语作为外语的地区,英语不具有任何公共地位,大多数居民的母语并非英语,居民通常会在学校内以"学外语"的形式接触英语。

3.基于文化概念内涵的文化分类

斯特恩(Stern)根据文化的结构和主题范畴,从广义和狭义的角度,把文化分为大 C 文化(culture with a big C)和小 c 文化(culture with a small c)。大 C 文化主要涉及人类文明层面的文化内容,包括物质文化、制度文化和心理文化 3 个方面,如政治、历史、教育、经济、艺术、地理、社会制度等宏大主题;小 c 文化是指人们普遍的社会习惯,包括人类的生活方式、日常行为规范、传统风俗等与个体关系更加密切的相对微小的主题。

4.基于文化要素表达意义的文化分类

阿达斯科(Adaskou)等人在探讨语言与文化的关系时,基于文化要素表达的意义把文化分成 4 类:美学意义(类似大 C 文化,如文学和艺术)、社会意义(类似小 c 文化,如工作和休闲)、语义意义(文化概念的意义系统,如食物和服饰)、语用意义(交际功能、礼貌原则等,如副语言、社交技能、背景知识)。

5. 基于文化内容的教材文化分类

在拜拉姆有关教材文化的理论中,他提出教材评价应该坚持文化内容真实性和时代性这一标准,并且将教材中的文化按照主题分为以下几类:包括社会信仰、宗教信仰、种族的社会身份和社会群体,包括注重礼节的程度在内的社会互动,包括道德、宗教信念、日常活动在内的信念与行为,包括国家政体、医疗保障、法律法规、社会安定、当地政府在内的社会与政治体制,包括家庭、学校、就业、庆典仪式在内的社会化与生活圈,包括象征国家的历史和时政的国家历史、国家地理、固定模式和民族身份。

虽然拜拉姆关于教材中文化的分类涵盖了国家、社会和个人等很多方面,包含内容已经较为全面和系统了,但是还不足以涵盖中华文化的丰富内容。因为中华文化是一种具有中国特色的文化类型,对大学英语中的中华文化进行分类的过程中还需要进一步结合中华文化的内容和特点来展开。

6. 基于教材主题的文化内容分类

莫兰(Moran)提出文化教学的 5 个维度:产品(人工制品、场所、组织和艺术形式)、实践(恰当的文化行为)、视角(信念、价值观、态度和观念)、社团(与他人产生联系的方式,包括人际关系和国家之间的关系)、人物(存在于某文化中的个体成员)。尤恩(Yuen)提出:文化内容框架由其中 4 个维度构成,阐释了 4 个维度的内在联系,认为文化要素是一套编码系统(产品),由不同的人(人物)用来交际(实践)和表达思想(视角);交际或文化行为(实践)是在与他人产生各种联系(社团)的过程中实现的。这一分类与莫兰的文化分类区别不大。我国很多学者在进行教材文化分类时,也喜欢借鉴莫兰的分类方式。

杨冬玲、汪东萍在借鉴国外学者有关文化分类理论的基础上,从内容—维度—主题 3 个层级建构了外语教材文化内容层级分析框架。该框架认为,无论是在外语教材分析,还是外语教学多元素材的组织过程中,文化内容要素的析出与融入可以遵循首先从文化类型(较宏观的层次)入手,逐渐聚焦到维度,最后到主题的操作顺序。杨冬玲把文化类型分为内围圈的目的语文化、外围圈的母语文化和外扩圈的国际文化。

张虹、李晓楠从英语教材主题内容出发,在参考莫兰关于教材文化分类的基础上,尝试兼顾国内外学者对教材文化的不同分类方式,将文化分为文化产品(cultural products)、文化实践(cultural practices)、文化观念(cultural perspectives)、文化社群(cultural communities)和文化人物(cultural persons)5个类型。其中,文化产品指的是为了满足人生存和发展需要所创造的产品,是最容易认知的文化的物质形态,包括物质产品、建筑和艺术形态,是文化教学最直接的内容,如中国的舞狮表演、剪纸艺术、徽派建筑等都属于文化产品;文化实践指人类的生活和行为方式,包含节日习俗、行为准则等,比如中国的春节习俗、英国的下午茶文化等都可以包含在文化实践中;文化观念包括感知、信仰、价值和态度,决定了文化产品和文化实践,比如中国儒家思想、古希腊哲学、世界名人名言等;文化社群指根据不同的民族、语言、性别、种族、宗教、社会阶层等不同的群体划分的文化,是国家/民族等层面的文化,如中东文化、美国非裔文化等;文化人物指某一文化群体的知名人物,如苏格拉底、米开朗琪罗、纳尔逊·曼德拉等。基于这个分类,张虹、李晓楠还制定了英语教材文化呈现内容分析框架,从地域上将教材文化分为母语文化、目标语国家文化、国际文化和共有文化,从类型上又分为文化产品、文化实践、文化观念、文化社群和文化人物。

随后,在教材研究领域相关专家的建议下,张虹、李晓楠又对该框架进行了相应的调整,将"国际文化"调整为"其他国家文化",将"共有文化"调整为"国际文化",将"类型"调整为"形式"。[①](表4-1)

---

① 张虹、李晓楠:《高中英语教材文化呈现研究》,《外语教育研究前沿》2022年第4期,第43页。

表 4-1　张虹、李晓楠调整后的英语教材文化呈现内容分析框架①

地域	形式
目标语国家文化	文化产品
学习者母语文化	文化实践
其他国家文化	文化观念
国际文化	文化人物
	文化社群

李加军在借鉴以往研究中有关教材文化的分类基础上，将外语教材呈现的文化按照所属国别分为5类，分别是本土文化、目标语文化、国际文化、无具体指向的文化和跨文化（跨越两个文化，如"华人移居者"）。②

7. 基于教材文化内容的五分法

里萨格（Risager）曾提出对外语教材中的文化内容进行评估的5种范式，分别是国别研究（national studies）、公民教育研究（citizenship education studies）、文化研究（cultural studies）、后殖民研究（postcolonial studies）和跨国研究（transnational studies）。其中，国别研究聚焦教材中呈现了哪些国家的文化，涵盖范围是否广泛，文化内容是否多元；公民教育研究关注教材是否呈现世界的主要问题，着重于培养学生的全球公民意识；文化研究关注教材中的性别、种族、宗教、社会阶层、职业等社会身份和文化身份，培养学生的主体性认识和身份认同建构；后殖民研究关注历史的呈现，包括殖民地历史等，提升学生关于殖民和后殖民的历史意识；跨国研究主要呈现有关跨国组织、观点、显现的内容，提升学生的跨国意识、全球公民能力和全球责任感。我国学者张鹏以里萨格的语言教材文化呈现分析方法作为理论框架，选取国家研究、公民教育研究和文化研究这3个维度，采用内容分析方法对比分析 *Interchange*（第四版）4册

---

① 张虹、李晓楠：《高中英语教材文化呈现研究》，《外语教育研究前沿》2022年第4期，第43页。

② 李加军：《大学通用英语教材的（跨）文化呈现研究》，《外语界》2023年第1期，第69页。

（剑桥大学出版社）、*New Headway*（第四版）4册（牛津大学出版社）、《全新版大学进阶英语综合教程》4册（上海外语教育出版社）、《新未来大学英语综合教程》4册（外语教学与研究出版社）共4套国内外大学英语教材中的文化呈现。研究发现：国内、国外教材均重视国际文化和母语文化；国内外教材基本呈现人类共同关注的主要问题，其分布和呈现还可更加均衡、深化；国内外教材呈现多元的文化身份和社会身份，其性别、宗教、种族、民族等方面还可更加系统、全面。

8.基于教材文化载体的文化内容分类

基于不同的文化载体，教材文化内容可以分为语言文化和非语言文化。前者指的是以语言为载体的文化，后者是指以语言以外的其他手段为载体的文化。语言文化主要包括百科知识文化、交际情境文化和语言本体文化，非语言文化主要指教材中出现的图片、符号、录像等。（图4-1）百科知识文化指各国的国情、政情和社情知识，其中包括政治、军事、经济、科技等各方面的知识、观念和价值体系，具体内容包括目的语国家文化、学习者母语文化和其他文化。目的语国家文化具体指说英语的美国、英国、加拿大、澳大利亚、新西兰和爱尔兰等国家的国情、政情、社情和人情各方面的知识，学习者母语文化指中国当代社会主义先进文化、革命文化和中华优秀传统文化，其他文化指英语国家和中国以外的文化。情境交际文化指何时、何地、对何人、用何种方式、讲何种话的规则。语言本体文化指内嵌在语言系统内的词、句、语篇内的文化。外语教材中的非语言文化主要指教材中的插图。

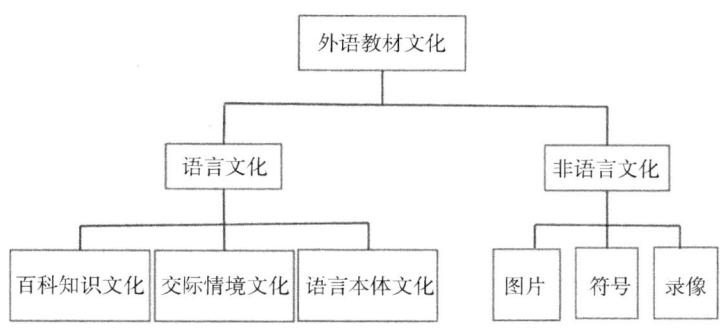

图 4-1　文秋芳提出的外语教材文化范畴示意图①

9.依据文化的组成要素分类

牛新生认为,文化教学的目的在于培养学生的跨文化知识、意识和交际能力,该目的决定了文化教学的内容。因此,他依据文化组成要素的不同,将文化分为 5 类,分别是包括各种工具、用具、食品、烟酒、服饰、建筑物等在内的物质文化,包括文学、艺术、音乐、电影等在内的精神文化,包括社会组织、经济团体、教育机构、家庭结构等在内的社会文化,包括人际交往行为、礼仪规范、行为准则以及度假休闲、恋爱结婚、生活方式、风俗习惯等非交际性的一般社会行为的行为文化,包括价值观念、思维方式、民族心理、审美情趣、伦理道德、宗教信仰等在内的观念文化。

(二)教材中的中华文化内容分类

1.基于国际汉语教材的中华文化分类

哈默利(Hammerly)曾提出将二语教学中的文化分为 3 个维度:信息文化(informational culture)、成就文化(achievement culture)和行为文化(behavioral culture)。美国外语教师协会(ACTFL)制定的《美国外语教学标准》采用文化产物(cultural products)、文化实践(cultural practices)和文化观念(cultural perspectives)的三分法。周小兵等参考哈默利的文化三维度和 ACTFL 的文化三分法,以中美网络语言教学项目

---

① 文秋芳:《构建大学外语教材编写理论体系》,《外国语》2023 年第 6 期,第 5 页。

"乘风汉语"项目组编制的《中国文化教学大纲》、原国家汉语国际推广领导小组办公室组织编写的《国际汉语教学通用课程大纲》、拜拉姆的"德语教材文化教学内容体系""欧洲共同语言框架文化知识描述""AP汉语文化内容描述"为基础,通过对 3000 多册典型的国际汉语教材构成的约500 万字语料中的文化教学项目进行标注统计,拟定出全新的中华文化项目表。新项目表包含 3 个级别:第一层 5 个项目,第二层 46 个项目,(表 4-2)第三层 212 个项目。

表 4-2 周小兵等拟定的中华文化项目表①

第一层	国情	日常	成就	实践(交际)	观念
第二层	国情概况、政治和法律、经济、地理、历史、人民、教育、社会保障、环境保护、文化遗产、大众传媒、中国体育、公共安全、宗教事务(14 项)	日常概况、服饰、饮食、居住、学习工作、家庭生活、交通、通信、度量衡、购物消费、休闲娱乐、健康、日常安全、节日节气、人生庆典、禁忌迷信与象征(16项)	成就概况、科技、艺术、文学、语言文字(5项)	交际概况、交际情景规范、非语言交际、交际风格、跨文化交际(5项)	观念概况、哲学思想、宗教信仰、世界观、人生观、价值观(6项)

2.基于中华文化特点的教材文化内容分类

赵雯和刘建达从建构大学外语课程思政内容重点的角度曾对大学外语课程教学内容中有关文化素养的内容进行分类,将融入大学外语课程中的文化素养内容分为中华优秀传统文化、世界优秀文化、跨文化交流和传播等内容,将研制的《大学外语课程思政教学指南》中文化素养的内容介绍为"发挥文化的涵养和育人功能,以外语为媒介,在教学内容的组织中加强中华优秀传统文化教育,深入挖掘其蕴含的思想观念、人文精神、道德规范,教育学生坚守中华文化立场、坚定文化自信……能够用外语讲好中国

---

① 周小兵、谢爽、徐霄鹰:《基于国际汉语教材语料库的中华文化项目表开发》,《华文教学与研究》2019 年第 1 期,第 55 页。

故事,传播中国文化和中国声音,让世界读懂中国"①。张虹和于睿以中华文化包括中华优秀传统文化、中国革命文化和社会主义先进文化的分类为基础,考虑到教材中呈现的少数文化并不是先进的,就将社会主义先进文化调整为现代文化,并将其定义为"一个国家在发展过程中,人们在现今的生活方式和科技水平下形成的新型思想理念、道德标准、行为准则等的集合,是具有中国特色的社会主义新型文化,包括物质文化、精神文化、社会文化、行为文化、观念文化等"②,并依据对于 4 套外语教材中的中华文化内容的梳理研制出中华文化内容三级编码汇总表(表 4-3)。

与同类研究相比,张虹和于睿针对大学英语教材中中华文化的呈现构建的分类框架比较符合中华文化的概念、内涵和中国特色,具有较强的系统性和全面性,在应用上也具有一定的可操作性,因此较为适合作为中国的大学外语教材中中华文化内容的分析框架。

表 4-3　张虹等编制的中华文化内容三级编码汇总表③

三级编码	二级编码	一级编码
传统文化	传统文艺	传统艺术、经典文学、传统思想、传统体育等
	传统生活	传统节日、传统食物等
	传统品德	传统美德、慈善捐助、学术品德等
	语言文化	汉语学习等
	社交活动	做客礼仪、东道主礼仪、婚礼习俗、交际礼仪俗语、中外礼仪差异等
	历史事件	科学发展、历史名人、考试系统、中国移民等
	国家地理	自然地理等
	国家形象	人民特点、客观国情等

---

①　赵雯、刘建达:《〈大学外语课程思政教学指南〉内容重点研制与阐释》,《外语界》2022 年第 3 期,第 17 页。

②　张虹、于睿:《大学英语教材中华文化呈现研究》,《外语教育研究前沿》2020 年第 3 期,第 43 页。

③　张虹、于睿:《大学英语教材中华文化呈现研究》,《外语教育研究前沿》2020 年第 3 期,第 44—45 页。

续表

三级编码	二级编码	一级编码
革命文化	军事及战争	战争、国防建设、城市印象等
	国防教育	军事训练等
现代文化	著名人物	名人、中国梦、中国政治家等
	生活百态	生活方式、人民公仆等
	国家新形象	国际角色、社会常态、国家形象、校园安全等
	教育改革	素质教育、教育经费、大学教育、教育发展等
	城市形象	城市印象等
	政策法律	外交政策、法律规范、知识产权保护等
	经济发展	经济发展、民生、油价、经济危机、国民经济、美妆市场、生产力发展等
	体育事业	乒乓球、奥运会、体育精神等
	跨文化交际	汉语热潮、汉语学习、英语学习、留学生指南等
	娱乐产业	电影业等
	航天航空	航天业等
	网络科技	电商购物、网络发展、移动支付、社交媒体、移动科技、网络成瘾问题等
	交通运输	铁路运输、快递运输、民航运输等
	环保减排	共享服务、国际责任、环境治理、水资源问题等

三、大学英语教材中中华文化呈现方式

"呈现"一词由英文 representation 翻译而来,意为"表征,显示,表现"。教材中的中华文化呈现方式指的是教材对于中华文化的表现方式或者显示方式。研究表明,外语教材不仅需要重视和平衡对于文化内容的选择,还需要重视将文化内容融入教材的方式。关于外语教材中文化内容的呈现方式,目前主要有以下3种分类体系:

第四章　大学英语教材中的中华文化呈现

(一)语篇、图片和任务

温宁格(Weninger)和基斯(Kiss)曾经在对匈牙利的两套英语教材进行符号学分析时指出,教材中的语篇、图片和任务都在构建意义,也都可以用来呈现文化内涵。很多教材都会选择设置相应的语篇呈现母语文化的内容。例如,很多国内高中英语教材中除呈现英美国家的文化内容之外,也会经常出现具有中国特色的文化语篇。任务也是呈现文化元素的重要方式。例如,国内很多教材中设置的问答题和翻译题会直接以中外文化对比的方式来同时呈现中外文化,引发学生对于中外文化内涵的深入思考。同时,图片作为教材中文化内涵的重要承载物,不应该只被视为填补空白的插图。

(二)直述式、附带式和蕴含式

其中,直述式呈现指的是外语教材的文本内容是以专门、直接的方式对中华民族风俗习惯、中国社会历史现状、中国人民的精神特质和价值理念等特定中华文化知识采用叙述、说明和议论等语言表述形式进行的介绍、分析和阐释,对文化的展现具有直接性和明示性。例如,以《理解当代中国》系列教材、《中国文化概论》为代表的一些外语教材核心文本精读的方式呈现中国的"一带一路"倡议、"人与自然和谐共生"的自然观等。这些教材内容就是以敞开胸怀的方式,大方直接地介绍中华文化内容。附带式呈现指的是教材为了特定主题表达的需要在文本叙述中附带提及具有中华文化特点的文化景观、风俗习惯或价值观念等,具有明示性、简约性、零散性、随机性的特点。例如,以《新视野大学英语读写教程》(第三版)为代表的外语教材就通过段落练习的方式呈现与单元主题相关的中华传统节日、孔子等中国古代先贤的思想、中国航天事业的发展等中华文化内容。这种方式以服务单元主题为主,附带呈现中华文化中与单元主题相关的内容。蕴含式呈现指的是将中华文化的内容隐藏在教材文本内容之中,让学生通过潜移默化的方式无意识地感知或体验中华文化或是借助已有的背景知识,有意识地解读或阐释教材文本所蕴含的中华文化信息,具有隐含性、理解的多元性和文化信息的深层性等特征。例如,有些外语教材中在呈现互联网的发展对于中国人生活产生的影响的文章时,就以音频材料讲述中国青少年上网成瘾的故事,以大量的数据渲染中国青少年沉迷网络的现状、在练习中提到中国政府认为网络上瘾是对中国青少年最大的危害,这种既不设计相应的思辨活动引导学生分析数据的可靠性与事物发展的变化性,也不介绍网络发展对于人类影响的两面性,容易导致教材的使用者对中华文化产生误读,误以为中国青年都是沉迷网络游戏的网瘾青年。

(三)显性和隐性

外语教材中的中华文化呈现还可以分为显性呈现和隐性呈现两种方式。其中,显性呈现指的是通过视听说等文本直接输入的方式呈现中华文化,包括明显以文化为主题的阅读语篇、听力语篇和视频语篇以及专门呈现文化知识的板块等。比如,有些教材较为注重中国文化的呈现,会在每册书中专门开辟一个单元谈及有关中国的话题;还有一些教材会将中国文化与外国文化置于同等的地位看待,在每个单元均设置一篇主题与中国相关的文章。在教材中直接呈现母语文化的方式在国外早已有之。柯太极等在论文中对名为 *Spotlight on English* 的英语教材进行研究后发现,该教材中的文化内容主要是土耳其文化,其中有大量的内容都是用英语讨论土耳其的饮食、历史和天气。他们对沙特阿拉伯的英语教材 *English for Saudi Arabic* 的研究中也发现,该教材中几乎每一个场景都是母语文化:书中人物主要是沙特阿拉伯人,书中所有的地图都是本国的地图,讨论的货币也是本国的货币,教材中的人物煮阿拉伯咖啡、谈论去麦加朝圣,均体现了母语文化。隐形呈现则指的是通过选词填空、翻译、讨论和写作等课后练习呈现中华文化。有些教材在隐性呈现中华文化的过程中会注重情境创设或者开展中外文化的对比,使得中华文化的呈现更加真实自然,而有些教材通过在选词填空中以巩固生词的方式对中华文化进行的隐性呈现却不易被任课教师察觉。

张虹等在对文化呈现进行显性和隐性的详细分类的基础上,对每一种呈现方式赋予 1 到 10 分不等的权重,对更加重视和凸显文化内容的呈现方式赋予更高的权重,同时将文化知识板块拓展为单一文化知识板块、多元文化知识板块中的主要文化、多元文化知识板块中同等比重的两种或多种文化、多元文化知识板块中的次要文化,并对它们赋予不同的权重,从而建构了英语教材文化呈现方式分析框架(表 4-4)。

表 4-4 张虹等研制的英语教材文化呈现方式分析框架

分类	详情		
	方式	权重	说明
显性呈现	(1)单一文化语篇	10	以某一种文化内容为主题且通篇介绍该文化的语篇。
	(2)多元文化语篇中的主要文化	9	在以多种不同文化内容为主题的语篇中,占据较大篇幅的文化内容。
	(3)多元文化语篇中同等比重的两种或多种文化	8	在以多种不同文化内容为主题的语篇中,占据篇幅相似的两种或多种文化内容。
	(4)多元文化语篇中的次要文化	7	在以多种不同文化内容为主题的语篇中,占据较少篇幅的文化内容,和"多元文化语篇中的主要文化"相对。
	(5)单一文化知识板块	6	通篇介绍某一种文化内容的文化知识板块。
	(6)多元文化知识板块中的主要文化	5	在介绍多种不同文化内容的文化知识板块中,占据较大篇幅的文化内容。
	(7)多元文化知识板块中同等比重的两种或多种文化	4	在介绍多种不同文化内容的文化知识板块中,占据篇幅相似的两种或多种文化内容。
	(8)多元文化知识板块中的次要文化	3	在介绍多种不同文化内容的文化知识板块中,占据较少篇幅的文化内容,和"多元文化知识板块中的主要文化"相对。
	(9)图片/引言	2	在语篇、知识板块等非练习部分呈现的、体现文化内容的图片或引言。
	(10)背景文化信息	1	作为背景信息,帮助理解上述文化语篇、图片、引言或其他显性呈现文化的文化信息,包括人名、地名、媒体名等。

续表

分类	方式	权重	详情
			说明
隐性呈现	(1)练习中单一文化语篇	5	在练习/活动部分呈现的、以某一种文化内容为主题,且通篇介绍该文化内容的语篇。
	(2)练习中多元文化语篇中的主要文化	4	在练习/活动部分呈现的、以多种不同文化内容为主题的语篇中,占据较大篇幅的文化内容。
	(3)单一文化表达①	4	考察学生表达某一种文化内容的练习/活动,例如"Introduce Beijing Opera to a group of students from another country."。
	(4)多元文化表达	3	同时考察学生表达多元文化内容的练习/活动,涉及跨文化比较,例如"Search online to find more similarities and differences between English and Chinese tea cultures."。
	(5)练习中多元文化语篇中同等比重的两种或多种文化	3	在练习/活动部分呈现的、以多种不同文化内容为主题的语篇中,占据篇幅相似的两种或多种文化内容。
	(6)练习中多元文化语篇中的次要文化	2	在练习/活动部分呈现的、以多种不同文化内容为主题的语篇中,占据较少篇幅的文化内容,和"练习中多元文化语篇中的主要文化"相对。
	(7)文化理解练习	2	考察学生对某种或多种文化内容的理解的练习/活动,包括解释某文化内容的意义、对某文化内容的感受等,例如"Which part of the story about Beethoven impressed you most? Why?"。
	(8)练习中的图片/引言	2	在练习/活动部分呈现的、体现文化内容的图片或引言。
	(9)背景文化信息	1	练习/活动部分,作为背景信息,帮助理解上述隐性文化语篇等内容的文化信息,包括人名、地名、媒体名等。
	(10)语言练习②	1	在以考察学生词汇、语法或翻译等语言知识为目标的练习/活动中出现的文化内容。

注:①文化表达包含与文化相关的写、说、文化翻译3种方式。
②语言练习包含词汇练习、语法练习和语言翻译。

在这个框架的基础上,张虹团队又将文化的呈现方式分为5种,分别是文化语篇、文化知识板块、图片/引言、背景文化信息和活动/练习,并分别细化为不同载体。比如,语篇包含听、看、读3种方式,分别可以划分为听力语篇、视频语篇、阅读语篇;文化表达包含写、说、文化翻译3种方式;而语言练习则包含词汇练习、语法练习和翻译练习。(表 4-5)

表 4-5　张虹、李晓楠提出的文化呈现方式及其说明①

方式	说明
文化语篇	输入材料部分和练习部分以某种或多种不同文化内容为主题的语篇。
文化知识板块	输入材料部分介绍某种或多种不同文化内容的文化知识板块。
图片/引言	输入材料部分和练习部分呈现的体现文化内容的图片或引言。
背景文化信息	输入材料部分和练习部分作为背景知识,帮助理解上述文化、图片、引言或显性模块中其他内容的文化信息,包括人名、地名、媒体名等。
活动/练习	活动/练习本身;包括文化理解、文化表达、蕴含文化内容的语言学习活动/练习。

以这一框架为基础,张虹团队对国内 4 套大学英语教材和 3 套高中英语教材进行了文化呈现研究,进一步验证了该框架的合理性和较为广泛的应用性。因此,本书在对大学英语教材研究的过程中,也对此框架进行了借鉴。

第三节　大学英语教材中华文化呈现分析

2020 年,教育部《高等学校课程思政建设指导纲要》明确提出,要推进习近平新时代中国特色社会主义思想进教材进课堂进头脑、培育和践行社会主义核心价值观、加强中华优秀传统文化教育等一系列立德树人的要求。同年,《大学英语教学指南》(2020 版)也提出"大学英语课程可培养学生对中国文化的理解和阐释能力,服务中国文化对外传播"。在此之后,一大批贯穿课程思政要求的大学英语教材纷纷涌现。还有一些教材在原来版本的基础上也结合相关要求进行再次修订和出版。本书以外语教学与研究出版社在 2020 年之后出版的 4 套教材为例,对每套教材中

---

① 张虹、李晓楠:《高中英语教材文化呈现研究》,《外语教育研究前沿》2022 年第 4 期,第 44 页。

的综合/读写教程第一册中的中华文化呈现内容和方式进行分析和对比。

一、《新视野大学英语》(第四版)的中华文化呈现

(一)教材简介

《新视野大学英语》(第四版)出版于2023年。教材总主编为上海交通大学的郑树棠教授,编写团队由来自上海交通大学、同济大学、中国人民大学、西北工业大学、郑州大学等全国数十所高校的专家学者和中青年骨干教师组成。

该套教材诞生于全面建设社会主义现代化国家的关键时期,以党的二十大精神为引领,坚持正确的政治方向,落实立德树人根本任务,在教学目标上体现课程思政,践行教育部《高等学校课程思政建设指导纲要》,在内容设计上融价值塑造于知识传授和能力培养中,致力于培养德智体美劳全面发展、堪当民族复兴重任的社会主义建设者和接班人。教材从主题设定、素材选择和活动设计等方面入手,全方位融入党的二十大精神与社会主义核心价值观,弘扬正能量,深化爱国主义、集体主义、社会主义教育。单元开篇即点明单元蕴含的思政要素,提炼并阐述选篇蕴含的价值观念和精神内涵,如爱国、富强、敬业、和谐、友善等,将价值塑造、知识传授和能力培养融为一体,以润物无声的方式帮助学生提升政治觉悟、思想水平、道德修养,树立正确的世界观、人生观、价值观,帮助学生成为堪当民族复兴大任的时代新人。

教材多维度彰显中国文化,将社会主义先进文化、革命文化和中华优秀传统文化有机融入选材、练习活动和单元任务。每册都专门设置中国文化特色板块,生动体现当今时代发展与文明进步,特别反映中国在经济、社会、文化、科技与生态文明建设等方面的最新成就。每册均有数篇课文与中国紧密相关,涉及航天成就、英雄人物、智慧城市、新时代青年等。每单元单设阅读板块 Stories of China,集中讲述中国故事,帮助学生坚定文化自信、厚植家国情怀。

(二)文化主题

《新视野大学英语读写教程1》(第四版)共包含6个单元,涵盖了大学、家庭、英雄、社交媒体、友谊和运动6个单元主题。每单元内容围绕特定主题展开,层层深入。(表4-6)

表4-6 《新视野大学英语读写教程1》(第四版)中的文化主题

单元标题(主题)	单元结构		板块内容
(1)Fresh start (大学) (2)Loving parents, loving children (家庭) (3)Heroes of our time (英雄) (4)Social media matters (社交媒体) (5)Friendship across border and gender (友谊) (6)Winning is not everything (运动)		Quotation	精选与单元主题相关的中外名言警句,凸显主题内涵。
		Preview	由一段简洁生动的文字引出单元主题,点明单元蕴含的思政要素,同时以启发式的问题激发学生学习兴趣和深入思考。
	Section A	Pre-reading activities	通过听力理解、图片讨论、调研问卷、信息匹配等生动有趣的活动,引出文章主题和思政要素,激活知识储备,为深入学习文章做好铺垫。
		Reading comprehension	Understanding the text通过问答题的形式,剖析文章大意、重要细节以及作者写作手法、写作意图等深层信息,帮助学生由浅入深地领悟课文、全方位提高阅读理解能力;Critical thinking围绕课文设置开放式问题,引导学生就主题内容和思政要素进行延伸讨论,培养探究能力和思辨能力。
		Language focus	主要包括语言使用、构词法、完形填空和短语填空等板块。这些板块通过丰富多样的词汇、短语和句子练习帮助学生学会单元关键词汇的用法,帮助学生学会自主词汇扩展练习。
		Structure analysis and writing	包括结构分析和结构化写作这两个板块。两个板块前后顺承,相互促进。前者以课文内容为基础,重在分析典型段落结构;后者基于前者,辅以提纲和范文,训练和培养学生完成段落或篇章写作的能力。

续表

单元标题（主题）	单元结构		板块内容
	Section B	Reading skills	以 Text A 为实例详细阐述阅读技巧，并通过 Text B 落实应用，侧重培养阅读技巧和策略，讲练结合，有效提升阅读能力。
		Reading comprehension	Understanding the text 配合相关语言阅读能力测试，设置单项选择题，帮助学生对课文进行不同层次的理解；Critical thinking 同 Text A 相应部分。
		Collocation	选取与主题相关的语篇素材，通过课文重点搭配讲解以及配套练习，帮助学生掌握核心、运用词汇的常用搭配，提高语言实际运用能力。
	Section C	Stories of China	提供一篇中国内容的阅读短篇。题材生动时新，文本类型多样，既注重呈现新时代中国社会的发展成就和人民的精神风貌，如航空航天、清洁能源、乡村振兴等，也大力弘扬包括五四精神、京剧文化等在内的革命文化和中华优秀传统文化。帮助学生领悟中国智慧、坚定文化自信。
		Translation	翻译内容聚焦中国文化，翻译文本与单元主题密切相关，帮助学生提高翻译和文化沟通能力。
	Unit project		依据单元主题，设计口头汇报、写作、短剧等形式多样的综合性语言任务，特别加大中国情境下的交际任务比重。基于真实的情境设计、清晰的步骤指导，引导学生通过调研、信息搜索、讨论等方式完成交际任务，在培养创新思维、沟通能力和合作意识的同时，提高讲好中国故事、传播好中国声音的能力。

本册教材在主题上均围绕大学生所熟知的学习、家庭、交友、运动和价值观等主题深入展开。在内容上不仅关注学生语言技能的提升,而且专门设置的 Section C 板块中大量融入中华文化,主要通过语篇和翻译练习的方式使中华文化全方位融入。

(三)文化内容

本书对《新视野大学英语读写教程 1》(第四版)中呈现的文化内容的地域和类型进行频次及其占比统计。最终统计结果如表 4-7 所示:

表 4-7 《新视野大学英语读写教程 1》(第四版)中的文化内容呈现频次及其占比

		Unit 1/次	Unit 2/次	Unit 3/次	Unit 4/次	Unit 5/次	Unit 6/次	占比/%
地域	母语文化	6	9	15	4	11	12	59.4
	目标语文化	2	5	5	4	4	5	26
	国际文化	1	2	1		1	2	7.3
	共有文化	1	1	2		2	1	7.3
类型	文化产品		1	7	6	3	6	24.2
	文化实践	1	5		4	6	5	22.1
	文化观念	10	5	1	1	4	6	28.4
	文化社群	1		1				2.1
	文化人物	3	1	14		2		23.2

从教材文化的地域分布来看,教材中的母语文化、目标语文化、国际文化和共有文化出现的频次占比分别为 59.4%、26%、7.3%和 7.3%。从这一数据可以看出,教材中的母语文化出现频次远多于目标语文化、国际文化和共有文化,充分体现出教材在尊重世界文化多元性的同时,立足中国文化和中国智慧的编写理念。从教材文化的类型来看,文化产品、文化实践、文化观念、文化社群和文化人物出现的频次占比分别为 24.2%、22.1%、28.4%、2.1%和 23.2%。这一数据说明,教材中文化产品、文化实践、文化观念和文化人物的出现频次较为均匀,但是文化社群出现的频次较少。

(四)呈现形式

从教材文化呈现方式的总体数据来看,教材中中华文化的得分超过了目标语文化的得分,这与教材中地域文化内容的分析出现了一致的结果。教材中的文化呈现主要体现在文化语篇、图片/引言、文化表达和语言练习板块。其中,文化语篇和图片/引言部分的目标语文化和中华文化几乎各自占据了半壁江山,而文化表达和语言练习板块的中华文化均超过了目标语文化的分值。(表4-8)

表4-8 《新视野大学英语读写教程1》(第四版)中不同国家文化的呈现方式及强度

单位:分

呈现方式		目标语文化							中华文化						
		Unit 1	Unit 2	Unit 3	Unit 4	Unit 5	Unit 6	总计	Unit 1	Unit 2	Unit 3	Unit 4	Unit 5	Unit 6	总计
文化语篇		10	20	9	20	10	13	82	10	10	20	10	20	7	77
文化知识板块															
图片/引言		8	6	4	6	2	6	32	8	4	14	2	2	4	34
背景文化信息															
练习/活动	文化表达					5		5	5	5					10
	文化理解														
	语言练习	1				2		3	4	5	4	3	9	9	34
总计					122							155			

(五)呈现结构

从中华文化的呈现结构来看,教材绝大部分内容涉及的是中华优秀传统文化和现代文化,部分语篇涉及革命文化。值得一提的是,教材中有文化语篇还专门涉及少数民族文化。以中华文化内容得分比例最高的文化语篇和语言练习板块为例,几乎每个单元都有至少1篇与单元主题相关的中华文化语篇,其中以现代文化为主,部分内容涉及革命文化和传统文化。例如,第五单元的 Text A "Firm belief, eternal friendship"(《坚定的信念,永恒的友谊》)就讲述了中华人民共和国"友谊勋章"的获得者伊莎白·柯鲁克(Isabel Crook)与中国老一辈革命家的革命友谊以及为中国的革命事业做出的卓越贡献。汉译英的语言练习内容也全部来自中华文化,尤其是孔子、孝道、郑和、太极拳等中外人士耳熟能详的中华优秀传统文化。(表 4-9)

表 4-9 《新视野大学英语读写教程 1》(第四版)的中华文化呈现形式

单元	文化语篇	语言翻译练习
Unit 1	The post-00s looking forward to a colorful life	(1)孔子是中国历史上著名的思想家、教育家,是儒家学派的创始人。 (2)《论语》收录了孔子的思想。它是中国古代文化的经典著作,对后来历代思想家和文学家产生了很大影响。 (3)如今,孔子的学说不仅受到中国人的重视,也越来越得到整个国际社会的关注。
Unit 2	Bonds of love	(1)孝道是中国古代社会的基本道德规范之一。 (2)一般来说,孝道指子女对父母应尽的义务,主要包括尊敬、关爱及赡养老人。 (3)孝道是中国社会千百年来维系家庭关系的道德准则。它毫无疑问是中华民族的一种传统美德。
Unit 3	(1)To free the world (2)Cering Dandar, a grassroots hero	(1)郑和 1371 年出生于云南昆明,他不仅是明朝的外交家,也是中国历史上最著名的海上探险家。 (2)从公元 1405 年起的 28 年间,郑和带领船队七下西洋,出海的人员共计 10 多万人,访问了 30 多个国家和地区。 (3)郑和下西洋是世界航海史上的壮举,加强了明朝和海外各国之间的关系。
Unit 4	Chinese people love their social media APPs	(1)随着互联网技术的发展,数字化教育使人们得以通过互联网进入虚拟教室,并随时随地学习。 (2)数字化教育拓展了学习者学习的时间和空间,为终身学习提供了更多的可能性。 (3)中国将坚持教育优先发展,推进教育数字化,建设学习型社会、学习型大国。

续表

单元	文化语篇	语言翻译练习
Unit 5	(1) Firm belief, eternal friendship (2) Picture this: friends forever	(1)新中国成立后,中国坚持独立自主的和平外交政策,在外交方面取得了巨大成就。截至2022年,中国已与181个国家建立了外交关系。 (2)中国始终坚持维护世界和平、促进共同发展的外交政策的宗旨,致力于推动构建人类命运共同体。 (3)在和平共处五项原则的基础上,中国正在为建设和平、繁荣、和谐的世界做出更大的努力。
Unit 6	Lessons China can teach us about fitness	(1)太极拳是一种武术,也是一种健身运动,在中国有着悠久的历史。 (2)太极拳动作缓慢而柔和,适合任何年龄、性别、体型的人。 (3)太极拳可用于防身,又能强身健体,因而深受中国人民和世界人民的喜爱。

二、《新编大学英语》(第四版)的中华文化呈现

(一)教材简介

《新编大学英语》(第四版)出版于2020年8月,由浙江大学何莲珍教授任总主编,编写团队由全国十几所高校的几十位专家共同构成,并由外籍专家参与审定修改。教材共包含4个等级,每个等级都包含综合教程、视听说教程、文化阅读等。该教材的设计和编写以教育部关于提高本科教育质量系列文件和大学英语教学改革的精神为指导,贴近中国大学英语教学实际,并充分吸收国际英语教学的最新研究成果。

首先,教材强调立德树人、以文化人,在编写过程中体现思想性、工具性和人文性的统一。以立德为根本,以树人为核心,从单元话题、学习素材、练习活动等各个方面,将党的二十大精神和社会主义核心价值观等内容有机融入语言学习之中,引导学生树立正确的理想信念,提升品德修养,成为德、智、体、美、劳全面发展的社会主义建设者和接班人。

其次,教材兼顾国际视野和中国情怀。教材在素材选择、练习编写、

活动设计等方面突出国际视野和文化意识，以语言学习为媒介，引导学生从全球视角理解世界发展。同时，教材突出体现文化对比，彰显中华优秀传统文化和中国式现代化的伟大成就，帮助学生提高跨文化交际能力，树立文化自信，学会向世界传播中国声音。

最后，教材主题与素材契合学生的认知水平与兴趣。教材选篇主题广泛，涵盖社会、经济、历史、科技、文化、商业等各个领域，体现从个人生活和校园生活到社会生活和职场生活的过渡。每个主题下的素材视角多元，内涵丰富，贴近学生生活，反映时代特色，契合学生的认知水平和发展需求。

总之，教材以党的二十大精神为指导，以立德树人为宗旨，以提升学生的实际语言应用能力为重点，兼顾思辨能力和跨文化能力的培养。教材在素材选择上和活动设计中融入社会主义核心价值观、社会主义先进文化和中华优秀传统文化，引导学生树立文化自信、坚定理想信念，努力培养德才兼备、知行合一、兼具语言能力、跨文化交际能力和家国情怀的时代新人。

（二）文化主题

《新编大学英语综合教程1》（第四版）共包含8个单元，其中涵盖了理想抱负、生活节奏、亲情友情、人生选择、文化差异、思维模式、人生态度和社交媒体等8个话题，均与大学生的生活与学习、应具备的知识与能力密切相关。（表4-10）

表4-10 《新编大学英语综合教程1》（第四版）中的文化主题

单元标题（主题）	单元结构		板块内容
（1）Good to great（理想抱负） （2）The pace of life（生活节奏） （3）In the name of love（亲情友情） （4）The art of choice（人生选择）	Lead-in	Quotation	引用与单元主题相关的名言警句，凸显主题内涵。
		Set the scene	通过简洁生动的文字引入主题单元，激发学生学习兴趣。
		Learning objectives	从单元内容、写作策略、交际能力等维度设定学习目标，帮助学生明确学习目标和重点，便于学生自我评价。

续表

单元标题（主题）	单元结构	板块内容
（5）Bridge cultural gaps（文化差异） （6）Think for a change（思维模式） （7）Have a nice day!（人生态度） （8）Communication at your fingertips（社交媒体）	Reading 1 & Reading 2	**Get ready to read**：采用音频、视频或图片等生动有趣、契合文章主题的输入材料，通过理解性练习和思考讨论题，为学生深入学习文章做好铺垫，同时培养学生的视听、读图和口头交流能力。
		Read and understand：Global understanding 通过思维导图填空、文章主旨选择、段落大意匹配等灵活多样的练习帮助学生梳理和整合文章主旨大意；Detailed understanding 通过正误判断、信息匹配、单项选择、图表填空等练习检测学生对文章重点细节内容的理解。
		Read and think：从写作技巧和主题内容两个方面对文章进行探讨；引导学生思考文章写作手法和特点，如叙事顺序、修辞手法、写作意图、立论驳论等；针对文章主要观点或内容，引导学生结合自身经历，进行多维度的思考和探讨，拓展视角，深化理解，提升学生的综合阅读理解能力和思辨能力。
		Read and practice：考查并巩固学生对课文重点单词、短语、搭配、句式等的掌握和应用。从语义到语用，从句子到语篇，帮助学生在不同层面扩展和巩固语言储备，学以致用。
		Read and translate：包含汉译英（Reading1）、英译汉（Reading 2）两个翻译练习，从第一级的句子翻译逐步过渡到第二、三、四级的段落翻译。翻译练习贴近单元主题，彰显中华优秀文化，在提高学生翻译技巧的基础上，培养他们对主题相关内容的理解和表达能力，引导他们用英语讲述中国故事。
		Read and write：通过讲解和分步练习，引导学生挖掘、理解、内化课文中的谋篇布局、遣词造句、修辞手段等写作技巧，以及写作过程中构思、撰写及修改阶段的不同策略，并最终应用在相应的写作任务中。

续表

单元标题（主题）	单元结构	板块内容
	Unit project	依据单元主题及两篇阅读文章的内容，设计相关的任务情境，逐步引导学生在具体情境中结合单元所学，通过口头汇报、写作、辩论、短剧等形式实现语言表达、知识和技巧的迁移和应用，同时培养沟通协调、解决问题等多元能力。

从上表内容可以看出，本册教材单元主题围绕大学生的学习、生活、社交、理想、人生规划等话题逐层展开，在话题设置上与大学生的身份以及兴趣爱好密切相关。在每个单元的具体内容上，均通过格言英语和汉英互译等专门的板块融入与主题内容相关的文化内容。

(三)文化内容

本书根据张虹、李晓楠研制的《英语教材文化呈现分析框架》对《新编大学英语综合教程1》(第四版)中的文化内容出现的频次及其占比按照地域和类型进行分类统计。最终统计结果如表4-11所示：

表4-11 《新编大学英语综合教程1》(第四版)中的文化内容呈现频次及其占比

		Unit 1/次	Unit 2/次	Unit 3/次	Unit 4/次	Unit 5/次	Unit 6/次	Unit 7/次	Unit 8/次	占比/%
地域	母语文化	4	1	1	3	13	5	2	7	45
	目标语文化	3	3	1	2	6	5	2	1	28.75
	国际文化	2	1		1	5		2	1	15
	共有文化	1	1	2	1	1	1	1	1	11.25
类型	文化产品	5	4		2	2	1	1		21.43
	文化实践	1			1	9	2		5	25.71
	文化观念	4	2	2	2	6	3	6	1	37.14
	文化社群									
	文化人物	2		1			2	3	2	15.71

从统计结果可以看出，在《新编大学英语综合教程1》(第四版)中，母

语文化出现的频次多于目标语文化、国际文化和共有文化出现的频次,目标语文化出现的频次仅次于母语文化,说明教材编写团队一方面非常注重在新版教材中融入母语文化,另一方面也关注到语言和文化的相互融合。与此同时,国际文化和共有文化在教材每一单元的分布较为均匀,在国际文化的呈现上涉及亚洲、非洲、南美洲及意大利、法国等不同区域和国家的文化,在每一单元的语篇中也比较强调全球共有的理念和做法,关注世界共同的文化。这也说明教材关注到了世界文化的多样性,注重教材文化的多元呈现。

从教材文化呈现的类型来看,教材对于文化产品、文化实践、文化观念和文化人物的关注较多。同时,由于教材在每个单元的主题设置上几乎全部涉及与理想抱负、生活节奏、亲情友情、人生选择、文化差异、思维模式和人生态度等人生观和价值观相关的话题,因此教材对于文化观念的关注频次占比最高,对于文化社群的关注较少。

(四)呈现形式

《新编大学英语综合教程1》(第四版)对于目标语文化和中华文化的呈现方式差异较大。教材对于目标语文化的呈现主要通过文化语篇和语篇中的背景文化信息的方式,而对于中华文化的呈现则主要通过图片/引言和语言练习的方式。这说明教材对于目标语文化的呈现主要依靠的是背景文化的自然融入,而对于中华文化的呈现则主要依靠文化板块的专门设置和语言练习的专门融入。(表4-12)

(五)呈现结构

《新编大学英语综合教程1》(第四版)对于中华文化呈现最为显著的两个板块是图片/引言和语言练习板块。从这两个板块的具体内容来看,教材中主要融入的中华文化类型是传统文化和现代文化。在图片/引言中突出呈现来自《易经》《论语》《孟子》《礼记》《荀子》等中国古代经典论著的英语译文以及王阳明、张履祥等中国古代学者的言论和思想。在语言练习板块突出呈现的则是中国传统和现代的文化实践和文化观念,如丝绸之路的精神内涵、中国特色社会主义、中国网络文化等带有鲜明的中华文化特色的词汇和翻译练习。然而,教材中很少涉及中华革命文化的内容,对于中华革命文化元素的融入较少。

表4-12 《新编大学英语综合教程1》(第四版)中不同国家文化的呈现方式及强度

单位:分

呈现方式		目标语文化									中华文化								
		Unit 1	Unit 2	Unit 3	Unit 4	Unit 5	Unit 6	Unit 7	Unit 8	总计	Unit 1	Unit 2	Unit 3	Unit 4	Unit 5	Unit 6	Unit 7	Unit 8	总计
文化语篇						10	10			20					10				10
文化知识板块										0									0
图片/引言										0	2	2	2	2	2	2	2	2	16
背景文化信息		2	4		2	2	6	4	2	22				2					2
练习/活动	文化表达					3				3	4				3				7
	文化理解	2				5	2			9						4			4
	语言练习				1	1				2	2				2	8	2	1	7	22
总计						56									61				

三、《新标准大学英语》(第三版)的中华文化呈现

(一)教材简介

《新标准大学英语》(第三版)由北京外国语大学文秋芳教授和张虹教授担任主编,编者团队由张虹教授、北京语言大学高秀平老师和首都师范大学邱琳副教授等人组成。教材以习近平新时代中国特色社会主义思想和党的二十大精神为指引,以《大学英语教学指南》(2020版)和教育部《高等学校课程思政建设指导纲要》等文件为遵循,以中国原创的外语教学理论"产出导向法"为特色,精心组建团队编写而成。教材内容具有时代性、思想性、科学性和育人性。教材具有以下特色:

一是价值引领：树立文化自信，讲好中国故事。教材将社会主义核心价值观深深根植于外语教学之中，强化价值引领。选材和活动设计等方面有机融入党的百年奋斗伟大成就和历史经验，展现社会主义先进文化，弘扬革命文化，传承中华优秀传统文化，引领学生坚定文化自信，增强国家认同，将个人发展与社会发展、国家发展紧密相连，成为"知中国、爱中国、讲中国"的国际传播人才。

二是国际视野：展现多元文化，促进文明互鉴。教材呈现世界多元文化和社会习俗，开阔国际视野，促进文明互鉴。教材通过文化内涵丰富的文本和音视频、文化专题板块、文化注释、文化翻译、实践练习等，呈现文化内容，探析文化异同，评鉴文化案例，帮助学生在增强国家认同的基础上，尊重世界文明多样性，坚持文明交流互鉴理念，开展灵活、有效且有原则的跨文化沟通。

三是学用一体：立足本土学情，促进全面发展。教材立足中国学情，关注中国大学生英语学习需求，致力于解决我国外语教育中存在的"学用分离、文道割裂"问题。教材以具有交际真实性的产出任务为抓手，根据产出目标提供学习素材，环环相扣设计练习活动，使教学内容有效促成产出，实现学生英语应用能力、跨文化交际能力、思辨能力、自主学习能力、创新能力和综合文化素养的全面发展。

总而言之，教材以服务全面建设社会主义现代化国家对人才培养的需要为宗旨，以落实立德树人为根本任务，深入践行党的二十大精神与课程思政理念，全面贯彻价值塑造、知识传授和能力培养三位一体的育人理念，帮助学生提升语言能力、厚植家国情怀、拓展国际视野、讲好中国故事、传播好中国声音，展现可信、可爱、可敬的中国形象，成为文明交流互鉴的使者。

(二)文化主题

《新标准大学英语综合教程1》(第三版)共由6个单元构成，涵盖了大学生活、语言学习、饮食文化、文化传承、英雄故事和绿色发展这6个主题的文化内容(表 4-13)。

表 4-13 《新标准大学英语综合教程 1》(第三版)中的文化主题

单元标题(主题)	单元结构	板块内容
(1)College: survive and thrive（大学生活）(2) New words, new worlds（语言学习）(3)Taste life（饮食文化）(4)Handing it down（文化传承）(5)The admirable（英雄故事）(6)Go green（绿色发展）	Learning objectives	从单元内容、产出任务、交际技能等维度呈现单元学习目标,明确学习重点。
	Scenario	设置真实交际场景与产出任务,搭配简短有趣的视频,创造沉浸式体验,激发学习兴趣;引导学生尝试完成任务,发现不足,驱动学习。
	Active reading	精选一篇阅读文章,结合多类型练习活动和阶段性产出任务,提升语言、思辨、跨文化等多元能力,并为完成单元产出任务搭建内容、语言、技能等多个层面的"脚手架"。
	Further exploration	精选一篇短篇阅读文章与一段视听素材,配以理解性练习和阶段性产出任务,带领学生感知多元文化,对比文化异同,并为完成单元产出任务进一步搭建内容、语言"脚手架"。
	Speaking guide/Writing guide	第三册与第四册分别设置 Speaking guide 与 Writing guide 板块,围绕单元产出任务,讲解技能要点,提升口语与写作输出能力。
	Project	综合运用单元所学,结合交际技能,分步引导学生完成单元产出任务,提升学生语言应用、跨文化交际、思辨、创新等多元能力。
	Extended reading	精选一篇与单元主题相关的阅读文章,启迪心灵,拓宽思维,提升阅读能力和自主学习能力。
	Self-reflection	呼应 Try it out 板块,设置自评表格,引导学生总结收获,发现不足,为更有针对性的复习提供依据;特别设置育人维度,引导学生将单元所学内化于心、外化于行,落实立德树人。

教材主编文秋芳教授认为,大一学生大致有 3 个特点:一是刚到大学

的新生不太容易适应大学生活。进大学前,一般学生都习惯于生活上依赖父母,学习上依赖老师。进入大学后,需要生活上独立,学习上自主。这一变化易使学生产生孤独感和无助感。因此,在教材的主题设置上有必要在第一册第一单元安排有关适应大学生活的主题,其中涉及如何料理个人日常生活、如何理财、如何应对大学学习压力产生的焦虑、如何结交朋友、如何参加社团活动等内容。二是大一新生一般都有强烈的求知欲和进取心,期待自己能在大学学到与高中不同的知识。为了满足学生这一需求,单元主题除帮助学生克服孤立感和无助感外,教材内容一般都要超过高中的知识范畴。三是在大一学生群体中存在的非对即错、非黑即白的二分对立思维现象比较普遍。为了逐步改变学生简单的思维模式,大学英语第一册中安排的单元主题会呈现问题的复杂性。教材单元围绕学生的学习、日常生活和文化以及社会和国家的发展这两条主线进行,既有助于提升学生的学习兴趣,又能帮助学生树立正确的世界观、人生观和价值观,使其兼具家国情怀和国际视野,还助力学生批判性思维能力的培养,非常符合高等院校立德树人的根本宗旨和培养时代新人的教育目标。在内容的编排上,教材也非常注重培养学生的文化比较和分析能力,形成跨文化视角。例如,在教材第五单元就设置了两篇文章分别讲述中国英雄袁隆平的故事和介绍西方社会对于英雄的看法和赋予英雄主义的内涵,给学生带来鲜明的中西文化比较视角。

(三)文化内容

根据张虹、李晓楠的《英语教材文化呈现分析框架》,本书以《新标准大学英语综合教程1》(第三版)为例,对新标准系列教材中的文化呈现内容按照地域和类型出现的频次及其占比加以统计。统计结果如表4-14所示:

表 4-14 《新标准大学英语综合教程 1》(第三版)中的文化内容呈现频次及其占比

		Unit 1/次	Unit 2/次	Unit 3/次	Unit 4/次	Unit 5/次	Unit 6/次	占比/%
地域	母语文化	5	10	12	12	12	5	46.28
	目标语文化	3	8	3	2	5	3	19.83
	国际文化	3	11	5		2	6	22.31
	共有文化		1	2	1	3	7	11.57
类型	文化产品	3	6	16	6	1	1	33.67
	文化实践	9	5		6	3	11	34.69
	文化观念		9	1	1	2		13.27
	文化社群		1	1				2.04
	文化人物		8			8		16.33

统计结果表明,母语文化是教材中 4 种地域文化出现频次最多的。说明教材在编排的过程中特别注重通过各种不同的方式融入中华文化。排名第二的是国际文化,其中涉及印度、俄罗斯、法国、德国等多个国家的文化。每种文化在每个单元中出现的频次相对比较均匀,说明教材在每个单元的设计中不仅立足中华文化,同时还致力于展现世界多元文化。

从文化类型来看,文化实践和文化产品出现的频次最高,其次是文化人物和文化观念。这种设计和编排也比较符合大一新生的身心特点。与此同时,与同类教材易于忽视文化社群的现状相比,该套教材在个别单元关注到了文化社群的存在,在文化类型上覆盖比较全面。

(四)呈现方式

通过对教材中目标语文化和中华文化的呈现方式赋予相应的分值,可以发现教材中中华文化的分值远超目标语文化的分值,其中目标语文化的分值为 44 分,而中华文化的分值达到了 119 分。目标语文化主要通过文化语篇、图片/引言和背景文化信息呈现,而中华文化的呈现方式则更加多样化,不仅包括文化语篇、图片/引言和背景文化信息,还注重通过语言练习和文化表达的方式加强学生的跨文化交际能力、对于中华文化

的英语表达力和传播力。（表4-15）

表4-15 《新标准大学英语综合教程1》（第三版）中不同国家文化的呈现方式及强度

单位：分

呈现方式		目标语文化							中华文化						
		Unit 1	Unit 2	Unit 3	Unit 4	Unit 5	Unit 6	总计	Unit 1	Unit 2	Unit 3	Unit 4	Unit 5	Unit 6	总计
文化语篇		6	3			9	4	22		12	3	10	10		35
文化知识板块								0							0
图片/引言			2		2			4		2	6	14			22
背景文化信息		3	3	3	1		2	12	1		4			1	6
练习/活动	文化表达							0			10	10	5		25
	文化理解		6					6							0
	语言练习							0	5	7	6	4	5	4	31
总计				44								119			

（五）呈现结构

《新标准大学英语综合教程1》（第三版）中呈现的中华文化以传统文化和现代文化为主，同时兼顾了革命文化。例如，在教材的文化语篇中不仅提到了汉语中的"上火""肝火""胃火""阴阳"等传统文化的表达，讲述了"共和国勋章"的获得者、"杂交水稻之父"、中国当代英雄袁隆平的故事，还通过文化表达任务的设置引导学生讲述中国革命英雄赵一曼的生平事迹。可以说，教材在文化内容上对于中华文化的不同类型涵盖得比较全面，有效实现了在教材中融入中华优秀传统文化、中国革命文化以及社会主义先进文化这一教材编写目的。

四、《新未来大学英语》的中华文化呈现

(一)教材简介

《新未来大学英语》出版于 2021 年,由中外外语教育专家和一线高校教师共同编写而成。教材包含 4 个级别,分别对应个人领域(级别 1)、公共领域(级别 2)、职场领域(级别 3A)和学术领域(级别 3B),每个级别都配套有综合教程和视听说教程。在定位上,该教材以服务我国积极参与全球治理、构建人类命运共同体、促进人的全面发展和社会全面进步为宗旨,致力于培养国家急需的具有中国情怀和国际视野、堪当中华民族复兴大任的国际化人才。教材内容扎根中国,有机融入社会主义核心价值观、中国梦、文化传承、"一带一路"倡议、人类命运共同体理念等思政关键话题,同时注重架设沟通中外的桥梁,重视培养学生用英语讲好中国故事的能力,将中华文化元素有机融入教材内容。每单元还专门设有 Wisdom of China 和 Voice of China 板块,集中学习和探讨中华优秀文化。

(二)文化主题

《新未来大学英语综合教程 1》共包含 6 个单元,涵盖了大学、学习、饮食、旅行、爱情和梦想这 6 个主题,非常符合大学生的身心成长特点。表 4-16 是每个单元的结构和各板块的内容。

表 4-16 《新未来大学英语综合教程 1》中的文化主题

单元标题(主题)	单元结构	板块内容
(1) A new life, a new you（大学） (2) Learning is living（学习） (3) A matter of taste（饮食） (4) A journey into the unknown（旅行） (5) Love is in the air（爱情） (6) Passing the torch（梦想）	Objectives	从交际任务、语言能力、思辨能力、跨文化能力等方面呈现每个单元各个部分的主要学习目标，明确学习重点。
	Warming up	每个单元通过小组讨论、头脑风暴、问卷调查等多样有趣的活动，激发学习兴趣，激活知识储备，为进入深度学习做好准备。
	Section 1	以情景剧的方式呈现学习内容，学生跟随主角一幕幕体验剧情发展，一步步积累语言资源，一项项参与交际活动，循环进行听说读写活动的积极体验、观察反思、规律提炼、应用创造，最后合作完成综合产出任务。
	Project	该部分设置产出任务环节，引导学生顺承剧情发展，综合运用所学知识和技能完成任务，提高解决问题的能力。
	Section 2	该部分提供两篇与单元主题相关的课文，Text A 用于深度阅读，Text B 用于泛读。课文注重中外文化多元视角。引导学生提高语言能力、思辨能力和跨文化能力。
	Self-reflection	该部分从任务完成、技能提升等方面引导学生反思单元目标达成情况。
	Wisdom of China	呈现与单元主题相关的中华优秀传统文化和社会主义先进文化。

本册教材所有的单元主题均围绕大学生个人的观念、生活、学习和成长这一主线进行设计，在主题上就已经体现出文化产品、文化实践和文化观念等文化内容，在选材上易于融入中外文化，形成中外文化的对比，也便于培养学生的跨文化交际能力。例如教材第六单元的 Section 2 就分别使用 Text A 和 Text B 两篇文章，分别讲述了中国科学家南仁东如何

以实际行动实现科学梦想的英雄故事和美国四代年轻人的不同特征和理想追求,帮助学生有效理解世界文化的丰富多彩和多样性,"在比较和实践之中鉴别和评价文化异同"①,对培养学生的中外融通能力至关重要。

(三)文化内容

根据张虹、李晓楠研制的《英语教材文化呈现分析框架》,本书对《新未来大学英语综合教程1》中的文化呈现按照地域和类型进行分类,依据其出现的频次及其占比进行统计。最终结果如表4-17所示:

表4-17 《新未来大学英语综合教程1》中的文化内容呈现频次及其占比

		Unit 1/次	Unit 2/次	Unit 3/次	Unit 4/次	Unit 5/次	Unit 6/次	占比/%
地域	母语文化	7	7	17	23	9	12	53.2
	目标语文化	5	2	11	4	12	9	30.5
	国际文化	1	1	9			1	8.5
	共有文化	2	4	1		3	1	7.8
类型	文化产品	4		10	15	8		37
	文化实践	4	5	8	4	2	7	30
	文化观念	1	7		1	2	6	17
	文化社群	1				2	2	5
	文化人物	3	1		2	4	1	11

从文化呈现的地域维度来看,这本教材的中华文化内容占比最高。这一结果与张铁夫等(2023)对这套教材的3A分册进行量化研究的结果具有一致之处。在地域文化呈现的频次上次于中华文化的分别为目标语文化、国际文化和共有文化。这一结果也充分说明教材在编写原则上对于跨文化教学方面内容的充分呈现,充分体现出这套教材在编写过程中始终突出对于学生跨文化能力的培养。从呈现的内容来看,在目标语文化上以英美等主要英语国家的文化为主,在国际文化上还涉及法国、意大

---

① 张铁夫、王凯伦、袁睿:《大学英语教材跨文化能力培养研究——以〈新未来大学英语综合教程〉为例》,《山东外语教学》2023年第1期,第71页。

利、墨西哥、菲律宾、柬埔寨等国家的文化。以上说明教材在兼顾英美文化和世界多元文化的同时,始终扎根中华文化,致力于提升学生的中华文化英语理解力、表达力和传播力。

从文化呈现的类型来看,教材在文化产品和文化实践维度呈现的频次远多于对于文化观念、文化人物和文化社群等其他方面的呈现。说明教材在内容设计的过程中充分考虑到学生作为大一新生的身份。这一阶段的学生对于学习充满热情,对于未知充满好奇心,乐于接受新鲜事物,也愿意切身体验文化的多样性。

(四)呈现方式

《新未来大学英语综合教程1》对于目标语文化和中华文化的呈现在方式和强度上具有明显的差异。教材对于目标语文化主要通过文化语篇、文化知识板块和图片/引言的方式呈现。例如,从教材第二单元到第六单元,每个单元均有至少1篇文章专门呈现目标语国家的相关主题文化,满足学生在目标语学习的过程中理解目标语文化的认知需求。教材对于中华文化主要通过文化知识板块、文化表达和语言练习的方式加以多维度呈现。(表4-18)例如,教材每个单元均设置至少1个与单元主题相关的用英语表达中华文化的任务环节,每个单元都设置有 Wisdom of China 板块,通过文化经典语句、文化知识介绍、文学文本描述等方式帮助学生积累中华文化英语表达的素材,说明教材编者在编写教材的过程中充分考虑到学生的跨文化交际需求,通过多种方式增强学生对于中华文化的英语理解力和中国智慧的英语传播力。

第四章　大学英语教材中的中华文化呈现

表 4-18　《新未来大学英语综合教程 1》中不同国家文化的呈现方式及强度

单位:分

呈现方式		目标语文化							中华文化						
		Unit 1	Unit 2	Unit 3	Unit 4	Unit 5	Unit 6	总计	Unit 1	Unit 2	Unit 3	Unit 4	Unit 5	Unit 6	总计
文化语篇			10	10	10	20	10	60	10			10		10	30
文化知识板块		3		6		15	35	59		5	15	35	10	25	90
图片/引言		2		10	6	4	2	24	4	2	6	16	2		30
背景文化信息		5		1		1		7	2				1		3
练习/活动	文化表达					5		5	5	1	15	20	5	10	56
	文化理解			3		3		6				3			3
	语言练习		2	1	4			7	2	4	7	10	6	3	32
总计					168							244			

(五) 呈现结构

张虹、于睿(2020)将中华文化分类为传统文化、革命文化和现代文化。按照这一分类对《新未来大学英语综合教程 1》中的中华文化进行分析,结果发现,教材中对于中华文化的呈现以传统文化和现代文化为主,对于革命文化的呈现微乎其微。例如,教材每个单元专门设置的中华文化知识板块和中华文化英语表达的任务内容全部都是传统文化和现代文化的范畴,几乎不涉及革命文化。具体内容见表 4-19:

表 4-19　《新未来大学英语综合教程 1》中 Wisdom of China 板块的主题

单元	Wisdom of China 板块主题	文化表达任务
Unit 1	(1)大学之道,在明明德,在亲民,在止于至善。(《礼记》) (2)德操然后能定,能定然后能应。能定能应,夫是之谓成人。(《荀子》)	Write a short essay about the future of education in China.

续表

单元	Wisdom of China 板块主题	文化表达任务
Unit 2	闻鸡起舞	Write a narrative essay describing your experience of "learning to become local".
Unit 3	八大菜系	(1) Make a presentation about the dish from your hometown. (2) Write a short essay explaining Chinese people's attitude toward eating together.
Unit 4	《西游记》	(1) Plan an itinerary for a foreign friend's two-day visit to your hometown. (2) In China, people say, "Read ten thousand books, and travel ten thousand miles". Write a short essay describing one of your own travel experiences and explaining what you learned from the experience.
Unit 5	孝道	In China, people express their love to parents, teachers, friends, etc. in various ways. Write a short essay reflecting on how you would like to express love.
Unit 6	The Chinese dream	Let us know your thoughts in the national essay competition "Different generations, different dreams?" and get your essay published in a national paper.

五、大学英语教材文化呈现的讨论与建议

(一)讨论

1.文化地域、文化类型、呈现方式、呈现结构

本书所选的4套教材均出版于2020年以后,都是在教育部《高等学校课程思政建设指导纲要》和《大学英语教学指南》(2020版)有关大学英语教学的理念的指导下编写而成。因此,这4套教材都在文化地域上特

别注重对于母语文化也就是中华文化的融入,对于中华文化的呈现频次总数均超过了目标语文化、国际文化和共有文化。以每套教材的第一册为例进行量化分析,可以发现,4套教材对于中华文化的呈现频次占比分别达到57%、45%、46.28%和53.2%,均达到教材文化呈现总频次的一半左右,说明这4套教材既重视用英语表达和传播中华文化,又尊重世界文化的多样性,注重呈现世界多元文化,帮助学生兼顾家国情怀和国际视野。

4套教材中的第一册都是针对刚刚入校的大一新生编写而成,所以在文化类型上都比较强调文化产品、文化实践、文化观念和文化人物,对于文化社群普遍涉及较少,或者没有涉及。

4套教材在中华文化的呈现中均注重通过词汇填空和英汉翻译等语言练习和图片/引言的方式来呈现中华文化。《新视野大学英语读写教程1》(第四版)、《新标准大学英语综合教程1》(第三版)、《新未来大学英语综合教程1》还注重通过文化语篇直接呈现中华文化。其中,《新视野大学英语读写教程1》(第四版)中的中华文化语篇数量最多,频次最高,每个单元均有相应的中华文化语篇;《新未来大学英语综合教程1》注重通过语言任务的设置引导学生开展中华文化的英语表达练习;《新标准大学英语综合教程1》(第三版)还注重通过背景文化信息的方式融入中华文化。与这3套教材相比,《新编大学英语综合教程1》(第四版)对于中华文化的呈现方式相对单一。

在中华文化的呈现结构上,4套教材均呈现了大量中华传统文化和现代文化,对于革命文化的呈现普遍较少。《新编大学英语综合教程1》(第四版)和《新未来大学英语综合教程1》中几乎没有涉及革命文化;《新视野大学英语读写教程1》(第四版)中设置了一个文化语篇讲述了中华人民共和国"友谊勋章"的获得者伊莎白·柯鲁克与中国老一辈革命家的革命友谊以及为中国的革命事业做出的卓越贡献;《新标准大学英语综合教程1》(第三版)中设置了一个文化表达的任务引导学生讲述革命烈士赵一曼的英雄事迹和生平故事。

2.教材模块设置特色

"单独在每个单元同一模块中呈现某种文化,可能会使学生更加关注这个模块,对该模块的内容有更系统的梳理和理解。"①4套教材在模块设置的过程中均留有专门的模块融入中华文化。《新视野大学英语读写教程1》(第四版)和《新未来大学英语综合教程1》均设置了与中华文化直接相关的模块,专题融入与单元主题相关的文化语篇、文化翻译或者文化知识板块。前者设置了Section C板块,通过中华文化语篇和中华文化句子翻译的方式融入中华文化;后者设置了Wisdom of China模块,融入中华文化特色元素。《新编大学英语综合教程1》(第四版)在每个单元的Unit overview中设置专门的中华名言板块,凝练和彰显单元主题;《新标准大学英语综合教程1》(第三版)在每个单元的汉译英板块中均大量融入中华文化相关的句子翻译。

(二)建议

通过对外语教学与研究出版社出版的4套教材中的文化呈现内容和方式进行梳理和分析,本书对大学英语教材的编写提出如下建议:

1.中国大学英语教材应合理呈现目标语文化、中华文化和世界多元文化

2014年,习近平提出"文明因交流而多彩,文明因互鉴而丰富"。自2020年以来,教育部《高等学校课程思政建设指导纲要》和《大学英语教学指南》(2020版)也先后提出要将中华文化融入大学英语课程教学。作为大学英语课程教学的重要载体,大学英语教材必然要合理呈现目标语文化、中华文化和世界多元文化。由于语言是文化的重要载体,因此英语学习的教材必然要融入英国、美国、加拿大、澳大利亚、新西兰等目标语国家的文化。在此基础上,大学英语教材可以适当扩大英语国家的国别范围,适当融入爱尔兰、新加坡、牙买加、马来西亚等其他以英语作为主要语

---

① 李晓楠、张虹、常文哲等:《俄罗斯英语教材文化呈现研究》,《山东外语教学》2023年第1期,第51页。

言的国家文化。中国的大学英语教材必然要通过中华文化的呈现增强学生的文化认同和文化自信,不仅注重呈现传统文化和现代文化,也同样不能忽视对于革命文化的呈现,要善于"通过不同方式介绍中华民族传统美德、历史文化、科技成就、人文典故和革命成果等"①。通过呈现世界多元文化,大学英语教材可以帮助学生深切体会世界文化的多样性,开阔国际视野。同时,在世界文化呈现的过程中,可以与我国的"一带一路"倡议保持一致,适当强调对于"一带一路"共建国家文化的呈现,帮助我国学生加强对于"一带一路"共建国家风土人情、历史传统和文化风貌的了解和认识。

2. 中国大学英语教材应做好设计编排,注重培养学生用英语讲好中国故事的能力

4套教材对于中华文化的呈现方式各不相同,但是共同点在于,都选择通过语言练习的方式融入中华文化。这种文化呈现方式存在一定的弊端。一是以词汇填空和句子翻译等语言练习的方式呈现的中华文化与单元主题联系不够紧密,呈现的中华文化往往难以形成体系;二是通过语言练习呈现的中华文化属于隐性呈现,因此在引导不足的情况下学生可能会更加关注语言学习本身,而不是语言中蕴含的文化内容,这就导致这种文化呈现失去了价值引领的作用。

因此,大学英语教材在设计编排的过程中应该做好整体规划。一是注重融入与单元主题密切相关的中国衣食住行、风俗礼仪、历史文化、文学典故、音乐艺术、思想观念、革命故事等各种类型的中华文化,而不应该只关注传统文化或者现代文化。二是注重中华文化呈现的方式要由简到难、由浅入深、循序渐进。低年级的大学英语教材可以更重视有关中华文化的文化产品、文化实践和文化人物的呈现,高年级的大学英语教材则适当增加对于与中华文化相关的文化观念和文化社群的融入,各册之间的内容可以交叉重叠,难度呈螺旋式上升。三是文化呈现方式可以更加多

---

① 葛囡囡:《中国德语教材文化呈现研究——以〈当代大学德语〉为例》,《外语教育研究前沿》2022年第4期,第66页。

样化,不仅可以通过语言练习、文化知识板块、文化语篇等输入的方式呈现中华文化,还可以通过文化表达任务和项目等方式系统融入,以输出的方式进一步增强学生用英语理解中国智慧、表达中国思想、传播中华文化、讲好中国故事的能力。

3.中国大学英语教材应通过文化比较和文明互鉴的方式培养学生的跨文化思辨能力

教材的文化呈现不应单向,而应双向或多向。大学英语教材的文化呈现可以以多样的方式展开。一是在大学英语教材的文化设置中,中华文化和其他国家文化可以互为基点,引导学生更好地理解其他国家文化、表达和传播中华文化,形成跨文化比较和思辨。例如,在《新标准大学英语综合教程1》(第三版)第五单元中,就通过两个文化语篇分别呈现了中国当代英雄袁隆平的生平故事与先进事迹和西方文学作品中呈现出来的各种英雄形象,引导学生对比中西方英雄形象的异同,体会英雄内涵的多样性。二是在文化板块的内容设计上可以呈现中外文化交相出现的场景,引导学生比较中外文化的异同,体会文化融合。例如,在《新未来大学英语综合教程1》第三单元中,就通过文化知识板块呈现了中国、美国和埃及的当地美食,引导学生比较和分析中外美食文化的异同。三是围绕主题采取互联互通互鉴的视角设计和呈现文化内容,引导学生思辨、反省、探究、共情和体验,"通过难度和篇幅适当的文化语篇及配套练习引导学生从不同视角阐释、对比、分析、评价不同文化,并进行再创造"[①]。以社交媒体这一主题为例,《新视野大学英语读写教程1》(第四版)第四单元就通过3个不同的语篇展示了不同国家的人们社交媒体的使用状况,同时展示了社交媒体给人们的生活带来的利与弊,既引导学生对比不同国家的社交媒体使用状况,也让学生辩证思考社交媒体的好处与坏处、正视合理使用社交媒体的重要性。只有通过不同文化的共现和互鉴,才能培养学生的文化思辨能力,坚定学生的文化自信,并进一步发挥大学英语

---

① 葛囡囡:《中国德语教材文化呈现研究——以〈当代大学德语〉为例》,《外语教育研究前沿》2022年第4期,第67页。

第四章 大学英语教材中的中华文化呈现

教材的文化育人功能。

在立德树人总目标和课程思政总要求的指导下,以外语教学和研究出版社出版的4套大学英语教材为代表的新时代大学英语教学已经开始关注到在教材的结构和内容中呈现中华文化以及世界多元文化的重要性。这些教材虽然在中华文化的呈现结构上还有进一步改进的空间,但是在中华文化的板块设置中已经进行了积极的探索。未来的大学英语教材和教材的使用者们还可以进一步挖掘中国文化元素,进一步增强学生用英语表达和传播中华文化的能力,以期更好地培养具有中国情怀、国际视野和跨文化沟通能力的新时代人才。

第五章　大学生中华文化英语传播能力的提升

党的二十大报告中对"推进文化自信自强,铸就社会主义文化新辉煌"作出重要部署,强调要"增强中华文明传播力影响力"。增强中华文化传播力不仅要解决"传播什么"和"怎样传播"的问题,还要解决"由谁传播"的问题。高等教育亟须"培养一批知中国、爱中国、懂中国,会讲中国故事、能够讲好中国故事的时代新人"[1]。传播中华文化、讲好中国故事,外语能力是关键。因此,大学生中华文化传播力的提升离不开外语教育的发展。"没有外语的桥接,中国的国际传播力和影响力、中华文化的感召力、中国形象的亲和力、中国话语的说服力、国际舆论的引导力就难以产生真正的能动效应,展现真实、立体、全面的中国则难乎其难,中国故事、中国方案和中国智慧等终将难以真正走出国门。"[2]王守仁认为,大学英语教学不仅要注重学习西方文化传统、了解西方文化的主要表现形式以及支撑西方文化的核心价值、观念和视角,而且要强调了解中国文化,学习如何以西方能够接受的方式介绍中国文化、介绍中国特色社会主义、介绍中国改革开放的成就以及解释当代中国社会,从提升中国文化软实力、建设社会主义文化强国的国家战略高度来认识大学英语课程的人文性,以更好地应对中外文化交流、交融、交锋的挑战。中华文化的对外传播,除官方层面的新闻发布之外,也应该包括非官方层面的、民间的个体传播。大学英语课程作为全国所有高校学生均要修读的公共必修课和核

---

[1] 吴岩:《中国式现代化与高等教育改革创新发展》,《中国高教研究》2022年第11期,第28页。

[2] 王文斌:《外语教育能力建设是提升国际传播力的基本前提》,《语言战略研究》2022年第6期,第8页。

心通识课,教学周期长,涉及的受众范围广,理应助力具有较好外语基础、受过高等教育的大学生群体,积极有效参与传播中华文化的实践。因此,培养大学生的中华文化英语传播力,就成了大学英语教学的重要组成部分。

第一节 大学生中华文化英语传播能力提升的困境

当代大学生使用英语进行中华文化传播的能力还存在一定的薄弱之处,主要问题体现在中华文化知识欠缺、中华文化意识薄弱、跨文化交际能力不足等方面。

一、中华文化知识欠缺

绝大部分大学生在经历了小学、初中和高中的高强度学习之后,已经具备了相对丰富的中华文化知识。然而,这并不代表学生有能力用准确的英语去表达这些文化知识。

为了考查大学生用英语表达中华文化的能力,羊媛以测试卷的形式,调研了所在学校(西南财经大学天府学院)的337名学生用英语表达中华文化的能力。测试包括名词翻译、词条解释、段落翻译和写作4个部分,主要涉及中国传统节日、风土人情、文学、历史名人、国家政策、经典著作等方面。测试结果显示,大学生用英语表达中华文化的能力十分不足,中华文化传播力严重欠缺。相较于非英语专业的学生,英语专业的学生表现出了一定的优势,但总体仍然呈现出严重的能力不足,在解释中国古典文学、国家政策、经典著作时,显得尤为力不从心。而非英语专业的学生针对这一测试不仅答案正确率低,答题时间很长,在遇到一些具有明显中国特色的词汇和表达时,绝大部分同学完全不知所措,部分学生甚至在看完题目或者做完最初的几道题之后,就直接放弃。在研究中,羊媛还指出,我国大学生中华文化英语传播能力的缺乏可以从政策性文件要求不明、促进中华文化传播力培养的英语教材严重匮乏、英语教师中华文化传播意识欠缺、英语考试缺乏对中华文化的考察这4个方面追溯原因。

其他一些学者的研究进一步对羊媛的研究结论加以佐证。曲晓慧认为,目前的高校外语教育在学习过程中更加注重外语技能方面的学习,而在教学内容上对中华传统文化关注度不够,学生的参与度不高,大学生的中华传统文化知识匮乏。梁云云通过调查问卷和面谈访问两种形式,调查海南5所高校的"00后"大学生对中华传统文化的认知和态度。结果发现,"00后"大学生对中华传统文化的认知不够深刻,缺乏学习和传承的主动性。在大学生对中华传统文化了解程度的考察中,只有14.45%的学生表示对中华传统文化有较深的了解,能基本陈述中华传统文化的内涵和常见表现形式;51.14%的学生有一定的了解,对其内涵及内容存在模糊印象;32.87%的学生对此了解一般,认知和接触比较少;完全不了解中华传统文化的有31人,占总人数(2014人)的1.54%。[①]

二、中华文化意识薄弱

很多高校的大学生虽然具备中华文化知识,但是中华文化意识却相对薄弱。学者焦子琪等对河北省3市8所高校大学生的中国文化英语表达能力进行了调查和测试。结果发现:大学生对中国文化学习的动机不足,学习途径和内容也相对欠缺;大学生没有树立足够的文化自信,对外文化传播责任和意识相对薄弱;高校的外语教学中的文化教学失衡,运用英语开设的中国文化课程缺失。

---

① 梁云云:《"00后"大学生对中华传统文化的认知现状调查与对策分析——以海南高校调查数据为例》,《汉字文化》2023年第A1期,第124页。

三、跨文化交际能力不足

有些学生虽然具备中华文化知识和中华文化意识,但并不具备相应的跨文化交际能力。朱艳等对180名非英语专业的大学生进行一次专题调查,旨在了解非英语专业的大学生对用英语表达和传播中国文化的看法和需求及其文化传播取向和传播能力。调查结果显示:(1)大部分学生仍将通过考试作为自己学习英语的动机,这在很大程度上已对其文化传播能力形成抑制。考试评价体系有着太重要的地位,致使学生的实际能力和需求反过来受到压抑和忽视。(2)学生的文化传播能力与需求出现错位。一方面,学生有强烈的文化传播需求;另一方面,大多数学生认为自己的英语能力远不够传播中国文化,而且大部分学生完全没有用英语传播中国文化的经历。(3)学生的文化传播取向兴趣导向明显,即社会类取向最强,其次是文化和经济。

第二节 大学生中华文化英语传播能力的内涵和框架

有关培养大学生的中华文化英语传播能力,我国的一些专家学者已经有了一些研究。赵丹认为,"英语专业人才培养目标之一就是在'语言能力+思辨能力+跨文化交际能力'目标导向下发展学生的国际传播能力,以提升学生综合竞争力和我国国家话语传播能力"①。李敦东将大学生中国文化传播能力初步界定为大学生为顺利通过使用相互理解的、有意义的符号向其他个体或群体传播中国文化活动所必须具备的心理特征,并提出跨文化交际观念转向、"中国文化走出去"国家战略以及信息化语境等既赋予它独特的域限,也是定位其时代内涵的坐标系,认为大学生

---

① 赵丹:《"语言能力+思辨能力+跨文化交际能力"目标导向下外语人才国际传播能力培养研究》,《英语广场》2022年第26期,第87页。

中国文化传播能力主要由六大系统构成，分别是环境认知系统、心理行为调控系统、技能策略系统、信息表征系统、跨文化意识系统、信息技术支持系统。顾卫星认为中华文化英语传播能力包括由文化意识和文化/英语知识构成的认知能力以及由沟通技能和策略构成的交际能力，是以国际上普遍接受的方式介绍中国文化、中国特色社会主义、中国改革开放成就以及解释当代中国社会的英语应用能力。2023年在第七届全国高等学校外语教育改革与发展高端论坛上，文秋芳教授提出文化传播既包括国家的文化传播能力，还包括个体文化传播能力，同时指出，从"用什么传""传什么""怎样传""站在什么立场上传"这4个方面考虑，大学生中华文化传播能力的构成要素应包括英语语言能力、中华文化素养、高阶思维能力、跨文化交际能力和政治素养5个层面。

赵丹有关国际传播能力的界定主要针对英语专业的学生。李敦东有关大学生中华文化传播能力的界定又比较宽泛，有些能力也不是某一门或者几门课程能够决定的。顾卫星关于中华文化英语传播能力的定义重心放在学生的英语认知能力和交际能力，对于信息传播的关注度不够。相比之下，文秋芳教授对于中华文化传播能力的框架分析较为符合大学英语的课程性质和课程目标，对于能力要素的概括也更为全面。在以上定义的基础上，本书认为，大学生中华文化英语传播能力指的是学生使用英语传播中华文化的能力，在内容框架上应包括中华文化素养、英语语言能力、思辨能力、跨文化交际能力和信息传播能力这5个方面。

一、中华文化素养

提升当代大学生的中华文化英语传播能力，基础在中华文化素养。当代大学生只有具备了一定的中华文化素养，才有能力弘扬中华文化、传播中华文化、讲好中国故事。

"素养"一词最早出现在《汉书·李寻传》"马不伏枥，不可以趋道；士不素养,不可以重国"①中,意为"修习涵养"。《辞海》对素养的定义为:第一,"经常修习涵养";第二,"平素所豢养"。② 所谓"素",原意是指"本色,本来的,原有的";所谓"质",原意是指事物的"本质,性质,特点"等;所谓"养",原意是指"培植,教育,熏陶,培养"等。《现代汉语词典》对"素养"一词的解释是"平日的修养"③。从广义上来说,"素养"就是人通过长期的学习和实践在知识、能力和价值观上所达到的高度,比如政治素养、文化素养、艺术素养、职业素养等。有学者指出,中华文化包括和谐中庸、乡土性、人文主义精神这3种核心内涵和武术、茶文化、饮食文化、汉字文化4项核心文化符号。全国政协常委、北京社会主义学院院长陈军认为"中华文明的核心价值观,在责任先于自由、义务先于权利、群体高于个人、和谐高于冲突等方面,建议对中华文明讲仁爱、重民本、守诚信、崇正义、尚和合、求大同等精神特质作出现代话语表达,提炼话语表述,构建中国叙事体系"④。

习近平新时代中国特色社会主义思想提出,中华文化从内容上讲应该包含中华优秀传统文化、革命文化和社会主义先进文化。中华优秀传统文化是中华民族和中国人民在修齐治平、尊时守位、知常达变、开物成务、建功立业过程中逐渐形成的有别于其他民族的独特标识;革命文化是近代以来特别是五四新文化运动以来,在党和人民的伟大斗争中培育和创造的思想理论、价值追求、精神品格,如红船精神、井冈山精神、长征精神、延安精神、沂蒙精神、西柏坡精神等;社会主义先进文化是在党领导人民推进中国特色社会主义伟大实践中,在马克思主义指导下形成的面向现代化、面向世界、面向未来的,民族的科学的大众的社会主义文化,代表

---

① 班固:《汉书·李寻传》,中华书局,1962,第3190页。
② 《辞海》,https://www.cihai.com.cn/detail? docId = 5727080&docLibId = 1107&spell = s%C3%B9%20y%C7%8En%C9%A1&q = %E7%B4%A0%E5%85%BB,访问日期:2024年12月4日。
③ 中国社会科学院语言研究所词典编辑室编《现代汉语词典》第7版,商务印书馆,2016,第1248页。
④ 吕巍:《坚守中华文化立场 讲好新时代中国故事》,《人民政协报》2023年5月17日第1版。

着时代进步潮流和发展要求。中华优秀传统文化、革命文化和社会主义先进文化这三者之间一脉相承、延续发展、不断升华，共同构成了中华文化的主体与主流，辩证统一于当代中国特色社会主义伟大实践。中华文化是以中原文化为基础，经过不断演化发展而形成的中国特有文化，在层次上包含政治意识、思想、宗教、教育、生活、文化等各个方面。从这个意义上来说，中华文化素养可以定义为在坚守中华文化立场的基础上对中华优秀传统文化、革命文化和社会主义先进文化的认知，可以分为中华优秀传统文化认知、革命文化认知、社会主义先进文化认知和中华文化立场4个部分。其中，中华文化立场是中华优秀传统文化认知、革命文化认知、社会主义先进文化认知的基础和前提。

(一)中华优秀传统文化认知

党的十八大以来，习近平多次强调中华传统文化的历史影响和重要意义，赋予其新的时代内涵。2014年2月24日，习近平在中共中央政治局第十三次集体学习时的讲话中指出，"要认真汲取中华优秀传统文化的思想精华和道德精髓，大力弘扬以爱国主义为核心的民族精神和以改革创新为核心的时代精神，深入挖掘和阐发中华优秀传统文化讲仁爱、重民本、守诚信、崇正义、尚和合、求大同的时代价值，使中华优秀传统文化成为涵养社会主义核心价值观的重要源泉"。2016年5月17日，习近平在哲学社会科学工作座谈会上的讲话中指出，"要加强对中华优秀传统文化的挖掘和阐发，使中华民族最基本的文化基因与当代文化相适应、与现代社会相协调，把跨越时空、超越国界、富有永恒魅力、具有当代价值的文化精神弘扬起来"。2021年12月14日，习近平在中国文联十一大、中国作协十大开幕式上指出，"要挖掘中华优秀传统文化的思想观念、人文精神、道德规范，把艺术创造力和中华文化价值融合起来，把中华美学精神和当代审美追求结合起来，激活中华文化生命力"。

中华传统文化源远流长，众多学者对其纷纷给出自己的理解。冉启江等人认为，中华传统文化是指在长期的历史发展过程中形成和发展起来的，保留在中华民族中间具有稳定形态的中国文化，具体包括思想观念、思维方式、价值取向、道德情操、礼仪制度、风俗习惯、行为方式、生活方式、文学艺术、教育科技、文物典籍等。陈竞春、马佳瑛等人认为，中华传统文化从广义上而言指的是1949年之前由中华民族创造出来，并长期积累起来的一切文化成果，包括知识、信仰、艺术、道德、法律、风俗、习惯、哲学、生产、生活方式、思维方式以及各种社会规范制度等。彭翠认为，中华传统文化从外延上承载着中华民族的历史记忆，表征着中华文明的具体形态，承载着中华儿女的集体信仰，延续着中华儿女的精神血脉，在内涵上离不开中华民族的道德传承、思想精华、精神观念等，是一系列抽象思维的总称和观念形态的总和。

从中华文化传播的角度来说，大学生传播的中华传统文化应该是其中的精华，而非糟粕。中华传统文化素养也应该指的是对中华优秀传统文化的涵养，也就是对于中华传统文化中积极向上的元素的认知和理解。有些学者认为，所谓中华优秀传统文化，是指中国传统文化中所包含的对于提高人民的思维能力，促进社会主义物质文明和精神文明的发展，推动社会进步的一切有重大价值的优秀精神成果的总和。还有些学者认为，中华优秀传统文化是指那些经过了实践检验、时间检验和社会择优继承检验而保留下来并能传之久远的文化。这两种表述都大致反映了学术界关于优秀传统文化的本质性理解。其中，前者重实践性和时代性，重精神内涵，但相对忽略了传统文化的历史传承性、民族性和前瞻性。后者重传承性和历史性，但相对轻视了时代性和当下性。李宗桂认为，中华优秀传统文化是中华民族长期发展过程中形成的、有着积极的历史作用的、至今具有重要价值的思想文化。这个定义比较简洁，中肯地表现出中华优秀传统文化的内涵。

党的十八大以来，习近平针对中华传统文化作出了一系列的定义和梳理。首先，他梳理了中华优秀传统文化的发展脉络。他指出，中华传统文化，尤其是作为其核心的思想文化的形成和发展，大体经历了中国先秦诸子百家争鸣、两汉经学兴盛、魏晋南北朝玄学流行、隋唐儒释道并立、宋明理学发展等几个历史时期。其次,他还从哲学思想、人文精神、教化思想、道德理念等方面概括了中华优秀传统文化的重要内容。中华优秀传统文化中蕴藏着解决当代人类面临的难题的重要启示,比如,关于道法自然、天人合一的思想,关于天下为公、大同世界的思想,关于自强不息、厚德载物的思想,关于以民为本、安民富民乐民的思想,关于为政以德、政者正也的思想,关于"苟日新,日日新,又日新"、革故鼎新、与时俱进的思想,关于脚踏实地、实事求是的思想,关于经世致用、知行合一、躬行实践的思想,关于集思广益、博施众利、群策群力的思想,关于仁者爱人、以德立人的思想,关于以诚待人、讲信修睦的思想,关于清廉从政、勤勉奉公的思想,关于俭约自守、力戒奢华的思想,关于中和、泰和、求同存异、和而不同、和谐相处的思想,关于安不忘危、存不忘亡、治不忘乱、居安思危的思想,等等。

(二)革命文化认知

革命文化是中国特色社会主义文化的重要内容之一,是中国传统文化和社会主义先进文化之间的纽带和桥梁,发挥着承上启下的作用。中国革命文化又称红色文化。中国革命文化,孕育于1919年五四运动时期,形成于中国共产党领导的新民主主义革命时期,发展于新中国成立后从新民主主义革命向社会主义革命的过渡时期,是中国共产党领导人民在革命斗争中创造的先进文化,贯穿于红船精神、井冈山精神、长征精神、延安精神、西柏坡精神之中。习近平对传承红色文化高度重视,在中共中央政治局第三十一次集体学习时强调"要用心用情用力保护好、管理好、运用好红色资源""增强表现力、传播力、影响力,生动传播红色文化"。在庆祝中国共产党成立100周年大会上,习近平发出铿锵号召:"我们要继续弘扬光荣传统、赓续红色血脉,永远把伟大建党精神继承下去、发扬光大!"

关于革命文化,学者们也提出了很多自己的观点。张海峰等人认为,革命文化是指在新民主主义革命中产生、形成,在中国革命的红土地上孕育出来的一种独特的文化类型，主要包括两种形态：一种是物质形态，包括革命理论、革命传统等精神遗产的物质载体；二是精神形态，是指在马克思主义传播和马克思主义中国化、时代化、大众化过程中，所形成的具有中国风格、中国语言、中国气派的革命精神和优良传统。龙柏林认为，革命文化是指中国共产党领导中国人民在革命战争年代所创造的反帝反封建的文化，是以马克思主义为指导、以人民为立场、以无产阶级为领导力量、以爱国主义为核心的特殊文化形态，包括革命政党文化、革命符号文化、革命制度文化、革命象征文化、革命仪式文化、革命审美文化、革命话语文化等。刘松认为，中国的革命文化指中国共产党人在继承中华传统优秀文化的基础上，根据中国社会发展和民族独立需要培育和创造的文化形态，它是中国共产党和中国人民在伟大斗争中孕育的，是在中国新民主主义革命特殊历史时期形成的精神追求、精神品格、精神力量，是中华民族最为独特的精神标识。总体上而言，学者们形成的比较一致的意见是：中国革命文化源于中国共产党人和中国人民在新民主主义革命和社会主义革命实践中形成的物质文化、精神文明和制度文化的有机统一体，丰富、发展于中国特色社会主义建设进程中，是马克思主义中国化的重要组成部分，是中华民族的宝贵文化财富。

从革命文化的内涵和内容来看，中国革命文化是中华文化的重要组成部分，对于传播真实、立体、形象的中国意义重大。在革命文化的传播实践中，革命文化传播的内容也逐渐形成体系，主要包括如下精神内核：一是传递和平的政治理念，二是彰显紧密的党民联系，三是弘扬励志的民族精神。除此之外，大学生所应该具备的革命文化素养还要从物质层面、精神层面和制度层面3个角度分析。从物质层面来说，大学生主要应该掌握和传播的内容包括中共一大会址、八路军总司令部旧址、红色革命纪念馆、革命英雄故居等革命遗址、遗迹和遗物等；从精神层面来说，大学生应该掌握和传播的内容主要包括坚定理想信念的无产阶级政党文化、"三大纪律八项注意"人民军队文化等革命文化，红船精神、井冈山精神、长征精神、西柏坡精神等革命精神，毛泽东、周恩来、陈毅等革命英雄事迹；从制度层面来说,大学生应该掌握和传播的内容主要包括民主集中制、党对人民军队的绝对领导制度、三三制等革命制度。

(三)社会主义先进文化认知

发展社会主义先进文化是党的十九届四中全会所提出的加强文化建设的重要内容,也是广泛凝聚人民精神力量、促进国家治理体系和治理能力现代化的深厚支撑。社会主义先进文化是以马克思主义为指导,以社会主义核心价值观为灵魂的文化。它是马克思主义政党思想精神上的旗帜。新时代中国特色社会主义先进文化,是马克思主义普遍原理与中国文化相结合而产生的新的文化。党的十八大以来,习近平就推动弘扬和发展社会主义先进文化,多次作出重要阐释。2013 年 12 月 30 日,习近平在中共中央政治局第十二次集体学习时的讲话中指出,"要弘扬社会主义先进文化,深化文化体制改革,推动社会主义文化大发展大繁荣,增强全民族文化创造活力,推动文化事业全面繁荣、文化产业快速发展,不断丰富人民精神世界、增强人民精神力量,不断增强文化整体实力和竞争力,朝着建设社会主义文化强国的目标不断前进"。2016 年 7 月 1 日,习近平在庆祝中国共产党成立 95 周年大会上的讲话中指出,"要弘扬社会主义核心价值观,弘扬以爱国主义为核心的民族精神和以改革创新为核心的时代精神,不断增强全党全国各族人民的精神力量"。2018 年 5 月 4 日,习近平在纪念马克思诞辰 200 周年大会上的讲话中指出,"要立足中国,面向现代化、面向世界、面向未来,巩固马克思主义在意识形态领域的指导地位,发展社会主义先进文化,加强社会主义精神文明建设,把社会主义核心价值观融入社会发展各方面"。

社会主义先进文化的内涵主要体现在 3 个方面:一是马克思主义中国化、时代化、大众化,二是社会主义核心价值观,三是时代精神。从文化传播的角度来看,大学生所要具备的社会主义先进文化素养就是:立足当代中国实际,推进马克思主义中国化、时代化、大众化;自觉树立社会主义核心价值观;主动建构时代精神。

(四)中华文化立场

习近平在党的二十大报告中指出要"坚持中华文化立场"。在《现代汉语词典》中,"立场"主要有两种含义:(1)认识和处理问题时所处的地位和所抱的态度;(2)特指政治立场。① 第一重含义反映了人们分析处理问题的根本立足点和价值取向,第二重含义则是从政治层面对其进行解释。2014年10月15日,习近平在文艺工作座谈会上第一次提出了"坚守中华文化立场"的命题,他指出"我们要坚守中华文化立场、传承中华文化基因,展现中华审美风范"。坚守"中华文化立场"在最初提出来时主要是对中华优秀传统文化的传承与弘扬提出要求。2017年10月18日,党的十九大报告指出:"发展中国特色社会主义文化,就是以马克思主义为指导,坚守中华文化立场,立足当代中国现实,结合当今时代条件,发展面向现代化、面向世界、面向未来的,民族的科学的大众的社会主义文化。"此时提出的坚守中华文化立场中的"中华文化"就不再仅仅局限于中华优秀传统文化,而是涵盖了中华优秀传统文化、革命文化和社会主义先进文化的中华文化的总称。所以,坚守中华文化立场就是指"用中华文化发展过程中所形成的共同的文化价值观念及思维与行为方式认识事物和处理问题,要树立对中华优秀传统文化、革命文化、社会主义先进文化的高度自信"②。

从文化传播的角度来说,大学生应具备的中华文化立场,一方面指的是当代大学生要坚持中华文化的主体性,立足中华文化的实际,运用中华文化共有的价值理念和思维方式认识事物、解决问题,在文化传播的过程中学会发挥中华文化的价值意蕴,展现中华文化的真实魅力;另一方面要具有对中华文化的自信心和自豪感,主动发力彰显中华文化的吸引力和感召力。

---

① 中国社会科学院语言研究所词典编辑室编《现代汉语词典》第7版,商务印书馆,2016,第802页。
② 李明:《"坚守中华文化立场"的深度解读》,《理论月刊》2020年第2期,第42页。

坚守中华文化立场,要警惕"唯我独尊""隆中抑西"的文化民族主义立场、"否定历史""去革命化"的历史虚无主义文化立场、"全盘西化""普世价值"的西方本位文化立场,要树立文化主体意识,坚定文化自觉和文化自信,深刻认同中华文化是世界文明的重要组成部分,同时用理性的态度对待优秀的世界文明成果,尊重世界文化的多样性。一方面要坚守中华文化的主体性,另一方面要加强文明互鉴和文化交流。

二、英语语言能力

提升当代大学生的中华文化英语传播能力,基础路径在于提高他们的英语语言能力。只有具备了一定的英语语言能力的大学生才能掌握传播中华文化最基本的语言技能。学界关于语言能力的研究早已有之。

(一)美国对于语言能力的界定

1965年,乔姆斯基(Chomsky)提出其著名的二元认知模型,即语言能力和语言行为。1980年,卡纳莱(Canale)和斯温进一步拓展了语言能力的内涵,提出了交际语言能力模型,其内容包括语法能力、社会语言能力和策略能力3个部分。1983年,卡纳莱又将该三维交际语言能力模型扩展为四维模型,包括语法能力、社会语言能力、语篇能力和策略能力,即将原来的社会语言能力进一步划分为社会语言能力和语篇能力。1990年,巴克曼(Bachman)提出由语言能力/知识、策略能力和心理生理能力3个部分构成的交际语言能力模型。1996年,巴克曼和帕默尔又对交际语言能力模型进行了重构,由语言知识、情感图示、个体特点、话题知识和策略能力5个部分构成。20世纪90年代,赛尔西-莫西亚(Celce-Murcia)等人也提出了一个五成分模型,其中的内容包括语篇能力、行动能力、社会文化能力、语言能力以及策略能力。

(二)欧洲对于语言能力的界定

从1991年开始,欧洲理事会文化合作教育委员会历经9年的设计、抽样、实验、编写、认证,制定《欧洲语言共同参考框架:学习、教学、评估》（以下简称《框架》，*Common European Framework of Reference for Languages: Learning, Teaching, Assessment*）。《框架》将交际语言能力分为语言能力、社会语言能力和语用能力3个部分,每个部分又包含知识、能力和技能等要素。《框架》对交际语言能力的3个组成部分分别定义为:语言能力包括词汇、语音、句法方面的知识与技能,以及语言系统的其他内容,独立于语言变异所产生的社会语言学价值和所实现的语用功能;社会语言能力指对语言使用中社会文化条件的把握、对社会规约的敏感性,影响着来自不同文化背景的人之间的语言交际;语用能力指运用语言资源及互动交流中的语境和语篇产生功能。① 语言能力包括词汇能力、语法能力、语义能力、语音能力、拼写能力、正音能力,社会语言能力包括表明社会关系的标识性词语、礼仪规则、大众智语、语体差异、方言与口音等方面的能力,语用能力包括话语能力、功能能力。《框架》从纵向和横向的层面,以量表的形式划分语言能力等级,并附有系列参数。纵向维度对语言能力水平分为3等6级,即A等基础使用者(A1和A2),B等独立使用者(B1和B2),C等熟练使用者(C1和C2);横向维度则包括语言交际活动、交际策略、交际语言能力3个范畴。从总体上来看,《框架》对于语言能力的描述比较综合全面。

2006年,欧洲理事会开发了一个集知识、技能与能力于一体的目标分类框架,其内容包含了4个维度:纵向的概念维度和操作维度,横向的职业维度和个人维度。职业维度包括概念能力中对语言的认知、语言知识和理解以及操作能力中所包含的语言的功能、表现和语言技能,个人维度则与概念能力中的元能力和操作能力中的社会能力等方面相关。

(三)我国对于英语语言能力的界定

基于时代的发展和学习者需求的变化,2014年,赵雯等提出大学英

---

① 欧洲理事会文化合作教育委员会编《欧洲语言共同参考框架:学习、教学、评估》,刘骏、傅荣等译,外语教学与研究出版社,2008,第13—14页。

语语言能力框架应该包含以下4个能力维度：(1)与语言知识相关的认知能力，包括语言能力、社会语言能力和语用能力；(2)与听、说、读、写、译等语言技能相关的功能能力；(3)与学习者的学习策略和自我学习能力相关的策略能力；(4)包括思辨能力、沟通能力、合作能力、跨文化能力、解决问题的能力、创新能力和使用信息、媒体和技术的能力在内的社会能力。从内容上来看，赵雯等提出的新的大学英语语言能力，从大学英语课程整体进行了综合考虑，除关注与学习者语言学习相关的能力之外，也关注了学习者作为社会成员在21世纪所应发展的各种社会能力，涵盖十分全面。

2018年，教育部、国家语言文字工作委员会发布的《中国英语能力等级量表》（以下简称《量表》，China's Standards of English Language Ability）正式实施。《量表》将学习者的英语能力从低到高划分为基础、提高和熟练等3个阶段，一至九级等9个等级。其中，一、二级大致对应小学水平，三级对应初中水平，四级对应高中水平，五、六级对应大学水平，七级对应英语专业，八、九级对应高端外语人才。每个等级在听、说、读、写、翻译、知识策略等方面都有不同的要求。

《量表》将语言能力界定为"语言学习者和使用者运用自己的语言知识、非语言知识以及各种策略，参与特定情境下某一话题的语言活动时表现出来的语言理解能力和语言表达能力"，提出中国的英语学习者的语言能力描述框架包括：(1)语言理解能力，包括听力理解能力和阅读理解能力；(2)语言表达能力，包括口头表达能力和书面表达能力；(3)语用能力，包括语用理解能力和语用表达能力；(4)语言知识，包括组构知识（语法知识和篇章知识）和语用知识（功能知识和社会语言知识）；(5)翻译能力，包括口译能力和笔译能力；(6)语言使用策略，包括听力和阅读的语言理解策略、口头和书面的语言表达策略、口译和笔译的翻译策略以及组构知识学习策略。

从以上有关（英语）语言能力的不同界定可以看出，各类界定的立足点、出发点和面临的学习者均不相同。从文化传播的角度来看，《量表》从认知的角度对于大学生应具备的英语语言能力的定义较为中肯，对于各项语言能力的描述也十分详尽,比较符合我国的大学英语学习者的实际情况和需求,也是本书比较认同的一种对语言能力的界定标准。

三、思辨能力

critical thinking skills 一度被我国学者译为"批判性思维能力"。外语教育学者文秋芳教授也曾经建议将其翻译为"高层次思维能力"。第一种表述容易让人曲解该词的含义,而第二种表述又"容易引发过于宽泛的解释"[1]。因此,将 critical thinking skills 译为"思辨能力"可能更为合适。保罗(Paul)和埃尔德(Elder)认为,critical thinking 可以定义为运用恰当的评价标准进行有意识的思考并最终做出有理据的判断,包括分析、评价和改进 3 个维度,"是以提高与改进自己思维能力为目的,对自己思维进行系统的分析与评价"[2]。孙有中在对思辨能力进行定义时提出,"在情感态度层面,思辨能力指:勤学好问,相信理性,尊重事实,谨慎判断,公正评价,敏于探究,持之以恒地追求真理。在认知技能层面,思辨能力指:能对证据、概念、方法、标准、背景等要素进行阐述、分析、评价、推理与解释"[3]。思辨能力被认为是重要的教育目标。作为高等教育的共同目标,思辨能力应该融入学生在校期间的所有课程中去。外语作为高等教育中的一门课程,要致力于培养学生的思辨力,但"外语仅仅是众多大学课程中的一员,思辨力的培养不可能单靠外语教学来完成。从这个意义上说,思辨力培养是外语课程与其他课程共享的教学目标,而不是外语课程的专有目标"[4]。

---

[1] 文秋芳、王建卿、赵彩然等:《构建我国外语类大学生思辨能力量具的理论框架》,《外语界》2009 年第 1 期,第 38 页。

[2] 文秋芳:《论外语专业研究生高层次思维能力的培养》,《学位与研究生教育》2008 年第 10 期,第 30 页。

[3] 孙有中:《外语教育与思辨能力培养》,《中国外语》2015 年第 2 期,第 1 页。

[4] 文秋芳、孙旻:《评述高校外语教学中思辨力培养存在的问题》,《外语教学理论与实践》2015 年第 3 期,第 7 页。

大学英语课程是培养学生思辨能力的重要平台。这一方面是因为语言与思维能力有着天然联系,另一方面是因为大学英语课程对于培养学生的思辨能力有着独特的优势。从语言和思维的关系来说,语言既是人际交流的中介,反映社会、文化、历史的发展,又是个体内部思维的中介,体现个体认知活动的成果,因此学习者对于语言的学习离不开思维能力。从外语学习的角度来说,外语学习不仅能够习得语言,同时也可以学习新的思维方式,掌握认识世界的新视角,构建对外传播的话语体系,即向外部世界表述中国文化、传播中国形象的话语体系。外语学习为学生打开通向文化的窗口,有利于培养学生的思辨能力。

随着学界对于思辨能力的研究逐渐形成体系,目前已经出现了一些比较有影响力的思辨理论模型,其中包括双维结构模型、三元结构模型、三棱结构模型、思辨能力层级模型和思辨分项技能模型。

(一)双维结构模型

双维结构模型是由美国哲学联合会在《德尔斐报告》(*The Delphi Report*)中提出的有关思辨的理论模型。该模型将思辨分为认知技能和情感特征两个维度。其中认知能力又可以分为阐释、分析、评估、推断、解释以及自我调节 6 项分能力,情感特质则包括好奇、自信、开朗、灵活、公正、理解、诚实、审慎等方面。具体见表 5-1:

表 5-1　思辨能力的双维结构模型

核心维度	分项维度	
认知技能（cognitive skills）	阐释（Interpretation）	分类（categorization）、解读意义（decoding significance）、明晰内涵（clarifying meaning）
	分析（Analysis）	考证观点（examining ideas）、识别论点（identifying arguments）、分析论证过程（analyzing arguments）
	评估（Evaluation）	评估观点（assessing claims）、评估论点（assessing arguments）
	推断（Inference）	质疑证据（querying evidence）、提出替代性的假设（conjecturing alternatives）、得出结论（drawing conclusion）
	解释（Explanation）	陈述结果（stating results）、证明过程的合理性（justifying procedure）、提出论点（presenting arguments）
	自我调节（Self-regulation）	自我评估（self-examination）、自我纠正（self-correction）
情感特征（affective dispositions）	对各种问题的广泛好奇心（inquisitiveness with regard to a wide range of issues）、对获取丰富信息的关注（concern to become and remain well-informed）、对理性思考过程的信任（trust in the processes of reasoned inquiry）、对自身推理能力的自信（self-confidence in one's own abilities to reason）、对不同世界观的开放态度（open-mindedness regarding divergent world views）、对待不同的观点和视角的灵活性（flexibility in considering alternatives and options）、对他人观点的理解（understanding of the opinions of other people）、在评价推理时的公正性（fair-mindedness in appraising reasoning）、面对自身的偏见、刻板印象和自私自利时的诚实（honesty in facing one's own biases, prejudices, sterotypes, or egocentric tendencies）、做判断时的审慎（prudence in suspending, making or altering judgments）、在反思后认为有必要做出改变时做出调整和更改的意愿（willingness to reconsider and revise views where honest reflection suggests that change is warranted）	

(二)三元结构模型

美国教育学家和哲学家保罗和埃尔德建立了有关思辨的三元结构模型,由思维标准、思维元素和思维特质 3 部分组成。他们认为,思维活动应该包含目的、预设、概念、问题、信息、视角、推理、结果和预见这 8 个思维元素,每个思维元素都应该运用清晰性、准确性、精确性、相关性、深度、重要性、逻辑性、公正性、广度这些标准去衡量或者检验,这种基于标准的思维评价活动将培养出思考者谦卑、正直、坚韧、同理心、独立、勇气、信心、公正等思维特征。该理论模型的整体框架见表 5-2:

表 5-2 思辨能力的三元结构模型

核心维度	分项维度
思维标准 (the standards)	清晰性(clarity)、准确性(accuracy)、精确性(precision)、相关性(relevance)、深度(depth)、重要性(significance)、逻辑性(logic)、公正性(fairness)、广度(breadth)
思维元素 (the elements)	目的(purpose)、预设(assumption)、概念(concept)、问题(question)、信息(information)、视角(perspective)、推理(inference)、结果和预见(consequences & implication)
思维特征 (intellectual traits)	谦卑(humility)、正直(integrity)、坚韧(perseverance)、同理心(empathy)、独立(autonomy)、勇气(courage)、信心(confidence)、公正(fair-mindedness)

(三)三棱结构模型

我国教育心理学家林崇德于 2006 年提出有关思辨的三棱结构模型。它主要包含 6 个因素:思维的目的、思维的过程、思维的材料、思维的品质、思维的自我监控以及思维的非认知因素。其中,思维的自我监控位于思维的顶点,主要发挥以下功能:第一,确定思维的目的;第二,管理和控制非认知因素,有效地保护积极的非认知因素,努力将消极的非认知因素转化成积极的非认知因素;第三,搜索和选择恰当的思维材料;第四,搜索

和选择恰当的思维策略;第五,实施并监督思维的过程;第六,评价思维的结果。思辨能力的三棱结构模型的具体框架见图5-1:

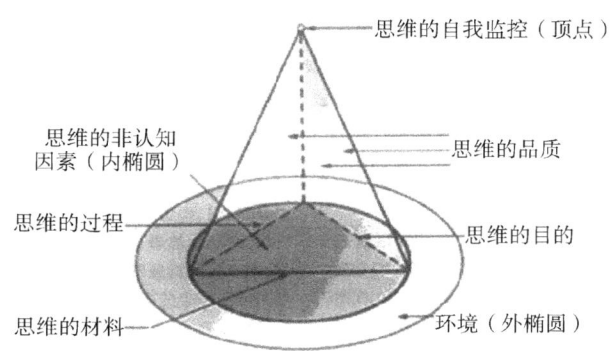

图5-1 思辨能力的三棱结构模型

文秋芳等认为,三棱结构模型中的6种因素与保罗和埃尔德提出的三元结构模型有较多的相似之处。"思维目的、思维过程、思维材料都包含在三元结构模型的思维元素之中,思维品质与标准很相近,非认知因素与智力特征有相通之处。"①该模型的一个优点是将自我调节置于顶部,具有统管全局的能力。换句话说,这个能力是元思维(meta-thinking)能力,应该置于其他因素的上一层次。

(四)思辨能力层级模型

我国外语教育学者文秋芳教授在借鉴双维结构模型、三元结构模型、三棱结构模型的基础上,于2009年提出思辨能力层级模型。该模型将思辨能力细化为两个层次:元思辨能力和思辨能力。第一层次为元思辨能力,是指对自己的思辨进行计划、检查、调整与评估的技能;第二层次为思辨能力,包括与认知相关的技能和标准,以及与思辨品质相关的情感特质。这两种思辨能力置于上下层关系,处于第二层次的思辨能力受第一层次元思辨能力的管理与监控。(表5-3)

---

① 文秋芳、王建卿、赵彩然等:《构建我国外语类大学生思辨能力量具的理论框架》,《外语界》2009年第1期,第41页。

表 5-3 思辨能力层级模型

第一层次	元思辨能力（自我调控能力）		
第二层次	思辨能力		
	认知		情感
	技能	标准	
	分析（归类、识别、比较、澄清、区分、阐释等）、推理（质疑、假设、推论、阐述、论证等）、评价（评判预设、假定、论点、论据、结论等）	精晰性（清晰、精确）、相关性（切题、详略得当、主次分明）、逻辑性（条理清楚、说理有根有据）、深刻性（有广度与深度）、灵活性（快速变化角度、娴熟自如地交替使用不同思辨技能）	好奇（好疑、好问、好学）、开放（容忍、尊重不同意见、乐于修正自己的不当观点）、自信（相信自己的判断能力、敢于挑战权威）、正直（追求真理、主张正义）、坚毅（有决心和毅力、不轻易放弃）

（五）思辨分项技能模型

2014 年，我国外语教育学者孙旻基于《德尔斐报告》中的双维结构模型和文秋芳提出的思辨能力层级模型理论研究以及教学实证研究，将思辨能力的 3 个核心技能（即分析、推理和评价技能）分解为多个分项技能，构建了思辨分项技能模型，具体内容见表 5-4。

学者们关于思辨并没有完全统一的定义，但是一般都认为，思辨能力有助于人们运用分析、推理、评价技能，充分运用掌握的语言知识，有效组织语言材料，以促进人际交流、信息传递和思想表达。本书认为，学生的中华文化英语传播能力同样离不开对于学生的分析、推理、评价等思辨认知技能的培养，同时也需要学生具备好奇、开放、自信、正直、坚毅等情感特质，才能更好地使用英语语言知识，组织英语语言材料，促进跨文化交流和中华文化信息的传递和思想的表达。

表 5-4　思辨分项技能模型

核心技能	分项技能及其含义	
分析	阐释	解读并阐明观点、概念、行为、符号、修辞等的含义,消解歧义。
	解读	洞察并描述信息中所包含的内容、意义、功能、动机、价值观、规则等。
	归类	为理解、描述、总结信息提出划分类别的框架。
	比较	比较、区分观点、概念、论断,分析"整体部分"关系。
	识别推理	探查一系列表述是否形成"推理",并将推理过程分解为预设、前提、结论。
推理	组织理据	识别、搜寻、筛选支撑论断的理据。
	预见	形成多样化解决问题的方案,预测可能性结果。
	推理	运用恰当的推理方式,确定对特定事物所采取的立场和观点。
	解释	呈现概念、方法、标准、情景等方面的信息,以便自身或他人检验已做的阐释、分析、评价、推理等过程。
评价	检验推理	检查、质疑、评判理据力度和推理合理性。
	自我监控	反思推理过程,检验自身观点和理据,反省个人的知识局限、成见、偏见、情感、动机、价值观、态度等影响公正客观判断的因素。
	自我调节	反思过程中发现问题时,以合理的方法进行补救和纠正。

四、跨文化交际能力

当前国内外学者对于跨文化交际能力的定义尚未形成一致意见,甚至对于跨文化交际能力和跨文化能力的区分也有不同意见。国外学者拜拉姆认为,跨文化交际能力包括语言能力、社会语言能力、语篇能力和跨文化能力,其中跨文化能力又包括技能(解释/关联技能和发现/互动技能)、知识、态度和批判性文化意识。斯皮茨伯格(Spitzberg)将跨文化交际能力视作在某一特定语境中恰当和有效的行为。勒斯蒂格(Lustig)和凯斯特(Koester)认为跨文化能力包括语境、得体性与有效性以及知识、动机与行为。斯潘塞-欧蒂(Spencer-Oatey)和富兰克林(Franklin)则将跨文化交际能力定义为不同文化背景的交际者实施有效得体的言语或非言语交际行为及处理交际行为所产生的心理问题和交际后果的能力。廷·图米(Ting-Toomey)认为跨文化交际能力是将理论和实践相结合,使交际者能够敏感而有意识地使用跨文化知识进行交流的方法。中国学者贾玉新指出跨文化交际能力包括基本交际能力系统、情感和关系能力系统、情节能力系统与交际方略系统。杨盈和庄恩平认为跨文化交际能力由全球意识系统、文化调适能力系统、知识能力系统和交际实践能力系统组成。陈俊森等将跨文化交际能力定义为"进行成功的跨文化交际所需要的能力和素质"[1]。文秋芳提出的跨文化交际能力模式中将跨文化交际能力分为交际能力和跨文化能力。其中,交际能力包括语言能力、语用能力和策略能力,跨文化能力则包括对文化差异的敏感性、对文化差异的宽容性和处理文化差异的灵活性。钟华等在前人研究的基础上提出中国大学生跨文化交际能力模型,包括交际能力和跨文化能力两个部分。其中交际能力涵盖了语言能力、社会语言能力、语篇能力和策略能力,跨文化能力涵盖技能、知识、态度和意识。[2] 张红玲借鉴教育目标分类学和发展心理学理论,运用焦点访谈、教学实验等方法构建我国外语教育中的跨文化能力教学参考框架,确立了认知理解(外国文化知识、中国文化知识、普遍文化知识)、情感态度(文化意识、国家认同、全球视野)和行为技能(跨文化体认、跨文化对话、跨文化探索)3个维度、9个要素的能力结构。综合以上定义和内涵,从中国大学生的中华文化英语传播的角度来说,跨文化交际能力可以包括学生的英语交际能力和跨文化能力两个

---

[1] 陈俊森、樊葳葳、钟华主编《跨文化交际与外语教育》,华中科技大学出版社,2006,第13—14页。
[2] 钟华、白谦慧、樊葳葳:《中国大学生跨文化交际能力自测量表构建的先导研究》,《外语界》2013年第3期,第48页。

方面。

中国学生用英语传播中华文化的过程需要学生了解中外文化知识、掌握跨文化交际的知识和技能、形成跨文化意识并在实践中实现两种文化的积极互动和双向交流。培养学生的跨文化交际能力有利于学生形成跨文化情感、态度和意识,提高学生的综合素质和文化素养,帮助学生养成文化交流的开放态度。因此,在中外文化中培养学生的跨文化交际能力对于提升中国大学生的中华文化英语传播能力至关重要。

五、信息传播能力

大学生使用英语进行中华文化传播离不开一定的信息传播能力。有学者甚至将信息传播技能与策略看作是"中国文化传播能力的核心"[1]。中外学者对于传播能力的定义有很多。特伦霍姆(Trenholm)和詹森(Jensen)将传播能力定义为"以对于个人来说有效的、对于社会来说得体的方式进行传播的能力"[2]。拉森(Larson)等人选择把传播能力定义为"在给定的际遇里交际性地适当地表现传播行为的知识的能力"[3]。斯皮茨伯格和库帕奇(Cupach)则认为传播能力是指"个人有效地适应不受时间影响的周围环境的能力"[4]。萨斯(Sass)将传播能力定义为"'关系的参与者'对于使用互动来满足他们的关系和个人需求程度的理解以保持

---

[1] 李敦东:《大学生中国文化传播能力:概念界定、时代内涵与体系构建》,《哈尔滨师范大学社会科学学报》,2017年第2期,第175页。

[2] Sarah Trenholm and Arthur Jensen, *Interpersonal Communication* (Belmont: Wadsworth Publishing Company, 1996), p.11.

[3] Robert N. Bostrom (ed.), *Competence in Communication: A Multidisciplinary Approach* (Beverly Hills: Sage Publications, 1984), p.19.

[4] Brian H. Spitzberg and William R. Cupach, *Handbook of Interpersonal Competence Research* (New York: SpringerVerlag, 1989), p.35.

他们关系的可靠性"①。我国学者将传播能力定义为"由一定的行为主体借助自身活动、人际交流和大众媒介等渠道,将信息通过各种符号化的形式与客体进行互动和传递,并能产生一定效果的素质和行为"②。

  传播能力分为国家传播能力、社会传播能力和个体传播能力。大学生的中华文化英语传播能力既属于国家传播能力的一部分,也是个人传播能力的一种体现。大学生中华文化英语传播能力指的是大学生在合适的跨文化情境下以合适的方式传播合适的中华内容的能力,包括信息搜集、整合和表征的能力,信息传播策略和现代信息技术素养。首先,大学生传播中华文化必须具备一定的信息搜集、整合和表征的能力。由于中西方文化的差异性,用于传播的中华文化内容和传播的方式都应该以这种差异性为前提,尊重差异才能求同存异,才能实现传播的有效性。因此,大学生在对中华文化进行传播的过程中,必须对传播的中华文化材料进行挑选,尽可能传播能够代表中国形象的、最典型的中华文化素材。其次,大学生传播中华文化必须具备一定的信息传播策略,也就是依据特定的传播对象选择合适的传播时间和空间,采用得体恰当、准确无误、清晰易懂和形象生动的表达方式。最后,大学生的中华文化英语传播能力要求当代大学生不仅能够利用纸媒、广播、电视等传统的传播媒介,还能够掌握现代信息技术,比如利用 AI 互动技术、短视频等传播手段,进一步增强传播效果。

第三节 大学生提升中华文化英语传播能力的路径

  从国家的综合发展和大学生成人成才的角度来说,大学生自身也应

---

 ① Carina P. Sass, "On Interpersonal Competence," in *Interpretive Approaches to Interpersonal Communication*, eds. Kathryn Carter and Mick Presnell (Albany: State University of New York Press, 1994), p.146.

 ② 张名章、李云雯:《"传播能力"的内涵及其研究视域初探》,《昆明理工大学学报(社会科学版)》2012 年第 2 期,第 89—90 页。

该努力提升自身的综合素质,并主动将中华文化英语传播力作为自身综合素质的重要组成部分。当代大学生应正视中外文化的差异点、寻求中外文化的相似点、打造中外文化的亲近点,不断增强中华文化传播效果。

一、正视文化差异点

由于地理环境、生活方式、风俗习惯、宗教信仰、政治制度和思维方式等很多方面都存在不同之处,因此中外语言和文化都存在很多的差异。当代大学生在了解中华文化的基础上,加强对于英语国家语言和文化的学习,发现、分析和理解中外文化的各种差异,消除文化对抗,争取多元文化共存,增强世界文化的多样性,促进跨文化交流和传播,尤其是中华文化的对外传播。例如,在英语学习的过程中,很多中国学生注意到英语中的 dragon 和中国的"龙"在文化内涵上存在巨大的差异:在我国古代传说中,龙是一种能行云布雨的神异动物,封建时期是皇帝的专属象征。而西方的 dragon 则被描述为一种具有攻击性的大型动物,长着翅膀和长尾巴,可以喷火,与中国代表祥瑞安和的龙的想象截然不同。在注意到这种差异之后,学生就会更认同中国的"龙"在英语中的表述可以使用 loong 而非 dragon,在传播中华文化的过程中,也就更倾向于使用 Loong Year 来指代中国的"龙年",从而展示大气华贵的中华文化形象和崇尚和平的中国国家形象。

二、寻求文化相似点

中外文化之间虽然存在很多差异,但是也有很多共通之处。正是这些共通之处,为中西方的文化交流和文明互鉴创造了契机。当代大学生在中华文化传播的过程中应该主动寻求中西方文化之间的相似点,首先要对受众对象以及受众对象对中国的了解有所认知,善于用对方熟悉或者容易理解的内容和方式传达中国文化中所表达的信息,解释中国的文化现象、概念和内涵,以便更好地增强传播效果。比如,在中华文化传播实践中,就有把杨澜比作"中国的奥普拉",把麦家称为"中国的约翰·勒卡雷",把《梁山伯与祝英台》类比为"中国版的《罗密欧与朱丽叶》"等案例,可供当代大学生借鉴和学习。

三、打造文化亲近点

在文化传播的过程中,中外文化之间的差异是不可避免的,不可能在每一个方面都能找到文化的相似点。增强跨文化传播有效性的一个重要方式就是创造亲近性文本,即易于和利于受传者一方理解接受的精神文本。这就要求当代的大学生在传播中华文化的过程中,尽可能用受众对象能够理解和接受的表达方式和思维方式,拉近与受众对象的时空距离和心理距离。"讲好中国故事"的理念的提出就提醒着当代大学生在传播中华文化时需要从故事的角度着手,"逐渐改变我们以前比较宏大的,尤其是从道路、道理、形象、价值这些方面来着手的认知表述,转向注重个人叙事"①。近年来,以李子柒的美食视频为代表的一大批表现中国人民的生活理念和代表中国文化形象的影视剧和短视频的海外传播,就是在文化传播中打造亲近性文本的榜样。

有知有识的大学生群体是促进中华文化走出去、提升中华文化传播力的重要力量。大学生中华文化英语传播力不仅包括中华文化素养和英语语言能力,还应该包括思辨能力、跨文化交际能力和传播能力。在使用英语传播中华文化的过程中,当代大学生应该把握讲好中国故事的内涵,正视文化差异点,寻求文化相似点,打造文化亲近点,以自信自强的心态和不卑不亢的姿态传播中华文化,构建更加丰富多彩的中国文化话语体系。

---

① 张毓强、黄珊:《中国:何以"故事"以及如何"故事"——关于新时代的中国与中国故事的对话》,《对外传播》2019年第3期,第54页。

第六章　中华文化传播视域下大学英语教师的专业能力发展

2020年,教育部发布的《新文科建设宣言》指出:"围绕举旗帜、聚民心、育新人、兴文化、展形象的使命任务,大力推动中华优秀传统文化创造性转化、创新性发展,培育践行社会主义核心价值观,为中华民族伟大复兴注入强大的精神动力,新文科建设大有可为。"教育发展的关键是教师,教师任务的根本是育人。要推进新文科建设,培育时代新人,离不开教师专业能力的提升。对于大学英语教师而言,就是要通过大学英语教学实践实现立德树人的根本目标。立德树人则离不开中华文化的支撑和滋养。增强当代大学生的中华文化英语传播力,离不开大学英语教师专业能力的发展。"新文科建设主要赋予高校外语教师理念和方法的创新者、跨学科知识能力的培养者和研究者、外语学科人文性发展的促进者、中国文化传播者的专业身份时代内涵。"①一方面,大学英语教师要充分发挥外语教育的文化桥梁作用,培养"理解中国,沟通世界"的人才;另一方面,大学英语教师还要致力于通过外语教学实践传播中华文化。在中华文化传播视域下,大学英语教师的专业能力发展同样被赋予了新的内涵。

---

① 马洁、任学柱:《新文科建设中高校外语教师专业身份建构研究》,《外语界》2023年第5期,第73页。

第一节　中华文化传播视域下大学英语教师专业能力的问题

《全面深化新时代教师队伍建设改革的意见》中明确提出,"百年大计,教育为本;教育大计,教师为本"。在外语教学实践中,大学英语教师可以通过中外文化对比和文明互鉴提升学生的中华文化英语表达力和传播力、培养学生用英语讲好中国故事的能力。大学英语教师在培养学生的中华文化英语传播力的过程中需要扮演中华文化英语教学的设计组织者、中华文化英语学习的引导推动者以及中华文化英语教学的研究学习者等。因此,培养具有中华文化英语传播力的大学生、提高中华文化的传播力和中华文明的影响力,离不开中华文化素养高、跨学科融合功底深、教学能力强的大学英语教师。然而,面临着中华文化传播的重任,大学英语教学的专业能力还存在着一定的不足,主要表现为中华文化素养不足、跨学科人文素养不足、教学能力有所欠缺等问题。

一、中华文化素养不足

教师的中华文化素养是教师从事中华文化相关教学的基础和关键。"外语教师要从博大精深的中国文化中吸取养分,并建构起自身扎实的本土文化知识底蕴,才能胜任用外语来传播中国文化的重任。"[①]然而,很多外语教师的中华文化基础并不牢固。由于受到传统外语专业人才培养目标和课程设置的影响,很多从事高校外语教学的教师只懂外语和外国语言、文化和文学等相关知识,对于自己本民族、本区域的文化不够重视、知之甚少。牛素娟曾采用问卷调查法、观察法、访谈法,结合定量和定性两

---

① 卢宁:《高校外语教师汉语文化修养的提升路径》,《海外英语》2023年第21期,第144页。

种分析方法,分析了高职英语教师中华文化传播能力的现状,发现其用英语准确表达中华文化的能力有待提高,向学生传递中华文化知识的意识还需加强;并探讨了阻碍或促进英语教师中华文化传播能力提升的因素。在内因方面,高职英语教师受到教育经历、工作经历、自我发展观的影响;在外因方面,学校氛围、教材编写也影响着高职英语教师的中华文化传播能力。2020年,教育部《高等学校课程思政建设指导纲要》在课程思政建设目标要求和内容重点中明确要求教育引导学生深刻理解中华优秀传统文化中讲仁爱、重民本、守诚信、崇正义、尚和合、求大同的思想精华和时代价值,传承中华文脉,富有中国心、饱含中国情、充满中国味,并同时要求充分发挥教师的主体作用,切实提高每一位教师参与课程思政建设的积极性和主动性。然而,在现实中,依然有很多教师将中华文化融入课程教学的能力不足。究其根源,主要在于很多教师对于中华文化知识了解不足,中华文化底蕴不够深厚,对于教学材料中与中华文化相关的课程思政元素认识不到位、理解不到位、挖掘不到位、融入不到位,对于有关中华文化的授课显得力不从心,在授课过程中只能触及表面,无法深入人心。

二、跨学科人文素养不足

跨学科人文素养能够拓展外语教师知识结构的广度和深度,同时也能拓展学生课堂学习的知识结构,提升课外实践的能力和水平。开展中华文化英语教学、培养学生的中华文化英语传播力不仅需要教师具有深厚的英汉语语言和文化底蕴,还需要教师掌握跨文化传播等相关领域的理论和实践能力。然而,有些大学英语教师虽然在学习期间掌握了良好的语音、语法、词汇等英语语言基础知识,具备优秀的英语听、说、读、写、译等英语综合应用能力,甚至对于英语国家的文化、文学和语言学等相关理论知识十分精通,但是却缺少对传播学和跨文化传播学等学科基础知识和理论的学习与掌握以及对政治、经济、外交、哲学等文史哲艺术的涉猎与修养,没有受过专业的跨文化传播训练,对于将中华文化以恰当的方式转换成英语、引导学生将中国故事传播给世界显得底气不足。

三、教学能力有所欠缺

我国当前很多高校的外语教师主要以国内外外语专业的本硕博毕业生为主,除少部分师范院校毕业的教师曾经接受过教育学、心理学、教育技术等教学能力的专业训练之外,相当一部分教师的教学能力提升主要依靠入职后的师资培训,或者凭借自身对于教学的一腔热血,不断地摸索学习和实践改进。相当一部分高校由于办学经费紧张、对于师资培训不够重视,导致教师进修机会较少。很多教师可能在专业能力上比较过关,甚至科研能力十分突出,然而在教学能力方面却存在着一定的欠缺。以教学能力中最基础的组成部分——教学设计能力为例,2015年,盛群力等学者曾对我国192所高校的大学教师的教学设计能力、认知水平和知识体系展开问卷调查。结果发现,大学教师教学设计能力发展极不平衡,存在严重的短板现象,尤其是教学评价能力亟须补课。

第二节 中华文化传播视域下大学英语教师专业能力内涵与框架

通过外语教学提升学生的中华文化英语表达力和传播力,必然要求外语教师具备从事中华文化教学和科研的相关能力。在中华文化传播视域下,大学英语教师的专业能力被赋予了新的内涵和使命。

一、中华文化传播视域下大学英语教师专业能力内涵

张逸岗、丁方认为,作为一个语言教师,外语教师的专业知识中不仅应包括与语言本身相关的词汇和语法知识,还应包括丰富的关于本民族

文化传统的知识,更应该包括语言学的知识,同时应该包括教学组织能力和教育实施能力、较高的人品修养和令人愉快的个人性格、相当的外语习得理论知识和一定的外语教学法知识。

樊朝辉、李力提出,大学英语教师应该具备一定的知识结构和能力结构。知识包括本体性知识和条件性知识,其中本体性知识包括精通英语的系统结构,掌握英语的语言规则,具有较高的听、说、读、写、译水平;条件性知识是指教师所具有的教育学和心理学知识。能力包括观察力、注意力和记忆力等一般能力,语言表达能力、组织能力、学科教学能力、对教学实践认识的教育科研能力、课堂交际能力、实施情感教育的能力、科学的组织管理能力、对学生成绩的评价能力、现代化的信息素养和专业发展能力等特殊能力。

吴一安在2项全国规模的调查研究、6项个案研究和1项文本研究的基础上,构建了中国高校优秀外语教师专业素质框架,由4个维度构成:(1)外语教师职业观和职业道德,包括:热爱外语教师职业,肩负"教书育人"的使命感;敬业,认真,责任心强;真心喜欢学生,关心、爱护、尊重学生。(2)外语教学观,包括视学生为教学主体,重视对学生能力和学习方法的培养;视外语为符号体系和承载目的语文化的载体;视外语学习为知识建构和学习者人格化的过程;外语教学折射出教师对课程、目的语、学生、外语学习规律、学习环境、课堂管理之间辩证关系的把握。(3)外语学科教学能力,包括:学科和教学两类知识。其中学科知识是充分尊重和适合外语教学特点及规律的外语学科知识;教学知识是实践性知识,是充分尊重和适合外语学科知识特点的外语教学知识。(4)外语教师发展观,包括:热爱教师职业,对知识不断追求、对教学不断反思的自我专业发展意识,理论学习和研究性变革实践。

文秋芳、常小玲基于为高校外语教师举办大型强化专题研修班的理论与实践构建了高校外语教师能力结构图,提出高校外语教师应拥有4个方面的能力(教学能力、研究能力、管理能力、教育技术能力)和师德风范。

胡洁雯、李翠平将大学英语教师的核心能力分为能量、理念、结构、反馈4个方面。能量即教师的品质。个人性格和人品修养是大学英语教师核心能力构成的基本要素之一。理念即教师的教学和学习理念。结构即教师的教学能力,包括教师的教学设计能力、教学实施能力、教学监控能力、教学评价能力。反馈即教师的专业思辨能力。

王桂林提出高校公共英语教师教学能力的结构要素应主要包括语言教学能力、专业教学能力、文化教学能力。其中,构成语言教学能力的知识体系包括语音知识、语法知识、语篇知识、语用知识、交际策略知识等,而语言教学能力主要是英语言语技能与综合运用能力;专业教学能力主要是指将英语作为一门专业,关于这门专业的教学能力,主要包括英语教学设计能力、实施能力、监控能力和反思能力;文化教学能力的培养是外语教学目的之一。

李翠英、孙倚娜综合了美国、澳大利亚、以色列、日本4个国家的英语教师能力标准和联合国教育报告中对教育四大支柱的描述,借鉴"外教社杯"全国高校外语教学大赛的评分标准,提出中国英语教师的能力标准应涵盖4个方面:一是国际视野,即具有开放的心态和国际化视野,懂得并能引导学生学会理解和尊重不同语言文化;二是语言文化与教学,即具备扎实的双语语言文化知识和教学能力基础,能引导学生学会批判性地学习和吸收不同语言文化知识;三是语言功能与测试,即理解语言如何发挥其社会功能,能引导学生学会应用语言完成任务并进行相应的评估测试;四是人文素养,即懂得并能引导学生在欣赏语言、文学、文化的过程中更深入地理解生命本质,提升个体生命的自主性和对社会生活的责任感。

总的来说,大学英语教师专业能力可以定义为大学英语教师从事大学英语教学应该具备的外语能力和教学能力。也就是说,作为大学英语教师,不仅需要掌握英语语言能力,熟知英语语言文学、语言学和文化等相关专业知识和理论,还应该具备良好的外语教学能力和教研能力。

二、中华文化传播视域下大学英语教师专业能力框架

在中华文化传播视域下,大学英语教师承担着传播中华文化、培养学生中华文化英语传播力的重要职责。从这个角度出发,大学英语教师不仅应熟练掌握英语语言知识、具备优秀的英语综合应用能力、熟悉西方文化,还应该具有深厚的中华文化修养、掌握跨文化传播策略、具备卓越的中华文化教学能力。

崔校平、史成周认为,中国大学英语教师通晓英语,既熟知西方文化,又熟知本民族文化,因此在传播中华文化方面具有独特的优势。

卢宁认为,高校外语教师在外语教学中需要熟悉中国语言文化知识,从中国文化中吸取养分,利用母语作为促进外语教学的手段,才能胜任用外语来传播中国文化的重任。同时还提议从研究和阅读中国语言、翻译中国经典作品、传播中国传统文化、合作开设中国文化课程、增强英汉对比研究的深透性和系统性等方面提升外语教师汉语文化修养。

门耀华认为,在教学中渗透中华优秀传统文化是高校外语教学的重要内容。基于这一前提,他构建了由传统文化态度、传统文化知识、外语教学实践、传统文化学习和传统文化环境 5 个维度构成的高校外语教师传统文化核心素养发展模型(CTCKC 模型)。其中:传统文化态度和传统文化知识是外语教学实践的前提和基础。外语教学实践是外语教师对大学生进行传统文化教育的主要途径。传统文化学习和传统文化环境是传统文化核心素养的发展组分,其中传统文化学习是内部因素,传统文化环境是外部因素,均对核心素养的构成组分产生直接影响。

基于这一模型,本书提出,中华文化传播视域下的大学英语教师的专业能力应该由中华文化素养、跨文化交际能力和中华文化外语教学能力3 个板块构成。其中,中华文化素养是前提,跨文化交际能力是基础,中华文化外语教学能力是保障。

(一)中华文化素养

在中华文化传播视域下,新时代的大学英语教师若想提升学生的中华文化英语传播能力,首先自身就应该具备深厚的中华文化素养。其内容包括中华文化认同感、中华文化知识体系和文明互鉴意识。

1.中华文化认同感

文化认同是民族成员对本民族文化的承认、认可和赞同,由此产生归属意识,进而获得文化自觉的过程,包括文化形式认同、文化规范认同、文化价值认同 3 个层次。其本质是对民族文化的价值认同。2014 年,习近平指出:"文化认同是最深层次的认同,是民族团结之根、民族和睦之魂。文化认同问题解决了,对伟大祖国、对中华民族、对中国特色社会主义道路的认同才能巩固。"文化认同是文化传播的前提。只有对文化产生了认同感,其文化传播才能有感染力和影响力。在中华文化传播视域下,新时代的中国教师作为立德树人的主力军,首先应当对中华文化产生深厚的情感、具有文化认同意识,在教授和传播中华文化时坚定中华文化立场,才能引导学生开展有效的中华文化传播实践。从构成要素的角度来说,高校外语教师的中华文化认同感既包括对中华优秀传统文化的情感认同,也包括对社会主义核心价值观的理念认同和对中华民族共同体的群体认同。

从实践的角度来说,高校外语教师的中华文化认同主要包括以下 3 个方面:一是坚守中华文化立场,实现文化自觉。坚守中华文化立场,就是在看待、教授和传播中华文化的过程中要立足中华文化和中国现实,坚持以马克思主义为指导的立场、以人民为中心的立场、以中国实际为基础的立场、以社会主义为方向的立场。二是加强对中华文化的学习和研究,坚定文化自信。大学英语教师可以通过中华文化典籍翻译、中华文明研究的方式加强自身的中华文化修养,还可以在大学英语教学中通过广泛开展文化比较提升自身的文化鉴别意识和能力,揭露"西方中心论""普世价值论"和"文化优越论"等各种理论和思潮的错误引导。三是主动构建中华文化知识体系,实现文化自强。大学英语教师可以通过科学的教学设计,在大学英语教学实践中引导学生有意识地用英语讲好中国故事、传播中华文化,为构建中华文化知识体系添砖加瓦。

2.中华文化知识体系

大学英语教师从事中华文化英语教学的前提是自身对中华文化知识体系有着系统的掌握。从文化样态上来看,中华文化包括中华优秀传统文化、革命文化和社会主义先进文化。大学英语教师在掌握中华文化知识体系的过程中,必须认准中华优秀传统文化、革命文化和社会主义先进文化的精神标识和文化精髓。

首先要掌握中华文化通过中华优秀传统文化所展现出来的精神标识和文化精髓,主要包括自强不息、厚德载物的传统思想理念,以德为本、道法自然的传统价值观念,重平安、崇和平、求大同的传统理想信念。其次要掌握中华文化通过革命文化所展现出来的精神标识和文化精髓,主要包括马克思主义基本原理同中国具体实际相结合的新民主主义革命思想理念,中国共产党团结带领中国人民在新民主主义革命时期建构和树立的革命价值理念,革命烈士、革命战士和中国人民为夺取革命胜利所表现出的坚定的革命信念。最后要掌握中华文化通过社会主义先进文化所展现出来的精神标识和文化精髓,主要包括毛泽东思想、邓小平理论、"三个代表"重要思想、科学发展观、习近平新时代中国特色社会主义思想等中国特色社会主义思想理念,社会主义核心价值观、以人民为中心、全过程人民民主、全体人民共同富裕、物质文明与精神文明协调发展、人与自然和谐共生、和平发展等社会主义核心价值理念,中国特色社会主义共同理想和构建人类命运共同体的世界理想等构成的具有中国特色的社会主义理想信念。

3.文明互鉴意识

2014年,习近平指出:"文明因交流而多彩,文明因互鉴而丰富。文明交流互鉴,是推动人类文明进步和世界和平发展的重要动力。"文明互鉴相对于文明对立和文明冲突而言,指的是不同文明之间相互交往交流和互鉴的关系。大学英语教师作为外语教育的主体,在中华文化英语教学和传播中必然要具有文明互鉴意识,在中西文化交流互鉴的过程中秉持相互尊重、平等相待、开放包容、互学互鉴的态度,最终达到和谐共生、美美与共的文化交流目标。在文明交流互鉴的过程中,大学英语教师既要摒弃盲目排外、封闭自守的错误观念,也要通过文化的教学和研究引导学生反对文化霸权主义、破除"西方文化中心论"的错误观点。

外语教育学者杨枫曾提出,"外语教育必须坚持国际视野与母语文化互为主体,立足本来,吸收外来,既要超越狭隘的文化义和团心态,还要融创具有普世意义的价值观,以培养学生价值判断的能力,使其成为有本有原,顶天立地的国家栋梁。否则,拥抱西方而不知西方为何物,鄙视传统却不了解中国文化底蕴,培养出来的学生成为文化上失根的兰花或漂泊的浮萍,用自己的'嘴'说别人的'话',在西方文化的鼓噪中顺拐投降"[①]。因此,中国的大学英语教师不能只研究外国文学和外国文化,还要考虑世界文化的多样性,在教学内容上融入非英语国家的文化和人类共有文化,更重要的是,要主动构建中华文化知识体系和话语体系,把优秀的中国传统文化翻译好,把中国故事讲好,把反映我国核心文化价值观的思想文化术语用最妥帖、最优美的语言表达出来,对于向世界传播我国的古代文明、传统文化,讲述好当代中国的故事具有重要的现实意义。比起遵从西方模式的叙事逻辑和话语范式来讲述中国故事、译介中国文化,中国的大学英语教师利用自己的语言优势主动构建中华文化的知识体系和话语体系,为全球治理提供中国思想、中国智慧和中国方案,更能凸显世界文化的多样性,引领中外文化的平等交流和中外文明之间的平等对话,为推动构建人类命运共同体和人类文明的交流互鉴做出更大的贡献。

(二)跨文化交际能力

彭军在对国际汉语教师应该具备的能力进行研究时提出,国际汉语

---

① 杨枫:《高等外语教育的国家意识、跨学科精神及应用理念》,《当代外语研究》2019年第2期,第1页。

教师除具备汉语教学能力和中华文化传播能力之外,还应该具备跨文化交际能力。同国际汉语教师和对外汉语教师一样,大学外语教师在培养学生的跨文化交际能力的同时,自身也应该具备跨文化交际能力。

外语教师的跨文化交际能力可以从跨文化交际意识、跨文化交际知识和跨文化交际技能3个层面去考察。首先,外语教师应该具备一定的跨文化交际意识。外语教师在从事语言教学的过程中不应只局限于"语言工具论"的论调而只强调语音、语法、词汇等语言基础知识的教学,而是要充分意识到语言是文化的载体,外语教学应该是语言的工具性和人文性的统一,语言教学和文化教学不应割裂开来,而是应该融合在一起。从这个角度来说,外语教师在语言教学的过程中,对本族文化和异族文化都应该持宽容、理解、尊重的态度,既不盲目自大,也不盲目排外,充分认识到世界文化的多样性,具有文明互鉴意识,愿意甚至喜欢与来自不同文化背景的人们进行交际。其次,外语教师应该具备一定的跨文化交际知识。外语教师应该具备丰富的文化知识,不仅对母语文化的文化历史、文化发展、文化理念熟练精通,还能熟悉目标语国家的文化精髓和文化品性,并且还对世界其他地区的文化表现出浓厚的兴趣,具有较多的了解。最后,外语教师应该具备一定的跨文化交际技能。外语教师应该通过对跨文化交际相关理论、案例的了解掌握跨文化交际的普遍规律,并通过自身的跨文化交际实践学会根据不同的文化语境,灵活调整自身的跨文化交际手段和方法,能够做到立体、全面、多维地看待和分析不同的文化现象、处理文化问题。总的来说,外语教师的跨文化交际能力体现为外语教师在交际实践中应该具备跨越不同的思维方式、价值观、世界观、社会体制、社会规范、历史、宗教、交际风格的能力,具有应对和解决跨文化冲突的能力。

然而,相关的调查研究却显示,不少外语教师本身跨文化交际能力薄弱,有不少"缺口",比如缺少跨文化交际意识,缺乏有关跨文化交际能力和教学能力的培训,缺少体验外国文化的机会,缺失跨文化交际知识结构,缺损跨文化交际教学新理念,等等。一方面,大学英语教师应该主动参加跨文化交际能力相关培训、学习和研究,完善跨文化知识结构,更新跨文化交际教学理念；另一方面，大学英语教师可以通过从事跨文化教学实践，通过中西文化对比的实践案例积累教学经验，使自身跨文化教学的方式和手段更加多元化。

(三)中华文化外语教学能力

张大均在《教育心理学》一书中提出，教师的教育能力是特定的专业能力，主要包括全面掌握和科学设计教学内容的能力、良好的语言表达能力、多方面良好的组织管理能力、善于因材施教的能力、对教学情境中的应变与调控能力、自我监控能力、自我鉴定能力、自我评价能力、自我教育能力以及一定的教育科研能力和教育机智。

罗树华、李洪珍在《教师能力概论》一书中把教师的一般职业能力区分为3种，即教师的教育能力、教师的班级管理能力和教师的教学能力，并指出教师的教学能力主要是指各科教师应当普遍具有的运用特定教材从事教学活动、完成教学任务的能力，具体包括掌握和运用教学大纲的能力、掌握和运用教材的能力、掌握和运用教学参考书的能力、编写教案的能力、选择和运用教学方法的能力、因材施教的能力、实施目标教学的能力、组织课堂教学的能力、教学测试能力、制作和使用教具的能力等。

王少良从教育学、心理学和社会学三大维度诠释并建构高校教师教学能力的多维结构。他认为：从教育学角度来看，高校教师的教学能力主要包括教学设计能力、教学组织能力以及教学研究能力；从心理学角度来看，高校教师的教学能力可以归结为教学认知能力、教学操作能力和教学监控能力；从社会学角度来看，高校教师的教学能力主要体现为促进班级的集体参与、相互作用及构建和睦关系的能力，在课内外对学生个人做出适当反应的能力，唤起学生兴趣、刺激其卷入学习和配合教学的能力，教师继续自我教育能力以及适应国际化、信息化等社会变化的实际能力等。

徐继红提出用以描述中国高校教师教学能力结构的三维模型。该模型将高校教师教学能力放在能力构成领域、工作领域和活动过程领域3个维度上进行描述，其中能力构成领域包含特质、态度、知识和技能4个子维度,工作领域分为职业基本能力、微观教学能力、中观课程能力和宏观专业能力4个子维度,活动过程领域分为设计、开发、利用、管理和评价5个子维度。

何齐宗、熊思鹏从知识素养、教学能力、职业品格和人格特质4个方面构建了高校教师教学胜任力模型。其中,知识素养包括教育知识、学科知识、通识知识3个方面,教学能力包括教学设计、教学实施、教学研究和改革3个方面,职业品格包括职业态度、职业情感、职业追求3个方面,人格特质包括自我特性和人际特征。

申继亮、王凯荣在总结教学理论工作者和实践工作者有关教学能力的观点的基础上,提出教师的教学能力可以归纳为教学监控能力、教学认知能力、教学操作能力这3种。其中,教学监控能力是指教师为了保证教学的成功,达到预期的教学目标,而在教学的全过程中,将教学活动本身作为意识的对象,不断地对其进行积极主动的计划、检查、评价、反馈、控制和调节的能力。教学认知能力主要是指教师对教学目标、教学任务、学习者特点、教学方法与策略以及教学情境的分析判断能力,主要表现为:(1)分析掌握教学大纲的能力;(2)分析处理教材的能力;(3)教学设计能力;(4)对学生学习准备性与个性特点的了解、判断能力等。教学操作能力,主要是指教师在实现教学目标过程中解决教学问题的能力。从教学操作的手段(或方式)看,这种能力主要表现为:(1)言语表达能力,如语言表达的准确性、条理性、连贯性等;(2)非言语表达能力,如言语的感染力、表情、手势等;(3)选择和运用教学媒体的能力,如运用教具的恰当性。从教学操作活动的内容看,这种能力主要包括:(1)呈现教材的能力,如恰当地编排呈现内容、次序,选择适宜的呈现方式等;(2)课堂组织管理能力,如学生学习动机的激发、教学活动形式的组织等;(3)教学评价能力,如及时获取反馈信息的能力、编制评价工具的能力等。

胡立卫、李辉、邓林作则认为,教师的教学能力主要包括教师的教学设计能力、教学评价和教学反思能力以及教育技术应用能力,是各方面教学能力的综合。

聂学慧认为,汉语国际推广形势下教师应该具备一种独特的跨文化教学能力。这种能力包括3个方面:一是由汉语及中国文化知识、外语及学生母国文化知识、第二语言习得理论和心理学、教育学知识在内的各种知识储备;二是由语言表达能力、管理沟通能力、应变能力、现代教育技术应用能力在内的课堂实践能力;三是由基本的生存能力、必要的社会交往能力、开展并完成教学工作的能力、进行学术活动和开展学术研究的能力组成的跨文化交际能力。同国际汉语教学相似,大学英语教师也是从事第二语言教学的教师,不仅应该像普通教师一样具备一定的教学能力,也应该具备一定的跨文化教学能力。外语教育学者张红玲曾经从两个方面来看待外语教师的跨文化能力,一是跨文化交际能力,二是跨文化外语教学能力。

总的来说,不同的学者在对教学能力的内涵进行解读时侧重点各有不同,有的强调教学目标的达成,有的强调教学活动的过程。但是他们对于教学能力的基本内涵的认识存在一定的相似性,都强调教师的教学能力是教师所具备的与教学相关的能力和素质的集合,主要是在对教学目标、教学活动过程和构成要素的认识上有所不同。从这个角度来说,高校外语教师的中华文化外语教学能力指的是高等院校的外语教师在从事与中华文化相关的语言教学活动中所表现出来的综合能力和素质,具体可以分为教学设计能力、教学实践能力、数字素养和教学研究能力等。

1.教学设计能力

教学设计能力最初是作为教育技术人员的专业能力之一而被提出,但随着教育技术的发展、教育环境的变化以及对于教师能力要求的提高,教学设计能力逐渐成为教师必备的能力素质之一。大学英语教师从事中华文化英语教学需要熟悉中外两种文化,需要经常组织学生开展中外文化对比和跨文化交际训练,因此也必须具备相应的跨文化教学设计能力。教学设计能力是教师依据相关的理论、原理和方法,遵循教学原则,对教学目标、教学内容、教学活动和教学评价等教学要素或环节进行分析、计划并做出一致性安排的过程,是教师顺利完成教学设计的心理过程。

第六章　中华文化传播视域下大学英语教师的专业能力发展

在中华文化传播的视野之下,大学英语教师在课程设计上要充分考虑到对外传播中华文化的时代要求和现实需要。在教学理念上,要把语言的工具性和人文性结合起来,以学生学习和发展为中心,注重培养学生的人文素养。在知识、能力和素质的三维目标设置上,要把中华文化术语表达、中华文化英语综合应用能力、用英语讲好中国故事的能力、中华文化认同和文化自信等方面融入相应的单元教学目标。在教学内容上,要结合单元主题注重挖掘同中华文化相关的课程思政元素,如中国饮食文化、教育理念、革命英雄故事、社会主义核心价值观等。在教学活动中,要坚持理论教学和实践教学相结合的原则,帮助学生在学习中华文化理论知识的同时,更深刻地领悟到中华文化的精髓,体验中华文化之美。在教学方法上,要秉持"以学生为中心"的教学理念,可以采用探究式、研讨式、项目式、实践式等教学方法。在教学评价中,也要注意将中华文化的相关元素融入课程评价的多元模块。

2. 教学实践能力

教学实践可以看作是对教学设计的实现过程,即把教学设计的蓝图变成教学实践的过程。教学实践能力可以看作教师为达到教学目标,取得教学成效,在教学过程中表现出来的一种操作能力,具体包括教师的教学活动实践能力和教学语言实践能力。教学活动实践能力体现在教师根据教学设计方案——教案,在课堂教学过程中,具体组织学生开展各种教学活动的操作能力。为了保证课堂活动的有序性和有效性,教师需要使用语言对教学活动进行控制。这就需要教师具有一定的教学语言实践能力。也就是说,教师的教学语言实践能力是教师对课堂教学活动进行控制的工具。"在课堂教学的过程中,教学内容的讲述、学习任务的布置、教学气氛的创设、问题行为的处理等教学活动的操作(组织)和控制无不都是通过语言的组织和表达来实现的。"[1]

在语言教学过程中,大学英语教师要千方百计地运用各种手段,努力创设或模拟真实学习情景,鼓励学生参与活动,加强教师与学生之间、学

---

[1] 蒯超英:《论教师的教学组织能力》,《现代中小学教育》1996年第3期,第31页。

生与学生之间的互动,使语言学习过程更为轻松有效。就大学英语教师来说,在从事中华文化相关内容的英语教学和传播过程中,需要具备相应的跨文化教学实践能力。

首先就是对于跨文化英语教学活动的实践能力,尤其是在相关的教学活动中融入中华文化的能力。例如,在进行有关"运动"主题的综合英语教学时,教师可以通过多种形式融入中华文化的英语教学:(1)词汇练习:给学生扩充有关太极拳、形神合一、全民健身、女排精神等的中国体育文化关键词,督促学生自觉地掌握和扩大中华文化英语词汇;(2)课堂问答:根据课文内容,设置与中华文化相关的问答题,如"What do you know about traditional Chinese sports?"(你对中国传统体育运动了解多少?)或者"Who is your favorite Chinese athlete and why do you like him/her?"(你最喜欢的中国运动员是谁?为什么喜欢他/她?)等问题,引导学生用英语表述中国传统的体育运动或者中国体育健将的故事/精神;(3)口译训练:要求学生利用所学的语言表达翻译与中国体育文化相关的语句或者段落;(4)小组报告:让学生以小组为单位,要求学生搜集资料,利用PPT、音视频等多媒体对比分析中西方体育文化的差异。

其次就是对于跨文化英语教学的语言能力。研究表明,用英语组织课堂教学,即用英语教英语已逐渐成为大学英语教学界的共识,并在教学实践中取得了一定成效。我国学者张正举等认为,英语教学语言大概包括4个部分:(1)课堂用语,即组织课堂教学各个环节的特定用语;(2)讲授用语,即教师在讲词汇、结构、语篇时的语言;(3)师生交流用语,课堂上师生之间进行各种交谈、对答和讨论时的语言;(4)教师反馈用语,即教师在指导学生进行课堂操练时对学生的语用行为做出评价的语言。

大学英语教师是跨文化英语教学的主导者,在跨文化英语教学实践中以及在语言使用的过程中要注意学生对于教学语言的可接受性和阶段性,使用的教学语言要符合学生的现有水平和实际需要。根据克拉申(Krashen)的输入假设理论,学习者听到或者读到的可以理解的语言材料应该略高于学习者当前实际拥有的语言能力和水平,也就是说,如果用

i表示学习者当前的语言能力水平,1表示学习者当前的语言水平与下一个阶段语言能力之间的距离,那么i+1就表示学习者语言发展的下一阶段。所以,大学英语教师在跨文化英语教学实践中所使用的教学语言既要符合学生的现有水平,还要根据教学进度和学生语言水平的不断提高而拔高语言使用的难度,使用更加丰富的词汇和句型结构,同时要通过必要的重复突出教学重点,提高学生的学习效率,保证学生在理解教学语言的基础上正确地执行教师的指令或回答教师的问题,又要保证学生在与教师真实交流的过程中习得跨文化,尤其是中华文化相关的英语表达。

3.数字素养

随着信息技术的不断发展,我国的高等教育不断在经历各种数字变革,从慕课、微课到在线教学、翻转课堂,再到线上线下混合式教学、"同步课堂"、虚拟仿真实验教学课程等一系列变革,迫切要求包括外语教师在内的高校教师不断提升自身的数字素养。教育部2022年发布的《教师数字素养》标准将"教师数字素养"定义为"教师适当利用数字技术获取、加工、使用、管理和评价数字信息和资源,发现、分析和解决教育教学问题,优化、创新和变革教育教学活动而具有的意识、能力和责任"。该标准从数字化意识、数字技术知识和技能、数字化应用、数字社会责任和专业发展5个维度构建了教师数字素养框架。其中:数字化意识指的是客观存在的数字化相关活动在教师头脑中的能动反映,包括数字化认识、数字化意愿以及数字化意志;数字技术知识和技能指教师在日常教育教学活动中应了解的数字技术知识与需要掌握的数字技术技能;数字化应用指教师应用数字技术资源开展教育教学活动的能力,包括数字化教学设计、数字化教学实施、数字化学业评价以及数字化协同育人;数字社会责任指教师在数字化活动中的道德修养和行为规范方面的责任,包括法治道德规范以及数字安全保护;专业发展则指的是教师利用数字技术资源促进自身及共同体专业发展的能力,包括数字化学习与研修以及数字化教学研究与创新。

赖春等学者结合外语教学活动中融合数字技术资源的特点和考量因

素，构建了外语教学活动设计中的教师数字素养框架。该框架共包括 4 个维度：(1)基本数字素养。包括应用素养和转化素养。(2)整合数字技术资源的数字素养。外语课堂上的数字技术资源融合可主要采取 4 种模式：使用技术工具，增强课堂学习体验；模拟技术功能，丰富教学活动；融合数字语料，丰富学习素材；鼓励技术应用，拓展课内外联结。(3)专业发展素养。包括教师根据个人发展需求主动搜寻网络资源、主持或参与网络研修，也包括多种非正式学习方式，常见的有阅读社交媒体公众号、自我实践与反思、与学生交流、加入教师发展共同体参与合作、开展教研活动等。(4)社会道德素养。包括履行数字社会公民职责的能力和培养学生承担数字社会公民责任的能力。外语教育学者王海啸结合《大学英语教学指南》(2020 版)及其他相关研究，提出大学英语教师信息素养的框架可以由语言与跨文化交际、数字资源、教学与学习、评估、赋能学习者与教师职业发展等 6 个维度组成，每个维度再按意识、知识和能力等 3 个方面界定核心内涵。曾有学者对高校英语教师的信息化素养现状进行调查，调查结果显示，多数英语教师具有教育技术的意识，但仍有为数不少的教师认为教育信息化的要求太高，一方面承认教育技术的重要性，另一方面却潜意识地排斥教育技术的应用。还有学者开展调查访谈等研究，结果发现，高校外语教师具备较强的数字化意识，但数字化信念并没有完全转化为高效的数字化教学实践。

在文化传播视域下，大学英语教师开展中华文化英语教学和传播的过程中同样需要具备相应的数字素养，主要体现在利用数字技术整合中华文化数字化英语教学资源、扩充中华文化英语教学素材、丰富中华文化英语教学活动、强化中华文化英语实践学习、优化学生的中华文化英语学习体验等。例如，大学英语教师可以打造中华文化英语数字化教材、利用人工智能和大数据开展中华文化英语教学设计和研究、构建中华文化英语语料库和教学资源库等。

4. 教学研究能力

作为高校教师，从事跨文化外语教学的大学英语教师还应该具备一定的教学研究能力。教师的教学研究能力指的是教师结合相关教学理论对自己的教学实践进行反思、探索、总结和改进的过程。在中华文化传播视域下,大学英语老师对于所从事的跨文化英语教学工作可以从宏观、中观、微观的角度进行全方位研究。从宏观上来说,大学英语教师可以结合语言学、传播学等相关学科理论对跨文化教学的相关理论和理念开展研究;从中观上来说,大学英语教师可以探索跨文化英语教学或中华文化英语教学的教学内容、教学方法、教学评价、教学效果等各个方面;从微观上来说,大学英语教师还可以探索如何在英语听、说、读、写、译综合教学的教学环节中有效融入中华文化元素。

第三节 中华文化传播视域下大学英语教师专业能力提升路径

在中华文化传播视域下,大学英语教师除通过持续学习培训、加强自主学习、开展教学反思、构建专业学习共同体等常规的路径提升自身专业能力之外,还需要考虑中华文化学习的特殊性。

一、持续学习培训

学习和培训是外语教师提升专业能力最直接、最有效的手段之一。在中华文化传播视域下,大学英语教师可以从以下3个方面持续学习和培训。

一是参加教学能力提升相关的学习培训。外语教师在参加教学提升相关的学习和培训时要注意把握其阶段性,不同的阶段应该有不同的学习重点。首先是职前学习和培训。在这一阶段的学习和培训中,外语教师应该不断通过自主学习和学历教育积累知识、开阔视野,夯实自己的语言文化学习能力和研究能力,为未来成为一名高校外语教师做好充分的准备工作。其次是入职培训。在入职培训中,外语教师已经确定了自身的教师身份,要学会查缺补漏,认真学习教育学、心理学等理论和实践知识,积极跟经验丰富的资深外语教师请教教学经验,做好随堂听课学习,认真备课和准备教学材料,为即将到来的外语教学工作做好知识和心理准备。最后是在职学习和培训。在职期间,外语教师要结合自身遇到的教学问题,主动查阅资料、研读论文和教学文件、听课磨课备课、参加各类教学培训,不断提升自己的教学设计能力、教学实践能力、教学创新能力和教学研究能力等各项教学能力。

二是参加跨文化外语教学相关研修。研究表明,外语教师参加跨文化教学相关培训对于提升教师的跨文化适应性和灵活性、提升跨文化交际能力具有重要意义。作为英语专业出身的科班教师,绝大部分大学英语教师已经具备了一定的跨文化交际意识和跨文化交际知识,主要缺口体现在两个方面:一是很多教师长期在国内高校学习和工作,缺乏在国外生活和学习的体验,缺乏丰富的跨文化交际实践经验;二是很多教师虽然具备了跨文化交际能力,但是对于跨文化外语教学这个新的教学理念却了解不多,研究不深。因此,外语教师应该不断加强对于跨文化交际相关知识的补充和学习,同时有意识、有计划地参加跨文化外语教学相关的研究和培训,在适当的时候还可以申请出国研修和访学,以实际经历充实跨文化体验、提升跨文化实践能力。

三是参加中华文化外语教学专门学习和培训。有学者在研究中发现,相当一部分高校英语教师,尤其是10年教龄以下的英语教师,对中国文化精华不甚了解或者无法找到合适的英语表达中华文化,出现"中国文化缺失"的现象。因此,在中华文化传播视域下,外语教师还要通过专门的学习和培训提升自己的中华文化外语教学能力。一方面,外语教师要通过广泛的阅读、学习和实践提升中华文化素养;另一方面,外语教师还应该积极参加与中华文化外语教学、中华文化翻译、中华文化传播相关的研修和培训。

二、加强自主学习

随着信息技术的发展,外语教师可以利用网络的便利性加强自主学习和提升。事实上,自主学习对于广大外语教师来说,是提升自身的跨文化外语教学和传播能力最为便捷的途径之一。

在中华文化传播视域下,外语教师的自主学习可以分为理论学习和实践学习两个方面。首先,外语教师可以通过阅读与中华文化教学和传播相关的文献资料、参加中华文化教学和传播等主题的教学研讨会、参与网络教育论坛讨论、观摩他人教学、观看教学录像等方式不断积累中华文化传播知识。目前,互联网的发展已经为外语教师提供了大量的自主学习机会。例如,国家智慧教育公共服务平台为高校外语教师提供了资源丰富、主题多样的教学主题学习资源。教师还可以通过"中国大学MOOC"平台方便、快捷地享用优质教学资源,汲取精品课程的宝贵经验,提升自我教学质量。在教学之余,教师还可以通过访问各种中华文化传播、翻译传播和教学教研网站,了解外语教学和中华文化英语教学的新动向,与同行交流教学经验,参与教学问题的讨论。其次,外语教师还可以通过开展与中华文化英语教学和传播相关的教学教研实践增加实践经验,提升教学教研实践能力。在教学方面,外语教师可以主动承担中华文化教学和传播相关的英语课程,在授课过程中积累教学经验;外语教师还可以参加各种教师教学创新大赛和课程思政教学竞赛,通过准备比赛不断打磨课程;外语教师还能积极申报与中华文化相关的教学和教材研究,通过研究进一步沉淀自身的理论思考,并以研究反哺教学,促进教学能力的进一步提升。

三、开展教学反思

开展教学反思是教师从新手型教师和经验型教师成长为熟练型教师

和理论型教师的重要途径。反思性教学（reflective teaching）指的是通过教学实践发现教学问题，进而通过进一步的观察和思考以寻求解决问题的方法和策略，对自身的教学不断改进和完善的过程。奥斯特曼（Osterman）认为反思性教学一般表现为4个阶段：（1）找到关注内容。教师在教学实践中发现教学问题。（2）观察与分析。教师分析既往的相关经验，批判性地反观自身的思想、行为、信念、价值观、态度和情感。（3）重新概括。教师在分析、观察、了解问题的成因后，重新审视自身的教学所依据的理论观点，并从理论和实践中积极获取新的信息以形成更好的解决办法。（4）实践检验。通过实践尝试检验新的假设或方案，在遇到新的问题时，继续下一阶段的反思。

大学英语教师在开展中华文化英语教学和传播的过程中可以通过以下方式开展教学反思：（1）撰写教学日志。教师在中华文化英语教学实践中可能会遇到形形色色的问题，如教学的有效性问题，以及如何结合学生的实际水平调整教学内容、如何创新教学设计以调动学生学习兴趣、如何做到因材施教和个性化教学等问题。这时，从事中华文化英语教学的教师可以以教学日志的形式写下教学感受、体会和困惑以及自己尝试解决问题所采取的手段、取得的成效、受到的启发和总结的经验。（2）观摩课堂教学。理查兹和洛克哈特（Lockhart）倡导教师互相观摩对方的课堂教学并描述他们所观察的情景，继而交换所获得的信息，然后双方对这些信息进行客观分析。这种听课活动以相互帮助和配合改进为目的，有助于教师收集到自身难以意识到的教学问题，为下一步的反思性教学打下良好的基础。（3）课堂教学录像。教师可以有意识地录制自己的课堂教学过程，通过反复观看自己的教学表现，寻找自己的优势和不足，继而激发教师对自身的教学进行反思改进。（4）开展行动研究。在行动研究过程中，教师自身可以采取一定的措施改进自己的教学行为、在教学实践中展开自我怀疑并最终通过一定的研究自我释疑。教师开展行动研究时主要瞄准的是具体的某个教学环节和步骤。教师可以先搜集教学素材，然后发现其中的问题，继而通过问卷或访谈等方式提出相关设想或制订相关计划,并在教学实践中加以尝试以确定其有效性,最后对这一系列研究过程、方法及有效性进行归纳总结并写出行动研究报告。

四、构建专业学习共同体

德国心理学家勒温(Lewin)曾提出,群体作为一个整体,其中的每个成员都具有交互依存的动力,群体中的个体行为不仅取决于自身的生活空间,而且也受人际关系、群体决策、气氛等群体心理动力场的制约,而这种制约能够转化为一种促进群体发展的动力。依据群体动力学的理论,外语教师可以结合自己的授课类型、教学问题、研究兴趣等加入各种专业发展共同体,提升自己的专业素质和教学能力。建立学习共同体也被广泛看作促进教师专业发展的重要手段和有效途径。专业发展共同体可以分为校内和校外、线上和线下、学科内和跨学科等多种类型。这些专业发展共同体在组织有序的情况下能够切实通过有效的人际互动、尊重与传播教师个人实践性知识、课程改革及其对普通教师的赋权促进教师专业发展。

专业学习共同体对于在中华文化传播视域下提升外语教师对中华文化的教学和传播能力同样可以发挥重要的作用,因此,对于中华文化外语教学和传播具有教学和研究兴趣的外语教师来说,他们也可以以线上线下相结合的方式,联合校内校外的语言学、翻译学、艺术学、传播学和文学文化等专业的教师,围绕中华文化教学和传播组建跨学科专业学习共同体。

首先,中华文化教学和传播学习共同体可以增强外语教师的中华文化素质。学习共同体在组建之后,可以邀请哲学、历史学、艺术学、民俗学、传播学等相关领域的专业学者开展交流研讨,为共同体内的外语教师提供宝贵的学习中华文化的机会。

其次,中华文化教学和传播学习共同体可以推动外语教师开展中华文化相关课程建设。专业学习共同体往往是结合教师的个人兴趣、教学专长、教研发展方向和学术研究领域而建设形成的课程教学团队,往往可以允许大学英语教师参与其中,帮助制定包括课程定位、教学模式、教学方法、考试形式、评价体系等在内的课程教学相关要求,推动大学英语教师享受应有的权利并承担应有的责任,从而实现对现存的教学材料或所有课程内容进行合理的调整、改编、创造,进而推动课程建设。中华文化教学和传播学习共同体有利于提升外语教学的跨文化功能,为跨文化传播提供助力。通过说课、集体备课、教学讲座、交流会、分享会、介绍会、课堂教学工作坊、名师学术讲座等多种方式,中华文化教学和传播学习共同体可以开展各种不同形式的学习和实践活动,推动外语教师聚焦学生的中华文化英语学习开展教学反思、教学实践和教学研究,提升教师的教学动力以及教学能力,促进教师共同发展与进步。

最后,中华文化教学和传播学习共同体有利于提升外语教师的教学认同感和职业幸福感。中华文化教学和传播学习共同体可以加深教师对自身专业的认识,帮助外语教师了解其他教师的业务、技能甚至人格魅力,引导外语教师进一步探索优秀外语教师的素质和身份构建,提升他们对于教师职业身份的认同感、归属感和幸福感。

总的来说,促进中华文化传播力和影响力的关键在于高等院校的学生和教师,而教师更是提升学生中华文化传播力的关键。对于大学英语教师来说,开展中华文化英语教学是促进中华文化的传播最直接、最有效的途径之一。因此,新时代的高校大学英语教师不仅要认识到自身的应为和能为,还应该通过不断提升自身的中华文化素质和跨文化外语教学能力以及持续开展中华文化英语教学实践和研究,真正地有所作为,为中华文化传播贡献微薄之力。

参考文献

[1]爱德华·萨丕尔.萨丕尔论语言、文化与人格[M].高一虹,等译.北京:商务印书馆,2011.

[2]鲍志坤.也论外语教学中的文化导入[J].外语界,1997(1):7-10.

[3]蔡基刚.关于大学英语课程设置与教学目标:兼考香港高校大学英语课程设置[J].外语教学与研究,2011(4):609-617.

[4]蔡蔚,范红.清华大学大学英语阅读课文化教学的现状分析与对策[J].清华大学教育研究,2001(2):160-165.

[5]曹慧玲.基于中国优秀文化的大学英语"课程思政"建设研究[J].高教学刊,2021(25):177-180.

[6]曹文.英语文化教学的两个层次[J].外语教学与研究,1998(3):10-14.

[7]曹曦颖.英语"文化导入"教学模式研究[J].四川师范大学学报(社会科学版),2006(6):61-66.

[8]曾易珍.文化自信视域下大学英语课堂植入中国文化的原则和路径[J].黑龙江教师发展学院学报,2022(4):131-133.

[9]曾用强.中国英语能力等级量表的"阅读量表"制定原则和方法[J].外语界,2017(5):2-11.

[10]常天龙,孙崇英.对大学英语基础课后续阶段文化教学的设想[J].南京理工大学学报(社会科学版),2004(1):62-67.

[11]陈爱玲.跨文化交际语境下的大学英语教学探究.北京:中国书籍出版社,2021.

[12]陈放.外语教育史视阈下的中国文化自信述论[J].延边大学学报

(社会科学版),2020(4):108-114.

[13]陈光磊.关于对外汉语课中的文化教学问题[J].语言文字应用,1997(1):23-26.

[14]陈国庆.中华文化的核心理念[M].西安:西北大学出版社,2021.

[15]陈坚林.大学英语教材的现状与改革:第五代教材研发构想[J].外语教学与研究,2007(5):374-378.

[16]陈建民,谭志明.语言与文化多学科研究:第三届社会语言学学术讨论会文集[M].北京:北京语言学院出版社,1993.

[17]陈建民.文化语言学的理论建设[J].语文建设,1999(2):45-48.

[18]陈竞春,马佳瑛.中华传统文化的传播及英译研究[M].西安:陕西人民出版社,2023.

[19]陈俊森,樊葳葳,钟华.跨文化交际与外语教育[M].武汉:华中科技大学出版社,2006.

[20]陈力.外语教学法的"后方法"时代[J].山东师范大学外国语学院学报(基础英语教育),2009(3):3-8,13.

[21]陈明琨.理解习近平文明交流互鉴重要论述的四重维度[J].党的文献,2019(3):23-29.

[22]陈舒.文化与外语教学的关系[J].国外外语教学,1997(2):1-4.

[23]程佳雪.高校外语教育新使命:培养学生中华文化传播能力[EB/OL].(2023-05-30)[2024-07-04]. https://reader.gmw.cn/2023-05/30/content_36597757.htm.

[24]褚慧英,顾卫星.制约大学英语中华文化教学的瓶颈研究:基于中华文化教材和课程设置调查后的命题[J].湖州师范学院学报,2019(12):19-23.

[25]从丛."中国文化失语":我国英语教学的缺陷[N].光明日报,2000-10-19.

[26]崔刚.大学英语教学中中国文化的渗透[J].中国大学教学,2009(3):86-89.

[27]崔校平,史成周.中华文化对外传播与大学英语课程改革[J].河北大学学报(哲学社会科学版),2015(3):139-142.

[28]赵雯,王海啸,余渭深.大学英语"语言能力"框架的建构[J].外语与外语教学,2014(1):15-21.

[29]邓霄云,陈学斌.高中英语阅读教学中导入中国文化的策略研究[J].赣南师范学院学报,2015(4):103-106.

[30]邓亚男.跨文化传播视角下的中华文化核心内涵研究[J].今古文创,2024(4):91-93.

[31]丁胜.中华优秀传统文化融入大学生理想信念教育研究[D].哈尔滨:哈尔滨师范大学,2020.

[32]丁韬.大学英语词汇教学:问题与对策[J].外语电化教学,2020(2):55-61.

[33]董仲舒.春秋繁露[M].叶平,注译.郑州:中州古籍出版社,2010.

[34]樊超,贾增荣.英语听力教学文化导入分析[J].中国民族博览,2021(10):139-141.

[35]樊朝辉,李力.新型大学英语教师的知识结构与教学能力[J].山西广播电视大学学报,2008(3):64-65.

[36]符雪青.基于"需求分析"的大学英语后续选修课程的调查研究与思考[J].外语电化教学,2014(2):74-78.

[37]傅荣,王克非.欧盟语言多元化政策及相关外语教育政策分析[J].外语教学与研究,2008(1):14-19.

[38]盖淑华.英语专业学生词汇附带习得实证研究[J].外语教学与研究,2003(4):282-286.

[39]甘正东.反思性教学:外语教师自身发展的有效途径[J].外语界,2000(4):12-16.

[40]高长江.文化语言学[M].沈阳:辽宁教育出版社,1992.

[41]高海虹.如何开展大学英语口语教学[J].外语电化教学,2000(2):3-6,19.

[42]高行珍,ZHANG J L,秦利民.探寻听力教学的内涵:高校英语教师听力性质认知探究[J].外语界,2023(5):64-72.

[43]高阳.浅谈大学英语教学中的听力教学现状及应对策略[J].海外英语,2021(12):134-135.

[44]高一虹.生产性双语现象考察[J].外语教学与研究,1994(1):59-64.

[45]克利福德·格尔兹.文化的解释[M].纳日碧力戈,郭于华,李彬,等译.上海:上海人民出版社,1999.

[46]葛囡囡.中国德语教材文化呈现研究:以《当代大学德语》为例[J].外语教育研究前沿,2022(4):61-68.

[47]耿娜.大学英语词汇教学问题与策略[J].英语广场,2022(31):107-110.

[48]龚由志,程世禄.人本主义教育理论与外语教学活动探讨[J].广州大学学报(社会科学版),2004(10):61-65,82.

[49]辜向东.走出大学英语阅读技能认识上的误区[J].外语界,2003(4):60-65.

[50]谷启楠.文化教学与外语教学[J].外语界,1988(2):1-4.

[51]顾嘉祖.跨文化交际:外国语言文学中的隐蔽文化[M].南京:南京师范大学出版社,2000.

[52]顾卫星.中华文化英语传播能力培养研究:内涵、路径、实践:以"中国特色文化英语教学"为例[J].山东外语教学,2019(4):47-56.

[53]官典.从英汉句子结构差异看长难句翻译[D].重庆:重庆大学,2013.

[54]郭宝仙.新时代英语教材的文化使命及其实现路径[J].课程·教材·教法,2020(9):102-107.

[55]郭燕,徐锦芬.我国大学英语教师专业发展共同体建设研究[J].外语界,2015(5):79-87.

[56]韩艳萍.中国文化失语与大学英语教材改革[J].河北联合大学学

报(医学版),2013(4):593-594.

[57]何莲珍.从教材入手落实大学外语课程思政[J].外语教育研究前沿,2022(2):18-22.

[58]何齐宗,熊思鹏.高校教师教学胜任力模型构建研究[J].高等教育研究,2015(7):60-67.

[59]何毅亭.2020.习近平新时代中国特色社会主义思想与中国话语建构[N].学习时报,2020-10-28(A1).

[60]贺爱军.语篇·对比·多元:翻译教学方法论思考[J].上海翻译,2011(3):60-64.

[61]贺显斌.语言与文化关系的多视角研究[J].西安外国语学院学报,2002(3):22-26.

[62]胡蝶,陈曦.文化自信视域下的高校外语教学[J].人民论坛,2019(11):134-135.

[63]胡杰辉,张铁夫.中国高校外语教师数字素养的信念与实践研究[J].外语与外语教学,2023(5):73-85.

[64]胡杰辉.目标导向的大学英语课程体系研究[J].中国外语,2014(6):4-9.

[65]胡洁雯,李翠平.当代大学英语教师核心能力结构模型构建[J].长春大学学报,2011(1):105-107.

[66]胡立卫,李辉,邓林.高校教师教学能力提升策略研究.长春:吉林出版集团股份有限公司,2022.

[67]胡文仲.文化教学与文化研究[J].外语教学与研究,1992(1):3-9.

[68]黄龙胜.大学英语教材变革探微[J].武汉船舶职业技术学院学报,2007(4):102-105,112.

[69]霍兴花,毕玉娟.需求分析指导下的高等农业院校EGP+EGE+ESP三位一体课程体系探索实践[J].山东农业工程学院学报,2018(1):171-175.

[70]季佩英.基于《大学英语教学指南》框架的专门用途英语课程设置[J].外语界,2017(3):16-21,56.

[71]贾冠杰,向明友.为中国英语一辩[J].外语与外语教学,1997(5):11-12.

[72]贾国栋.大学中普及英语公众演讲课程的必要性与可行性[J].中国大学教学,2015(9):49-54.

[73]贾玉新.跨文化交际学[M].上海:上海外语教育出版社,1997.

[74]焦玉冰.新时代大学生文化自信培育研究[J].南方论刊,2023(7):86-88.

[75]教育部关于发布《教师数字素养》教育行业标准的通知[EB/OL].(2022-12-02)[2024-07-04].http://www.moe.gov.cn/srcsite/A16/s3342/202302/t20230214_1044634.html.

[76]蒯超英.论教师的教学组织能力[J].现代中小学教育,1996(3):30-32.

[77]赖春,吕伯宁,龚阳.外语教学活动设计中的教师数字素养框架[J].外语界,2023(3):31-38.

[78]李春梅,宋珉映.再论对外汉语教学中文化导入的重点及原则[J].西南民族大学学报(人文社科版),2009(12):291-295.

[79]李翠英,孙倚娜.国外英语教师能力标准对我国英语教师发展的启示[J].外语界,2014(1):57-63.

[80]李涤非.中国文化、中国英语与文化教学[J].广州大学学报(社会科学版),2006(8):82-86.

[81]李敦东.大学生中国文化传播能力:概念界定、时代内涵与体系构建[J].哈尔滨师范大学社会科学学报,2017(2):173-176.

[82]李鸿亮,杨晓玉.试论对外汉语教材对中华文化的呈现方式[J].长春工业大学学报(高教研究版),2011(2):68-70.

[83]李加军.大学通用英语教材的(跨)文化呈现研究[J].外语界,2023(1):66-75.

[84]李俊芬.跨文化教育与高校外语教师教育发展:来自在职教师接受跨文化教育培训试验的启示[J].黑龙江高教研究,2006(6):111-113.

[85]李明."坚守中华文化立场"的深度解读[J].理论月刊,2020(2):42-52.

[86]李泉.文化内容呈现方式与呈现心态[J].世界汉语教学,2011(3):388-399.

[87]李荣启.弘扬中华传统文化与建设社会主义核心价值观[J].中国文化研究,2014(3):36-46.

[88]李申申,陈洪澜,李荷蓉,等.传承的使命:中华优秀文化传统教育问题研究[M].北京:人民出版社,2011.

[89]李松涛.中西思维模式差异对大学生英语写作中语篇组织的影响[J].外语教学,2005(2):52-56.

[90]李文中.中国英语与中国式英语[J].外语教学与研究,1993(4):18-24.

[91]李雯雯,柯文进.红色文化与大学生理想信念教育的融合研究[J].人民论坛,2022(22):115-117.

[92]李晓楠,张虹,常文哲,等.俄罗斯英语教材文化呈现研究[J].山东外语教学,2023(1):43-53.

[93]李荫华.大学英语教材编写回眸:实践与探索[J].外语界,2021(6):31-37,89.

[94]李宗桂.试论中国优秀传统文化的内涵[J].学术研究,2013(11):35-39.

[95]历晓寒.外语人才的文化自信与跨文化交际能力培养研究[J].海外英语,2021(20):233-234.

[96]梁春兰.高校外语教师国际传播能力素养提升路径研究[J].海外英语,2023(13):200-202.

[97]梁洁.关于高校英语教师信息素养现状及提升途径的研究[J].黑龙江教育学院学报,2016(2):30-34.

[98]梁晓波,葛军,武啸剑.军队院校大学英语1+X课程体系构想与实践[J].外语与翻译,2018(3):79-87.

[99]梁云云."00后"大学生对中华传统文化的认知现状调查与对策分析:以海南高校调查数据为例[J].汉字文化,2023(A1):124-126.

[100]林崇德.思维心理学研究的几点回顾[J].北京师范大学学报(社会科学版),2006(5):35-42.

[101]刘爱真.文化认知与言语得体:大学英语教学中文化教学思路谈[J].外语界,2000(2):9-13.

[102]刘安.淮南子[M].陈静,注译.郑州:中州古籍出版社,2010.

[103]刘辉,杨连瑞,郭静.后方法时代的大学外语教学方法:选择与优化[J].中国高等教育,2017(C2):75-77.

[104]刘君栓,李占辉.全球本土化语境下的英语教育探究[J].吉首大学学报(社会科学版),2011(5):153-157.

[105]刘松.革命文化是文化自信的精神支柱[J].山东社会科学,2018(2):24-29.

[106]刘晓亮.当代大学生价值观的现状分析与培育对策[J].思想理论教育,2021(12):102-106.

[107]刘艳红,ZHANG J L,MAY S.基于国家级规划大学英语教材语料库的教材文化研究[J].外语界,2015(6):85-93.

[108]刘长江.谈外语教育中目的语文化和本族语文化的兼容并举[J].外语界,2003(4):14-18.

[109]刘正光,何素秀.外语文化教学中不能忽略母语文化教学[J].西安外国语学院学报,2000(2):61-64.

[110]刘正光,许哲,何岚."立德树人"与大学英语教材开发的原则与方法:以《新时代明德大学英语综合教程1》为例[J].中国外语,2021(2):25-32.

[111]刘正光,岳曼曼.转变理念、重构内容,落实外语课程思政[J].外国语,2020(5):21-29.

[112]龙柏林.广东学校的革命文化传承与发展研究[M].广州:广东高等教育出版社,2021.

[113]卢凤香,孟倩.ESP 理论视角下医学院校大学英语课程设置的思考:首都医科大学教改实践[J].中国 ESP 研究,2015(2):31-36,108.

[114]卢宁.高校外语教师汉语文化修养的提升路径[J].海外英语,2023(21):142-144.

[115]陆效用.美国 21 世纪的"5C"外语教育[J].外语界,2001(5):22-27,72.

[116]罗常培.语言与文化[M].北京:中国书籍出版社,2020.

[117]罗珊.浅谈弘扬中华优秀传统文化坚定大学生文化自信[J].豫章师范学院学报,2021(6):17-22.

[118]罗少茜,杨爱研.英语学习兴趣影响因素探究[J].课程·教材·教法,2022(12):124-131.

[119]罗树华,李洪珍.教师能力概论.济南:山东教育出版社,2001.

[120]吕海珍.以文化自信自强推进中华文明传播:基于大学生英语人才培养的视角[J].现代交际,2022(12):115-120.

[121]吕巍.坚守中华文化立场 讲好新时代中国故事[N].人民政协报,2023-05-17(1).

[122]马广惠,文秋芳.大学生英语写作能力的影响因素研究[J].外语教学与研究,1999(4):34-39.

[123]马洁,任学柱.新文科建设中高校外语教师专业身份建构研究[J].外语界,2023(5):73-80.

[124]马武林.大学英语后续课程内容设置探究(一):学术英语[J].外语研究,2011(5):15-21.

[125]马修·阿诺德.文化与无政府状态:政治与社会批评[M].韩敏中,译.2 版.北京:生活·读书·新知三联书店,2008.

[126]毛丽珍.高等农业院校大学英语"四位一体"教学模式研究:以沈阳农业大学英语教学为例[J].沈阳农业大学学报(社会科学版),2021

(1):100-105.

[127]门辉华.高校外语教师中华传统文化核心素养发展量表的编制[J].语言教育,2023(2):53-65.

[128]牟金江.英语课堂教学语言的语用分类及其优化设计[J].课程·教材·教法,2007(2):59-63.

[129]聂学慧.汉语国际推广形势下教师的跨文化教学能力[J].河北大学学报(哲学社会科学版),2012(5):152-155.

[130]牛素娟.高职英语教师中华文化传播能力调查研究[J].中北大学学报(社会科学版),2020(5):142-145.

[131]牛新生.外语教学中的文化教学[J].宁波大学学报(教育科学版),2002(6):80-83.

[132]欧阳芳晖,周小兵.跨文化视角下的中美汉语教材文化呈现比较[J].华文教学与研究,2016(1):78-84.

[133]欧洲理事会文化合作教育委员会.欧洲语言共同参考框架:学习、教学、评估[M].刘骏,傅荣,等译.北京:外语教学与研究出版社,2008.

[134]潘海英,刘淑玲.新文科建设背景下大学外语课程创新发展的若干思考[J].当代外语研究,2021(3):45-52.

[135]潘章仙.试论英语教学中文化教学的内容和原则[J].浙江师大学报(社会科学版),2001(2):68-71.

[136]彭兵转,洪照玥.大学外语教学中的中华文化融入路径探究[J].黑龙江教师发展学院学报,2023(7):64-66.

[137]彭翠.中华传统文化在新时代的传播与传承[M].北京:中国传媒大学出版社,2022.

[138]彭军.国际汉语教师跨文化交际能力调查研究[J].辽宁师范大学学报(社会科学版),2013(5):695-698.

[139]曲晓慧,吕殊佳.新时代外语教育中大学生中华文化传播能力培养研究[J].黑河学院学报,2023(7):33-34,42.

[140]曲鑫,张凤娟,王旭."拔尖实验班"的大学外语培养模式探索和

教学效果研究[J].中国外语,2013(5):13-18.

[141]冉启江,韩家胜,康佳琼.中国传统文化[M].上海:上海交通大学出版社,2016.

[142]任远,刘正光.二次开发外语教材内容服务课程思政[J].上海理工大学学报(社会科学版),2021(4):321-327.

[143]荣开明.红色革命文化:内涵、特征与弘扬[J].中国延安干部学院学报,2019(1):35-45.

[144]榕培.中国英语是客观存在[J].解放军外语学院学报,1991(1):1-8,56.

[145]盛群力,钟丽佳,张玉梅.大学教师教学设计能力知多少?:高校教师教学设计能力调查[J].开放教育研究,2015(4):44-51.

[146]石文卓.文化自信:基本内涵、依据来源与提升路径[J].思想教育研究,2017(5):43-47.

[147]时丽娜.意识形态、价值取向与大学英语教科书选材:一种教育社会学分析[D].上海:复旦大学,2013.

[148]束定芳.教育生态理论视角下的中国外语教材理论体系构建[J].外国语,2023(6):20-32.

[149]束定芳.略论外语词汇教学的基本特点与基本原则[J].外语研究,1995(1):52-58.

[150]束定芳.语言与文化关系以及外语基础阶段教学中的文化导入问题[J].外语界,1996(1):11-17.

[151]说苑今译[M].卢元骏,注译.台北:台湾商务印书馆,1977.

[152]司马云杰.文化社会学[M].济南:山东人民出版社,1987.

[153]宋飞,郭佳慧,曲畅.ChatGPT在汉语作为外语教学中的应用体系及实践[J].北京第二外国语学院学报,2023(6):110-128.

[154]宋伊雯,肖龙福.大学英语教学"中国文化失语"现状调查[J].中国外语,2009(6):88-92.

[155]苏芹.当代大学英语教育背景下中国EFL学习者文化自信培

育研究[M].北京:九州出版社,2021.

[156]孙光耀.英语演讲中母语文化能力的重要性[J].山西大同大学学报(社会科学版),2023(2):95-98.

[157]孙良仪.用中华优秀传统文化坚定大学生文化自信[J].汉字文化,2022(3):181-182.

[158]孙旻.中国高校英语演讲学习者思辨能力发展个案研究[D].北京:北京外国语大学,2014.

[159]孙淑梅.新时代背景下优秀传统文化融入大学策略[J].作家天地,2021(32):159-162.

[160]孙有中.课程思政视角下的高校外语教材设计[J].外语电化教学,2020(6):46-51.

[161]孙有中.外语教育与跨文化能力培养[J].中国外语,2016(3):1,17-22.

[162]泰勒.原始文化[M].蔡江浓,编译.杭州:浙江人民出版社,1988.

[163]汤玲.中华优秀传统文化、革命文化和社会主义先进文化的关系[J].红旗文摘,2019(19):31-32.

[164]唐智霞.英语教学与中国文化教育问题的思考[J].教育与职业,2009(18):111-112.

[165]王安忠.中华优秀传统文化及其当代价值新论[M].长春:吉林出版集团股份有限公司,2022.

[166]王弼.老子道德经注[M].楼宇烈,校释.北京:中华书局,2011.

[167]王冬梅.大学英语教学的跨文化教育探析[M].长春:吉林科学技术出版社,2019.

[168]王桂林.高校公共英语教师教学能力结构初探[J].现代教育科学,2013(5):132-134.

[169]王海啸.大学英语教师信息素养框架与核心内涵初探[J].外语电化教学,2022(6):31-38,106.

[170]王海啸.具有校本特色的大学英语教学方案探析:以9所高校为例[J].外语界,2018(6):36-43.

[171]王克非.关于翻译本质的认识[J].外语与外语教学,1997(4):47-50.

[172]王李霞.大学英语后续课程设置探讨[J].江苏高教,2015(3):85-87.

[173]王莲莲."文化自信"视域下中华文化融入大学英语教学路径研究[J].重庆电子工程职业学院学报,2023(1):100-104.

[174]王少良.高校教师教学能力的多维结构[J].沈阳师范大学学报(社会科学版),2010(1):110-113.

[175]王守仁.坚持科学的大学英语教学改革观[J].外语界,2013(6):9-13,22.

[176]王守仁.转变观念 深化改革 促进大学外语教学新发展[J].中国大学教学,2017(2):59-64.

[177]王树槐,栗长江.翻译教学方法述评[J].外语教育,2008(0):133-139.

[178]王薇.中华文化融入大学英语"课程思政"的路径研究[J].大学,2022(3):128-131.

[179]王文斌.外语教育能力建设是提升国际传播力的基本前提[J].语言战略研究,2022(6):8.

[180]王文宇,王海啸,陈桦.构建具有校本特色的个性化大学英语课程体系[J].中国外语,2018(4):18-26.

[181]王晓丽,王俊飞.改革开放40年来关于革命文化概念、价值、发展的研究[J].湖北社会科学,2018(7):19-24.

[182]王银泉,王薇,张丽冰.基于需求分析的大学英语多元化教学模式探析[J].外语教学,2016(5):42-47.

[183]王银泉.外语教育国家意识与外语学科跨学科融合发展[J].当代外语研究,2022(1):27-46.

[184]王玉西.对大学英语翻译教学若干问题的思考[J].中国翻译,2010(6):29-33.

[185]王允庆,孙宏安.如何提高教师的教育教学能力:教学设计能力研究[M].大连:辽宁师范大学出版社,2021.

[186]文秋芳,常小玲.为高校外语教师举办大型强化专题研修班的理论与实践[J].外语与外语教学,2012(1):1-5,10.

[187]文秋芳,孙旻.评述高校外语教学中思辨力培养存在的问题[J].外语教学理论与实践,2015(3):6-12.

[188]文秋芳,王建卿,赵彩然,等.构建我国外语类大学生思辨能力量具的理论框架[J].外语界,2009(1):37-43.

[189]文秋芳.大学外语教师专业学习共同体建设的理论框架[J].外语教学理论与实践,2017(3):1-9.

[190]文秋芳.大学英语教学中通用英语与专用英语之争:问题与对策[J].外语与外语教学,2014(1):1-8.

[191]文秋芳.论外语专业研究生高层次思维能力的培养[J].学位与研究生教育,2008(10):29-34.

[192]文秋芳.英语口语测试与教学[M].上海:上海外语教育出版社,1999.

[193]吴岩.中国式现代化与高等教育改革创新发展[J].中国高教研究,2022(11):21-29.

[194]吴岩.抓好教学"新基建" 培养高质量外语人才[J].外语教育研究前沿,2021(2):3-6.

[195]吴一安.外语教师研究:成果与启示[J].外语教学理论与实践,2008(3):32-39.

[196]吴勇毅,王婍璇.基于语义波理论的VR多模态中华文化教学模式探究[J].云南师范大学学报(对外汉语教学与研究版),2023(6):60-71.

[197]吴赟,蒋庆胜.中国共产党革命文化的国际传播:历史经验与未

来展望[J].上海交通大学学报(哲学社会科学版),2021(4):119-129.

[198]武和平,张维民.后方法时代外语教学方法的重建[J].课程·教材·教法,2011(6):61-67.

[199]向明友.基于《大学外语课程思政教学指南》的大学英语课程思政教学设计[J].外语界,2022(3):20-27.

[200]向明友.试论大学英语课程体系建设[J].中国外语,2016(1):4-9.

[201]向玉乔.论中华文明的精神标识和文化精髓[J].中州学刊,2023(12):5-13.

[202]肖莉.基于需求分析的美术院校大学英语课程体系改革研究与实践:以湖北美术学院为例[J].外语教育研究,2016(4):30-36.

[203]肖龙福,肖笛,李岚,等.我国高校英语教育中的"中国文化失语"现状研究[J].外语教学理论与实践,2010(1):39-47.

[204]谢鑫淼.坚守中华文化立场的价值意蕴、深刻内涵与任务要求[J].中共济南市委党校学报,2023(4):44-47.

[205]谢之君.中国英语:跨文化语言交际中的干扰性变体[J].现代外语,1995(4):7-11.

[206]邢福义.文化语言学[M].武汉:湖北教育出版社,1990.

[207]徐德凯.大学英语词汇教学理论与实践[M].长春:吉林出版集团有限责任公司,2009.

[208]徐继红.高校教师教学能力结构模型研究[D].长春:东北师范大学,2013.

[209]徐锦芬.新时代高校外语教材建设路径[J].外语教材研究,2023(0):1-11.

[210]徐玉萍.公安院校大学英语多元课程体系建设研究:以山东警察学院为例[J].贵州警察学院学报,2019(6):118-126.

[211]许慎.说文解字[M].徐铉,等校.上海:上海古籍出版社,2007.

[212]薛芬,贺双燕.语言态度影响中国文化失语症的实证研究[J].外

国语文研究,2017(3):19-29.

[213]颜静兰.外语教师跨文化交际能力的"缺口"与"补漏"[J].上海师范大学学报(哲学社会科学版),2014(1):138-145.

[214]羊媛.英语教学中中华文化"传播力"的培养:以西南财经大学天府学院为例[J].高教学刊,2020(22):106-108.

[215]杨保军.创制亲近性文本:跨文化有效传播的重要基础[J].国际新闻界,2001(6):59-63.

[216]杨大亮,张志强.翻译本质再认识[J].上海科技翻译,2001(3):7-10.

[217]杨冬玲,汪东萍.外语教材思政建设研究:文化分析内容、方法与理论视角[J].外语电化教学,2022(3):16-22,104.

[218]杨丰宁.英汉语言比较与翻译[M].天津:天津大学出版社,2006.

[219]杨枫.高等外语教育的国家意识、跨学科精神及应用理念[J].当代外语研究,2019(2):1-2.

[220]杨华.专栏引言:培养大学生中华文化传播能力的研究[J].外语教育研究前沿,2023(4):19.

[221]杨惠中,朱正才,方绪军.英语口语能力描述语因子分析及能力等级划分:制定语言能力等级量表实证研究[J].现代外语,2011(2):151-161.

[222]杨金才.新时代外语教育课程思政建设的几点思考[J].外语教学,2020(6):11-14.

[223]杨森.英语学习对大学生文化认同影响研究[D].济南:山东师范大学,2016.

[224]杨盈,庄恩平.构建外语教学跨文化交际能力框架[J].外语界,2007(4):13-21,43.

[225]杨盈,庄恩平.跨文化外语教学:教材与教法:外语教学跨文化能力模式的应用[J].江苏外语教学研究,2008(2):16-21.

[226]杨藻镜.第二语言教学中的语言对比与文化对比:论语言与文化教学原则在中国俄语教学不同阶段中的贯彻[C]//胡文仲.文化与交际.北京:外语教学与研究出版社.1994:148-158.

[227]叶俊,盘华."四个自信"视域下大学英语课程思政功能的实现路径[J].学校党建与思想教育,2020(20):45-46,49.

[228]殷和素,严启刚.浅谈大学英语通识教育和专门用途英语教学的关系:兼论新一轮大学英语教学改革发展方向[J].外语电化教学,2011(1):9-14.

[229]余卫国."文明互鉴论"的科学内涵、理论价值和实践意义[J].宁夏社会科学,2017(6):11-16.

[230]袁小陆,赵娟,董梅.外语教育中的文化自觉培养现状与归因研究[J].外语教学,2017(3):56-61.

[231]云杉.文化自觉 文化自信 文化自强:对繁荣发展中国特色社会主义文化的思考(上)[J].红旗文稿,2010(15):4-8.

[232]詹小美,王仕民.文化认同视域下的政治认同[J].中国社会科学,2013(9):27-39.

[233]张蓓.英汉语人际称谓中的文化差异[J].汕头大学学报(人文科学版),1993(4):57-62.

[234]张沉香.大学外语教育政策的反思与构建[D].长沙:湖南师范大学,2011.

[235]张大均.教育心理学[M].北京:人民教育出版社,1999.

[236]张海峰,刘焕峰,樊军娟.弘扬革命文化 传承红色基因[M].重庆:重庆出版社,2019.

[237]张红玲,吴诗沁.外语教育中的跨文化能力教学参考框架研制[J].外语界,2022(5):2-11.

[238]张红玲.外语教师跨文化能力培训研究[J].跨文化交际研究,2009(0):278-290.

[239]张红玲.以跨文化教育为导向的外语教学:历史、现状与未来

[J].外语界,2012(2):2-7.

[240]张虹,李会钦,何晓燕.我国高校本科英语教材存在的问题调查[J].外语与外语教学,2021(1):65-75.

[241]张虹,李晓楠.高中英语教材文化呈现研究[J].外语教育研究前沿,2022(4):42-52.

[242]张虹,于睿.大学英语教材中华文化呈现研究[J].外语教育研究前沿,2020(3):42-48.

[243]张虹,李晓楠.英语教材文化呈现分析框架研制[J].中国外语,2022(2):78-84.

[244]张华.文化负载词及其教学方法[J].山东师范大学外国语学院学报(基础英语教育),2007(3):52-55.

[245]张继功,李反修,李森.中国优秀传统文化概论[M].西安:陕西师范大学出版社,1998.

[246]张奎明,等.高校优秀教师教学能力发展研究[M].济南:山东大学出版社,2021.

[247]张琨,孙胜海."中国文化失语"现象对大学英语教材编写的启示[J].内蒙古师范大学学报(教育科学版),2015(7):105-107.

[248]张兰.跨文化交际中国文化失语现象分析[J].西南民族大学学报(人文社科版),2003(8):339-341.

[249]张丽."双一流"背景下大学英语拓展课程实践与创新的路径探索[J].湖北师范大学学报(哲学社会科学版),2022(3):102-106.

[250]张名章,李云雯."传播能力"的内涵及其研究视域初探[J].昆明理工大学学报(社会科学版),2012(2):87-91.

[251]张培基,喻云根,李宗杰,等.英汉翻译教程[M].上海:上海外语教育出版社,1980.

[252]张鹏.中外大学英语教材文化呈现比较研究[J].外语学刊,2023(4):67-74.

[253]张庆宗.论高校英语口语教师的角色定位[J].外语与外语教学,

2000(8):58-60.

[254]张铁夫,王凯伦,袁睿.大学英语教材跨文化能力培养研究:以《新未来大学英语综合教程》为例[J].山东外语教学,2023(1):65-73.

[255]张为民,张文霞,刘梅华.研究型大学英语教育体系的构建与探索:以清华大学为例[J].现代外语,2015(1):93-101.

[256]张为民,朱红梅.大学英语教学中的中国文化[J].清华大学教育研究,2002(S1):34-40.

[257]张雪梅.新时代高校英语教材建设的思考[J].外语界,2019(6):88-93.

[258]张逸岗,丁方.试论外语教师的基本素质[J].外语界,1996(3):57-59,64.

[259]张友平.对语言教学与文化教学的再认识[J].外语界,2003(3):41-48.

[260]张毓强,黄珊.中国:何以"故事"以及如何"故事":关于新时代的中国与中国故事的对话[J].对外传播,2019(3):53-56.

[261]张震久,袁宪军.汉英中国专有名称和术语简明词典[M].北京:北京大学出版社,1994.

[262]张正举,李淑芬.英语教学语言论[J].外语界,1996(2):5-7,12.

[263]张志娟,秦东方.大学生文化自觉与文化自信培育途径研究[J].思想政治教育研究,2013(6):126-130.

[264]张子宏.论思辨能力的特征及其与语言知识间的关系[J].中国青年政治学院学报,2010(6):123-127.

[265]章岑.对外汉语教学中的文化因素教学方法研究[D].武汉:华中师范大学,2011.

[266]赵丹."语言能力＋思辨能力＋跨文化交际能力"目标导向下外语人才国际传播能力培养研究[J].英语广场,2022(26):85-89.

[267]赵冬婷.英汉词汇搭配对比与翻译[J].语文学刊,2011(6):83-84.

[268]赵厚宪,赵霞.论文化教学原则[J].外语教学,2002(5):73-77.

[269]赵明.对外汉语教学中文化词语的教授原则与方法[J].云南师范大学学报(对外汉语教学与研究版),2012(4):56-62.

[270]赵雯,刘建达.《大学外语课程思政教学指南》内容重点研制与阐释[J].外语界,2022(3):12-19.

[271]赵贤州.关于文化导入的再思考[J].语言教学与研究,1992(3):31-39.

[272]赵贤洲.文化差异与文化导入论略[J].语言教学与研究,1989(1):76-83.

[273]赵应吉.中国文化英语自主学习研究:基于语料库数据驱动视角[M].成都:西南交通大学出版社,2019.

[274]郑金洲.文化传播与教育[J].华东师范大学学报(教育科学版),1994(4):55-62.

[275]郑曼怀.大学英语课程需求分析与体系构建:基于普通本科院校学生需求视角[J].教学研究,2017(3):60-66.

[276]郑玉琪.大学英语模块化课程设置与实证研究[J].东南大学学报(哲学社会科学版),2006(3):103-105.

[277]中国社会科学院语言研究所词典编辑室.现代汉语词典:第7版[M].北京:商务印书馆,2016.

[278]钟华,白谦慧,樊葳葳.中国大学生跨文化交际能力自测量表构建的先导研究[J].外语界,2013(3):47-56.

[279]钟乐平,赵勇.大学英语教学中文化导入的方法和原则[J].国外外语教学,2000(2):42-43,32.

[280]周岚.我国大学英语口语教学现状及对策[J].宁波大学学报(教育科学版),2008(3):117-120.

[281]周小兵,谢爽,徐霄鹰.基于国际汉语教材语料库的中华文化项目表开发[J].华文教学与研究,2019(1):50-58,73.

[282]周雪林.浅谈外语教材评估标准[J].外语界,1996(2):60-63.

[283]朱敏,解华,高晓茜.大学英语教学中的中国文化失语成因研究[J].天津外国语大学学报,2016(5):28-32.

[284]朱喜坤.革命文化是文化自信的重要源头[N].光明日报,2019-01-09(11).

[285]朱亚夫.意义的七种类型和英语词汇教学[J].外语与外语教学,2005(9):28-30,35.

[286]朱艳,雷永红.非英语专业大学生用英语传播中国文化的需求与能力研究[J].牡丹江教育学院学报,2013(1):100-103.

[287]祝珣.基于学习者需求分析的大学英语课程设置[J].北京师范大学学报(社会科学版),2015(1):97-103.

[288]庄智象.构建具有中国特色的外语教材编写和评价体系[J].外语界,2006(6):49-56.

[289]祖晓梅.体验型文化教学的模式和方法[J].国际汉语教学研究,2015(3):53-59.

[290]佐斌,温芳芳.当代中国人的文化认同[J].中国科学院院刊,2017(2):175-187.

[291]ACTFL. Standards for foreign language learning:preparing for the 21st century[M]. Kansas:Allen Press,1996.

[292]ADAMSON B. China's English:a history of English in Chinese education[M]. Hong Kong:Hong Kong University Press,2004.

[293]BACHMAN L F, PALMER A S. Language testing in practice:designing and developing useful language tests[M]. Oxford:Oxford University Press,1996.

[294]BACHMAN L F. Fundamental considerations in language testing[M]. Oxford:Oxford University Press,1990.

[295]BOSTROM R N. Competence in communication:a multidisciplinary approach[M]. Beverly Hills, California:Sage Publications,1984.

[296] BREEN M P, CANDLIN C N. Which materials?: a consumer's and designer's guide [M]// SHELDON L E. ELT textbooks and materials: problems in evaluation and development. London: Modern English Publications, 1987: 13-28.

[297] BYRAM M. Cultural studies in foreign language education [M]. Clevedon: Multilingual Matters Ltd, 1989.

[298] BYRAM M. Teaching and assessing intercultural communicative competence[M]. New York: Multilingual Matters, 1997.

[299] CANALE M, SWAIN M. Theoretical bases of communicative approaches to second language teaching and testing [J]. Applied linguistics, 1980(1): 1-47.

[300] CANNON G. Chinese borrowings in English[J]. American speech, 1988(1):3-33.

[301] CATFORD J C. A linguistic theory of translation: an essay in applied linguistics[M]. London: Oxford University Press, 1965.

[302] CELCE-MURCIA M, DÖRNYEI Z, THURRELL S. Communicative competence: a pedagogically motivated model with content specifications[J]. Issues in applied linguistics, 1995(2): 5-35.

[303] CHOMSKY N. Aspects of the theory of syntax [M]. Cambridge: MIT Press, 1965.

[304] CUNNINGSWORTH A. Choosing your coursebook [M]. Shanghai: Shanghai Foreign Language Education Press, 2002.

[305] HAMMERLY H. Synthesis in second language teaching: an introduction to linguistics [M]. Blaine, WA: Second Language Publications, 1982.

[306] HINKEL E. Culture in second language teaching and learning [C]. Cambridge: Cambridge University Press, 1999.

[307] HUDSON R A. Sociolinguistics [M]. Oxford: The Alden

Press,1980.

[308]HULSTIJN J H,LAUFER B. Some empirical evidence for the involvement load hypothesis in vocabulary acquisition[J]. Language learning,2001(3):539-558.

[309] HUTCHINSON T,WATERS A. English for special purpose: a learning-centered approach[M]. Cambridge: Cambridge University Press,1987.

[310] Kachru B B. World Englishes: approaches, issues and resources[J]. Language teaching,1992(1): 1-14.

[311]KAPLAN R B. Cultural thought patterns in inter-cultural education[J]. Language learning,1996(1-2):1-20.

[312]KOBY G S,BAER B J. Task-based instruction and the new technology: training translators for the modern language industry[C]// BAER B J, KOBY G S. Beyond the ivory tower: rethinking translation pedagogy. Amsterdam: John Benjamins, 2003: 211-228.

[313]KRAMSCH C. Context and culture in language teaching[M]. New York: Oxford University Press,1993.

[314]LANTOLF J P, THORNE S L. Sociocultural theory and the genesis of second language development[M]. Oxford: Oxford University Press,2006.

[315] LAUFER B. How much lexis is necessary for reading comprehension? [M]// ARNAUD P J L, BÉJOINT H. Vocabulary and applied linguistics. London: MacMillan Academic and Professional Ltd, 1992:126-132.

[316]LEECH G. Semantics[M].Harmondsworth: Penguin Books Ltd,1974.

[317] LEWIN K. Resolving social conflicts: selected papers on group dynamics[M]. New York: Harper & Row, 1948.

[318] LUSTIG M W, KOESTER J. Intercultural competence: interpersonal communication across cultures[M]. 5th ed. Shanghai: Shanghai Foreign Language Education Press, 2007.

[319] LYNCH T, MENDELSOHN D. Listening[C]//SCHMITT N. An introducion to applied linguistics. 2nd ed. New York: Routledge, 2013: 190-206.

[320] MCDONOUGH J, SHAW C. Materials and methods in ELT: a teacher's guide[M]. Oxford: Blackwell, 1993.

[321] MCGRATH I. Materials evaluation and design for language teaching[M]. Edinburgh: Edinburgh University Press, 2002.

[322] MORAN P R. Teaching culture: perspectives in practice[M]. Boston: Heinle & Heinle, 2001.

[323] NIDA E A, TABER C R. The theory and practice of translation[M]. Leiden: E. J. Brill, 1969.

[324] NUTTALL C E. Teaching reading skill in a foreign language[M]. Shanghai: Shanghai Foreign Language Education Press, 2002.

[325] O'MALLEY J M, CHAMOT A U, KÜPPER L. Listening comprehension strategies in second language acquisition[J]. Applied linguistics, 1989(4): 418-437.

[326] OSTERMAN K F, KOTTKAMP R B. Reflective practice for educators: improving schooling through professional development[M]. California: Corwin Press, Inc., 1993.

[327] OXFORD R L, SCARCELLA R C. Second language vocabulary learning among adults: state of the art in vocabulary instruction[J]. System, 1994(2): 231-243.

[328] PAUL R, ELDER L. Critical thinking: learn the tools the best thinkers use[M]. New Jersey: Pearson Prentice Hall, 2006.

[329] RICHARDS J C, SCHMIDT R. Longman dictionary of

language teaching and applied linguistics[M]. 3rd ed. London: Pearson Education Limited, 2002.

[330] RICHARDS J C, LOCKHART C. Teacher development through peer observation[J]. TESOL journal, 1991(2):7-10.

[331] RISAGER K. Representations of the world in language textbooks [M]. Bristol • Blue Ridge Summit, PA: Multilingual Matters, 2018.

[332]MENDELSOHN D J, RUBIN J. A guide for the teaching of second language listening. San Diego, CA: Dominie Press, 1995.

[333] SEELYE H N. Teaching culture: strategies for foreign language educators [M]. Skokie, IL: National Textbook Company, 1974.

[334] SILBERSTEIN S. Techniques and resources in teaching reading [M]. Shanghai: Shanghai Foreign Language Education Press, 2002.

[335]SILVA R, CLAHSEN H. Morphologically complex words in L1 and L2 processing: evidence from masked priming experiments in English[J]. Bilingualism: Language and Cognition, 2008(2): 245-260.

[336] SPENCER-OATEY H, FRANKLIN P. Intercultural interaction: a multidisciplinary approach to intercultural communication [M]. London: Palgrave Macmillan, 2009.

[337] SPITZBERG B H, CUPACH W R. Handbook of interpersonal competence research [M]. New York: Springer-Verlag, 1989.

[338]STERN H H. Issues and options in language teaching[M]. Oxford: Oxford University Press, 1992.

[339] SWAIN M. Communicative competence: some roles of comprehensible input and comprehensible output in its development

[C]// GASS S M, MADDEN C G. Input in second language acquisition. Cambridge, MA: Newbury House Publishers, 1985:235-253.

[340] TOMALIN B, STEMPLESKI S. Cultural awareness[M]. Oxford: Oxford University Press, 1993.

[341] TOMLINSON B. Materials development for language learning and teaching[J]. Language teaching, 2012(2): 143-179.

[342] TRENHOLM S, JENSEN A. Interpersonal Communication [M]. 3rd ed. New York: Wadsworth Publishing Company, 1996.

[343] WENINGER C, KISS T. Culture in English as a foreign language (EFL) textbooks: a semiotic approach[J]. TESOL quarterly, 2013(4): 694-716.

[344] WINTERTON J, DEIST F D-L, STRINGFELLOW E. Typology of knowledge, skills and competences: clarification of the concept and prototype[M]. Luxembourg: Office for Official Publications of the European Communities, 2006.

[345] YUEN K-M. The representation of foreign cultures in English textbooks[J]. ELT Journal, 2011(4): 458-466.